황의 법칙

황의 법칙

황창규
지음

혁신을 꿈꾸는 젊은 리더들에게
전하는 이야기

시공사

상시 혁신 시대의
대체 불가능한 미래 통찰력

신동엽(연세대학교 경영대학 교수)

이 책은 탄생 배경부터 내용의 혁신성에 이르기까지 모든 것이 극도로 특별하다. 탄생의 계기는 2022년 초, 이 책의 저자인 황창규 회장과의 식사 자리였다. 1990년대 말 IMF 위기 직후 삼성전자의 경영진 대상 비상경영 세미나에서 처음 만난 이래, 우리는 지난 20여 년간 매년 두세 차례 만나 업계와 학계의 동향과 미래 통찰력을 편하게 나누곤 했다.

어느 날, 우린 의기투합할 또 하나의 목표를 발견했다. 잘 알려진 대로 저자는 반도체와 통신 분야에서 세계 최고의 성과를 창출한 탁월한 경영자임과 동시에 하버드경영대학원에서의 특강을 비롯해 세계 주요 리더들을 대상으로 진행된 무수한 콘퍼런스 발제에서 극찬을 받아온 명강연자였다. 특히 하버드경영대학원에서 수회에 걸쳐 진행한 특강은 학생들과 교수들로부터 전대미문의 대호평을 받았다.

그런데 이날 식사 때 정작 우리나라에서는 저자의 이 소중한 경험이 한두 시간짜리 특강 형식으로는 여러 차례 공유됐지만, 고도의 기술적 지식과 급변하는 불확실한 미래 환경에 대한 통찰력을 깊이 있게 다룬 심화 강의는 시도된 적이 없다는 사실을 발견했다. 전체 인류에게 영향을 미치는 반도체와 통신이라는 4차 산업혁명의 핵심 분야에서 세계 최고를 달성한 경험을 한두 시간의 특강에는 도저히 담을 수 없다. 이에 나는 아예 대학에서 이 주제를 반 학기 정도의 충분한 시간에 걸쳐 심화 과목으로 강의해 보는 것이 어떻겠냐 제안했고, 이에 저자가 그 자리에서 적극 호응하면서 빠르게 일이 진행됐다. 저자는 바로 그다음 학기인 2022년 가을 학기부터 연세대학교 경영대학의 고학년들을 대상으로 한 정규 과목에서 7주에 걸쳐 혁신에 초점을 맞춰 자신의 경험과 통찰력을 강의하기로 합의했다. 강의는 저자의 재능 기부 형식으로 진행됐다.

강의에 대한 학생들의 호응은 그야말로 폭발적이었다. 무엇보다 강의는 현재 전 세계에서 빠르게 진행되는 4차 산업혁명의 기반이 되는 반도체와 통신 분야에 대한 최첨단 내용을 다루면서도, 국내외 어떤 대학에서도 시도된 적이 없는 혁신적이고 현장감 넘치는 스타일로 진행됐다. 심지어 저자는 50여 명의 수강생들이 매주 제출하는 일곱 쪽 내외 레포트에 엄청난 시간과 노력을 투자해 밑줄을 그어가며 하나하나 피드백을 제공했다.

강의는 저자의 반도체와 통신 분야 경험을 중심으로, 스티브 잡스 Steve Jobs 나 일론 머스크 Elon Musk 등 세계적 경영 리더들과의 협력과 협상, 경쟁의 생생한 현장 경험을 다루었기 때문에 다른 곳에서는 절대 들을 수 없는 정말 흥미로운 내용들로 넘쳐났다. 또 저자는 강의 시간의 절반 이상을 학생들과의 토론에 배정했다. 한 시간이 훨씬 넘는 개방형 토론에서 저자와 학생들은 디지털 전환의 과거와 현재, 미래에 대해 아주 수준 높은 토론을 펼쳤고, 강의실에서 못 다한 토론은 강의가 끝난 후 저자가 학생들을 초대해 밤늦게까지 벌어진 2차 식사 자리에서 계속됐다. 그결과 이 과목을 수강한 연세대 학생들은 대학생활에서 이제까지 상상도 못 했고 앞으로도 기대하기 힘든 꿈같은 시간을 보냈다며 놀라워했고, 7주에 걸친 강의를 통해 그 어디서도 구할 수 없는 깊은 미래 통찰력을 얻었으며, 앞으로의 개인 비전과 경력 계획도 바뀌었다고 했다.

내용 측면에서 이 책은 지금 전 세계 모든 조직과 개인의 삶을 근본적으로 변화시키는 역사적 사건이자 '디지털 전환'이라고도 불리는 '4차 산업혁명The Fourth Industrial Revolution'의 핵심 기반이 되는 반도체와 통신기술의 혁신 역사와 미래 시사점에 대해 놀라울 정도로 깊이 있으면서 명쾌하게 다루는 탁월한 저술이다.

'4차 산업혁명'이라는 용어 자체가 시사하듯이 전 세계가 이 정도로 광범위하고 급격하게 바뀐 것은 인류 역사상 최대의 변혁으로 평가되는 20세기 초 대량생산 중심의 현대 산업사회 도래 이후 100여 년 만에 처음이다. '디지털 전환'이라는 용어에서 알 수 있듯이 4차 산업혁명의 핵심 촉발제는 IoTInternet of Things(사물인터넷), 인공지능AI, Artificial Intelligence, 빅데이터Big Data, 블록체인Block Chain, 로보틱스Robotics 등 최신 디지털 기술의 급속한 발전인데, 이들 디지털 기술 분야에 공통적으로 기반이 되는 핵심 기술이 바로 저자의 전문 분야인 반도체와 통신이다. 저자는 다양한 4차 산업혁명 기술 분야들의 획기적 발전에 기폭제 역할을 한 기반 기술인 반도체와 5G 통신에서 세계 최고의 지위를 차지한 세계적 경영자이자 리더이다. 그로 인해 이 책은 혁명적 대전환의 한가운데에 있는 현 역사적 상황의 설명에서 세계적으로도 가장 앞선 시도일 뿐 아니라, 그 내용의 깊이와 폭 그리고 현장감에서 국내외를 막론해 단연 출중한 명저 중의 명저이다.

또한 이 책은 저자만이 쓸 수 있는 독창적 내용들로 가득하다. 책이 다루는 주제는 나를 포함한 어떤 학자나 전문가도 깊이 알 수 없는 내용들이 대부분이다. 나와 같은 학자나 전문가 들은 4차 산업혁명 기술과 관련된 단편적 사례들은 많이 알고 있으나, 이 책에서 다루는 것과 같은 반도체와 5G 통신과 같은 특정 기술이나 제품의 진화와 발전을 둘러싼 전체 프로세스의 실제 내용을 알기는 어렵다. 이 역사적 발전 과정에서 실제 의사 결정과 행동을 한 핵심 주체들의 사고 프로세스와 고민은 겉으로 드러난 행동만으로는 알 수 없기 때문에 직접 참여한 사람 말고는 정확하게 이해하는 것이 불가능하다.

이 분야에 깊은 학문적 관심을 가지는 경영학자의 관점에서 볼 때, 이 책은 대부분의 경영 관련 서적들과 달리 이론theory과 실천practice 간 패러독스를 완벽하게 극복하고 있다. 기존 경영 서적들은 학자들에 의한 이론 중심적 접근과 실무 경영자들이 저술한 실천 중심적 접근으로 극단적으로 양분화되어 있었다. 대중들에게 인기 있는 '경영 구루'들의 저술은 통찰력이 뛰어나나 논리적 기반이 약하다. 이에 비해 연구 중심적 학자들의 저술은 이론적 논리가 탄탄하나 실제 경영 상황에 대한 실천적 시사점 제공에는 한계가 있다.

이 책의 저자는 첨단 공학 분야를 박사 수준까지 공부하고, 세계 최고 대학에서 관련 연구를 수행한 경험이 풍부한 출중한 학자로서 글로벌 학계의 최첨단 이론들을 자유자재로 활용하면서도, 또 CEO로서 두 개의 기업을 세계 선두의 지위에 올려놓은 만큼 실제 경영 현장에 대한 풍부한 경험을 가지고 있다. 따라서 이 책은 4차 산업혁명 시대 경쟁의 규칙인 상시 혁신의 조건과 구체적 실행 방안을 제시해 현장 경영자들이 이를 즉시 활용할 수 있도록 하면서, 그 실천적 실행 방안의 도출 과정에 있는 최첨단 순수 이론들의 통찰력을 적극 활용하고 있다.

'황의 법칙'에서 제시했듯이 상상을 초월하는 속도로 쉴 새 없이 급증하는 컴퓨팅 파워를 제공해 모든 분야에 새로운 기술적 가능성을 열어준 반도체와, 전 세계 모든 기업과 연구자 그리고 개인을 마치 바로 옆에 있는 것처럼 연결해 주는 통신이라는 4차 산업혁명의 핵심 기술적 기반을 세계 최고의 수준으로 이끌었던 주인공이 바로 이 책의 저자이다. 이 책은 매시간 이전에는 존재하지 않던 새로운 기술과 상품, 가치가 창출되는 상시 혁신 시대의 생생한 목격담이자 전 세계적으로 급속하게 진행 중인 혁명적 패러다임 전환기의 핵심 원동력인 두 가지 기반 기술이 구축해 온 새로운 시대를 이해하도록 하는 대체 불가능한 길잡이다.

4차 산업혁명에 대해 봇물처럼 쏟아져 나오고 있는 국내외 다른 책들과 달리 이 책은 학자들의 추측이나 언론 보도 등을 통한 이야기가 아닌, 그 역사적 과정을 직접 주도해 온 세계적 리더의 생생한 목소리를 담고 있다. 또한 현재 진행 중인 역사적 대변동인 4차 산업혁명의 핵심 기반 기술에 대해 국내는 물론 해외 출판계에서 나온 적이 없는 탁월한 저술이다. 모든 경영자와 학자는 물론 현 시대의 본질에 대한 고차원적 지식에 갈급한 모든 학생과 실무자가 반드시 읽어야 할 대체 불가능한 필독서다.

'혁신은 어디에서 시작되는가'에 답하는 이 책은 대한민국이 일군 두 개의 기술적 성취를 소재로 미래를 꿈꾸는 젊은이들이 무엇을 준비해야 하는가에 관한 실제적인 조언을 건넨다. 또한 조직의 일원으로서 개인이 어떤 태도를 가져야 할지, 오랜 경험과 통찰에서 우러나온 조언도 챙겨야 할 대목이다.

반도체 성장의 과정에서 황창규 회장의 공헌은 유일무이한 가치를 가졌다. 연이은 개발 성공으로 황의 법칙을 실증하는 동안 한국의 반도체 산업은 세계 시장을 주도하였다. '반도체'와 4차 산업혁명의 핵심 기술로 전 세계 사람과 기기를 연결하는 '5G' 기술에 있어 황창규 회장은 세계 최고의 권위자이며 성공한 경영인이다. 화려한 성공 뒤에는 수많은 도전과 실패, 그리고 또 다른 도전이 있었다. 황창규 회장이 세계적인 성과를 만들어가는 과정과 그가 어렵게 얻은 통찰을 접할 기회는 누구에게라도 유익하고 흥미진진할 것이다.

무엇보다 수많은 제안에도 불구하고 은퇴 후 저자가 자신의 경험을 공유하기 위해 선택한 최초의 청중이 20대 젊은이들이라는 점을 주목할 만하다. 대한민국의 미래를 짊어지고 나아갈 이들에게 도전의 가치를 소개하는 것은 모든 기성세대의 의무이기 때문이다.

《황의 법칙》은 '새로운 기회의 문'을 열고자 애쓰는 2030 젊은이들의 가슴에 열정을 불러일으키고, 미래에 대한 계획을 실행에 옮길 힘을 주는 콘텐츠들로 가득하다. 많은 이들이 그가 안내하는 혁신의 길에서 꿈꾸는 미래를 현실에 옮길 의지와 용기를 다시 세우기를 바란다.

—서승환(연세대학교 총장)

경영은 '경經'과 '영營'으로 이뤄져 있다. '경'이란 전략의 영역이고 '영'은 조직의 영역이다. 경은 감성보다는 지적인 영역으로, 기업 활동을 가로막는 장애물이 무엇인지 실마리를 파악하고 그것을 극복하기 위한 일관된 계획을 세우는 실천적 영역이다.

'경'과 대비되는 '영'의 영역은 무엇인가. 기업의 큰 지붕 아래에는 여러 개의 방들이 있으며 서로 연결되어 있다. 영은 지붕 아래 조직 구성원들이 일을 잘 해나가고, 사업이 생명력을 키우는데 필요한 에너지가 활발하게 생성되도록 하는 방법을 다루는 실천적 영역이다. 지적이라기보다는 감성적인 영역인 영은 조직의 학습과 혁신, 그리고 성장과 직결된다.

기술 분야에 있어 황창규 회장의 도전과 극복도 우리에게 큰 울림을 주지만 B2B와 B2C를 넘나드는 '경'과 '영'에 대한 황창규 회장의 독보적인 경험은 그 폭과 깊이에 있어서 타의 추종을 불허한다. 근본적으로 경영이란 최선의 힘을 발휘해 최고의 성과를 만들어내는 분야다. 단순히 지식만으론 부족하고 암묵적이고 실천적인 역량을 갖추어야 한다. 나아가 실제 현장에서 그 역량을 발휘하는 것은 평생에 걸친 수련과정을 거치지 않고선 쉽게 달성하기 어렵다. 황창규 회장은 자신이 살아온 길과 그 길에서 깨우친 귀한 지혜를 이 책을 통해 우리에게 나눠준다. 오늘날 이 시점에 황창규 회장과 같은 이가 평생에 걸쳐 경험한 혁신과 도전의 이야기를 후배 경영자들과 학생들에게 전해준다는 것은 너무나 감사한 일이다. 부디 많은 독자들이 이 책에서 황창규 회장이 안내하는 '혁신과 도전의 리더로 성장하는 여정'을 체험하고 그가 전하는 실천적 지혜를 얻을 수 있기를 바란다.

___박헌준(연세대학교 경영대학 명예교수)

도전하고 성취하는 삶을
살아갈 청춘에게

모든 끝은 시작과 연결되어 있다.

기술 개발과 조직 경영을 위해 일한 30여 년의 시간이 지나갔다. 조직에서 만들어준 명함을 반납하며 두 가지를 다짐했다. 기억하는 것과 돕는 것.

대한민국의 현대 산업사는 '도전과 응전' 그리고 '성공'의 역사다. 수많은 리더들이 그 일을 해냈다. 그들의 담대한 도전을 기억하는 것은 후배 경영인들의 몫이다.

다음 세대들이 잘 성장하도록 돕는 것 역시 우리들이 해야 할 일이다. 풍성한 수확을 위해 알찬 거름이 필요하고, 땅속 깊은 곳의 약수를 뽑아 올리기 위해 마중물이 필요하다. 능력과 자질을 갖춘 인재들이 날개를 펼치기까지 교육과 훈련은 필수다. 이를 돕는 현실적인 방법들을 고민했다.

개인적 다짐을 정리하고 있을 때, 연세대학교 신동엽 교수와 연락하게 되었다. 삼성전자 재직 시절부터 오랜 기간 안부를 물어온 소중한 인연이다. 주요 기업의 CEO 자문과 사외이사를 역임하며 연구실 밖 세상과 소통하는 활기찬 모습이 인상적인 그였다.

"새로운 기술과 경영을 주제로 학생들에게 강의를 해주시면 어떨까요?"

실은 그의 제안에 망설임이 없지 않았다. 두세 시간 특강이야 몇 주에 걸쳐 준비를 하면 무리는 없겠다 싶었다. 그러나 그가 내민 강의계획서에는 일곱 번의 강의가 비워져 있었다. 3시간짜리 강의를 일곱 번에 걸쳐 진행해야 했다.

이것 역시 인생의 순리라는 생각에, 겸허히 새로운 시작을 받아들이기로 했다.

가을 학기에 시작될 수업 덕분에 봄부터 분주하게 움직여야 했다.

내가 잡은 주제는 '4차 산업혁명 시대의 경영'이었다. 4차 산업혁명으로 잉태된 다양한 기술을 소개하고 이를 경영 현장에서 어떻게 활용할 것인가를 안내하기로 욕심을 부렸다. 책과 자료를 긁어모으는 것은 물론 '개인 교습'까지 받았다. 블록체인, 클라우드, 로봇, 인공지능은 물론 변화의 직격탄을 맞고 있는 금융, 이커머스, 헬스케어까지…. 각 분야의 전문가들을 모서 한나절씩 강의를 들었다. 시험 날짜를 받아놓은 수험생처럼 밑줄을 긋고 질문하며 시간을 보냈다. 미래 기술의 실체와 이를 활용한 산업이 어떻게 발전하고 있는가, 궁금증을 해소하는 귀중한 시간이었다.

두세 달의 예습을 마치고 한여름이 되어 본격적으로 강의안을 짜기 시작했다. 강의 목차를 짜고 PPT를 만들었다. 그러나 몇 주 만에 모든 것을 원점으로 돌려야 했다. '내가 전달하고 싶은 것이 무엇인가?', '학생들이 가장 듣고 싶어 하는 것이 무엇이겠는가?' 힘겹게 준비한 일곱 개 강의안은 두 질문 모두에 제대로 된 답을 하지 못했다. 4차 산업혁명이라는 소재에 매몰돼, '도전과 성장'이라는 주제는 제대로 전달하지 못했다는 냉정한 자평만 남았다.

욕심을 내려놓고 다시 강의안을 짰다. 충실한 답을 하고자, 아쉽지만 내로라하는 전문가들이 전해준 지식과 정보들은 덜어냈다. 대신 첨단 기술의 실제 개발 과정, 현장에서 경영자로서 갖추어야 할 자질 등으로 목차를 채웠다. 개인사는 물론 반도체와 통신의 발전사를 되짚으며 주요 에피소드들을 추렸다. 패기 넘치던 엔지니어로 '황의 법칙'을 선언하고, 혁신 기술을 쏟아내며 새로운 시장을 만들던 때의 열정이 다시 살아나는 것 같았다.

'혁신은 어디에서 시작되는가?'

일곱 개 강의 주제를 리스크 테이킹Risk Taking, 파괴적 혁신Disruptive Innovation, 미래의 예측, 기술의 선점, 위기의 대응, 융합의 실현, 혁신을 이루는 경영자의 자세로 소분하고, 각각의 주제에 맞는 사례를 담고 메시지를 정리했다.

실제 이들 주제는 지난 30여 년 동안 내가 천착했던 화두였고, 나름의 답을 만들어낸 것들이었다. 덕분에 기술자이자 경영자로서 '기술의 개발'과 '조직의 변화'라는 두 개의 수레바퀴를 온전히 굴릴 수 있었고, 경영의 최전선에서 괄목할 만한 성취를 일굴 수 있었다. '전자산업의 쌀'로 불리는 반도체의 개발과 4차 산업혁명의 핵심 기반 기술이자 미래 원동력으로 불리는 '5G'의 론칭 역시 이들 덕분에 성공할 수 있었다.

강의는 실제 사례를 중심으로 현실감 있게 풀어나갔다. 내가 직접 겪은 일들을 바탕으로, 느끼고 생각하고 깨달은 것들을 가감 없이 전달했다. 잔소리로 비칠까 걱정을 하면서도, 대한민국의 미래를 짊어지고 나갈 청년들에게 하고 싶은 당부도 아낌없이 쏟아냈다. 우려와 달리 학생들은 온 마음으로 들어주었고, 수업의 절반을 할애한 토론 시간도 알차게 활용해 주었다. 수많은 질문 덕분에 강의 시간은 금세 지나갔다.

종강을 앞두고 홀가분함보다 아쉬움이 크게 남았다. 배우는 이보다 가르치는 이가 더 많은 것을 얻어간다는 옛말은 틀린 말이 아니었다. 지난 시간을 복기하며 성과는 물론 과오까지 정리하는 것은 큰 의미가 있었다. 젊은 친구들의 진지함과 열정에 동화되며 에너지를 얻기도 했다. 지금까지도 강의를 준비해 준 신동엽 교수와 매시간 경청해 준 학생들에게 깊은 감사의 마음이 남아 있다.

'7개의 강의를 아우르는 하나의 메시지를 꼽는다면?'

강의 시간 내내 나는 "도전하고 성취하는 삶을 살라!"라고 강조했다. 현실이 다소 암울할지라도, 삶의 가능성은 언제나 열려 있다는 것을 믿고 나아가라고 독려했다. 강의를 책으로 옮기는 수고를 마다하지 않은 이유도 '더 큰 도전으로 나아가라'는 메시지를 전달하고 싶어서였다.

개인적으로 나는 '워라밸'이라는 말을 좋아하지 않는다. 일과 삶의 밸런스에 집중하다 더 큰 것을 잃을까 염려한다. 자신의 한계와 대면하고 이를 극복해 내는 의미 있는 시간은 결코 삶의 균형만을 추구하는 이가 만날 수 있는 것이 아니다.

또 하나, 많은 이들은 '도전'의 가치를 성장과 성공을 위한 과정만으로 이해한다. 그러나 나는 도전이야말로 스스로를 알아가는 가장 좋은 방법이라고 생각한다. 현실에 안주하는 이는 자신의 한계를 알 수 없고, 자신이 무엇이 될 수 있는지도 가늠할 수 없다. 자신이 무엇이 될 수 있는지 시험해 보지 않고, 스스로가 어떤 사람인지 안다고 어떻게 말할 수 있겠는가!

물론 도전은 위험을 감수하는 '용기' 없이는 이룰 수 없는 행동이다. 한 번 더 해보겠다는 '도전 의지'도 필요하다. 이 때문에 그 끝에 어떤 결과가 기다리고 있든 값지고 의미 있는 경험이라 할 수 있다. 독자들의 마음에도 도전을 시도할 수 있는 열정이 되살아나길 간절히 바란다.

예상과 달리 강의 내용을 글로 정리하는 것이 쉽지만은 않았음을 밝힌다.

처음 원고 의뢰를 받을 때만 해도 이미 한 강의를 글로 옮기는 정도야 어려울 것이 있겠는가 싶었다. 그러나 3차원의 현장을 1차원의 지면으로 옮기는 것에는 분명한 한계가 있었다. 무엇보다 현장 분위기를 그대로 살려내기가 쉽지 않았다. 단순히 말을 글로 옮겼다가는 이해가 쉽지 않겠다 싶어 설명을 덧붙이다 보니 새로운 글쓰기가 되기도 했다. 그과정에서 더러 순서를 바꾸고 일부는 편집할 수밖에 없었다. 강의에 참석했던 교수님들과 학생들에게 지면을 빌어 너른 양해를 구한다.

마지막으로 책의 제목인 《황의 법칙》에 대한 설명을 덧붙일까 한다.

세간에 알려져 있는 '황의 법칙'은 2002년 발표한 '메모리 신성장론'이자, 당시로서는 파격적이었던 '모바일 시대'의 도래를 예견한 것이었다. 처음에는 반도체라는 특정 산업에서 자주 회자되었다. 그러다 내가 국가 CTOChief Technology Officer로 임용되고, 대한민국의 대표 통신사의 CEO로 자리를 옮겼을 때도 고유명사처럼 나를 따라다녔다. 고객의 니즈를 앞서서 이끌며, 다양한 상품을 론칭하고 성공시켰을 때 "B2B, B2G Business to Government, B2C를 가리지 않고, 황의 법칙이 또 통했다"라는 평가를 듣기도 했다. 이쯤 되니, 내가 의도했던 혁신의 내용과 방법을 '황의 법칙'으로 함축해도 무리가 없겠다는 생각이 들었다.

반도체와 통신을 망라한 다양한 산업에서 일어나는 혁신을 이야기하고, 미래의 경영자들이 어떤 것들을 배우고 익혀야 하는지를 안내하고자 했다. 개인적 이야기에서 미래 산업의 로드맵까지 나의 배움과 경험을 아낌없이 쏟아냈다. 독자들도 혁신을 이루는 다양한 법칙들을 찾아낼 수 있으리라 기대한다.

꼬박 1년 만이다.

강의를 마치고, 원고 마감도 마치고, 또 다시 '시간의 여백'을 마주하게 됐다. 코로나19 팬데믹이 막을 내리는 봄, 캠퍼스는 물론 기업에도 활기가 넘친다는 소식이 들린다. 새로운 끝과 새로운 시작을 맞이한 이들이 많은 시절이다. 어제의 가능성을 내일의 현실로 만들기 위해 새로운 오늘을 만드는 당신에게 힘찬 응원의 박수를 보낸다.

차례

1장   리스크 테이킹

1장

리스크
테이킹

신동엽 교수님이 앞서 제 소개를 해주셨는데, 신 교수님은 제가 제일 좋아하는 교수님입니다. 교수님과 저의 인연은 한 25년 됐는데요. 현장에 있을 때는 제가 신 교수님을 모시고 강의를 들었는데 오늘은 초청을 '당해서' 여러분께 강의를 하게 됐습니다. 말하자면 오늘은 제가 역공을 당한 날입니다. (웃음)

우리나라 경영학부나 경영학과에서 스터디하고 벤치마킹하는 케이스는 대부분 해외 기업들인데요, 국내 기업 사례도 없진 않지만 그 수가 미미합니다. 그게 참 안타까운 현실이라는 생각을 합니다.

저는 삼성전자 재직 시, 국가 CTO를 맡았던 시절, 또 KT에서 근무할 때에도 요청이 있을 때마다 강의를 다녔는데요, 세계 명문 대학을 포함해 많은 강단에 섰습니다.

지금 소개하는 사진은 제가 해외에서 강연하던 모습입니다. 마지막 강의는 스위스 취리히공대에서 했습니다만, 가장 인상 깊었던 강의를 꼽으라면 베이징대학교와 하버드대학교에서의 강연이었습니다.

| 베이징대학교 강연 |

| 하버드대학교 강연 |

흔히 베이징대학교를 아시아 최고 대학이라고 하죠. 제가 강의할 때 굉장히 많은 사람들이 몰려와서, 강의장을 분리하던 가벽을 다 뜯어내는 진풍경이 펼쳐지기도 했는데요. 복도까지 학생들이

꽉 들어찼었습니다. 군데군데 군인들까지 와 있기에 무슨 일인가 했더니 옆의 칭화대학교에서도 학생들이 왔다고 하더군요.

하버드에서는 오픈 강의만 두 번 했습니다. 버든홀에서 한 번, 메모리홀에서 한 번이었습니다. 그때 질문 시간을 한 30분 정도 예정했었는데요, 한 시간을 넘겨 어쩔 수 없이 질문을 다 못 받고 단상에서 내려왔던 일도 있었습니다.

해외 명문 대학에서 강의를 할 때 저는 기분이 좋기도 하고 참 섬 뜩하기도 합니다. 종종 이런 생각이 들기 때문입니다.

'중국이 IT 부문에서는 한국보다 뒤쳐져 있다지만 그게 아니구 나. 저 열정이 결국 어디로 가겠는가?'

'국내 기업 사례에 대해 세계 최고 명문 대학 학생들도 이렇게 깊 은 관심을 보이는데, 정작 한국 학생들에게는 소개를 못하고 있 구나!'

안타까운 마음이 컸습니다. 그래서 연세대학교에서 강의를 준비 하며 반갑기도 하고 설레기도 했습니다.

저는 한국 학생들이 최고의 자질을 갖추고 있다고 생각합니다. 그 이유로 새로운 것을 잘 수용하고 그걸 융합시켜 나가는 '유연 성'을 꼽는데요. 지식산업화가 심해지다 보니 너도나도 '창의성' 을 중시하지요? 하지만 저는 '유연성'도 그에 못지않은 중요한 자질이라고 생각합니다. 자동차나 반도체, 지금 우리가 세계 최 고를 자랑하지만 우리가 시작한 건 아니죠. 우리는 있는 기술을 가져다 최고로 만들었어요. 융합의 힘으로 말이죠. 새로운 기술 이 끊이지 않는 4차 산업혁명 시대엔 그런 힘이 더욱 그 빛을 발하지 않겠어요? 그런 면에서 한국 학생들의 가능성은 무궁무진하다고 생각합니다.

제가 소개하는 한국의 혁신 방향과 이를 적극적으로 설명하는 IT 성공 사례들이 많은 학생들 그리고 교수님들에게 임팩트 있게 전달되기를 기대하며 준비한 강의를 시작하도록 하겠습니다.

그리고 먼저 고백하자면, 제 강의 중에 소개되는 에피소드나 사진 들은 제 책《빅 컨버세이션》에서 많이 가져왔습니다. 한번 읽어보시면 강의 이해에 굉장히 도움이 될 것입니다.

미스터 칩 그리고 미스터 5G

• • • • •

강의에 앞서 간단히 제 소개를 해보겠습니다.

저는 2002년 '황의 법칙'을 발표해서 세계의 주목을 받은 적이 있습니다. 그때부터 국제사회에서는 저를 '미스터 칩'이라 했는데요. 이때 칩은 포테이토칩은 아닙니다. 반도체를 뜻하는 칩인데요. 스펠링은 똑같이 'chip'을 씁니다. 실제로 반도체도 포테이토칩처럼 얇잖아요? 그래서 혼용해서 쓰는 경우가 많습니다.

첫 사회생활은 1989년에 삼성전자 연구원으로 시작했습니다. 직책은 수석부장이었는데요. 10년 뒤인 1999년에는 반도체 대표이사 사업부장이 됐습니다. 3년 뒤에는 '황의 법칙'을 선언했고, 반도체 기술의 혁명이라고 불리는 CTFCharge Trap Flash를 개발하기도 했습니다. 개발 스토리는 다음 강의에서 자세하게 이야기하기로 하고요.

2010년부터 3년간 저는 '국가 먹을거리'를 찾는 국가 CTO로서 일했고, 이후 KT로 자리를 옮겼습니다. 2019년에는 세계 최초로 5G를 상용화시켰고 이때 '미스터 5G'라는 새로운 호칭도 얻게 됐습니다.

제가 이렇게 말로만 떠드니까 '뭐 하는 사람인가?' 싶어 고개를 갸우뚱하는 분들도 있는데요. 저에 대한 이야기를 담은 짧은 영상을 잠깐 보고 가겠습니다.

2016년 하버드에서 진행한 특강의 한 대목입니다. 유명 인사들이 많이 특강을 했던 메모리홀에 800명의 학생들이 모였습니다. 그날 잡스와의 에피소드를 포함해 혁신에 대한 이야기를 했는데요. 한번 보겠습니다.

—— **교수** 한번 생각해 보시죠. 과거 모델에서 많은 대기업들의 혁신은 중앙에서 시작되고 변화의 방향은 한 방향이었습니다. 기업만이 결정권을 가졌고, 다른 누군가를 위한 여지는 없었습니다. 요즘은 어떤가요? 혁신은 가장자리부터 시작되고, 고객 친화적으로 바뀌었으며, 차별화가 진행 중입니다. 모든 기술과 서비스가 경쟁하고 있습니다. 이제 기업은 다양한 관점에서 고민해야 하고 고객을 최우선으로 고려해야 합니다. 과거의 모델은 사라졌습니다. 이제는 새로운 모델을 봐야 할 때죠. 사실 굉장히 어려운 환경입니다. 정말로 뛰어난 기업만 해낼 수 있을 텐데요. 오늘 그러한 기업의 발표를 듣게 되어 기쁩니다. 강연 시작과 함께 큰 박수로 황창규 박사를 환영해 주시기 바랍니다.

—— **황창규** 저는 다가오는 모바일 시대엔 핵심이 속도에서 용량으

로 바뀔 것으로 예측했습니다. 또한 메모리 용량이 매년 두 배씩 늘어날 것이라 예상했습니다. 오늘날 '황의 법칙'으로 불리고 있는데요.

먼저 '애플Apple'과 관련된 재미난 에피소드를 들려드리겠습니다. 2004년 애플은 신형 아이팟을 출시했습니다. 그러나 아이팟은 하드디스크드라이브HDD, Hard Disk Drive를 사용했습니다. 때문에 두 시간도 채 지나지 않아 배터리가 닳고, 충격에 취약해 떨어트리기만 해도 데이터가 손상됐지요. 또한 추운 날씨에는 작동조차 하지 않았죠. 그래서 우리는 스티브 잡스에게 더 빠른 속도로 데이터 처리가 가능하고, 더 작고, 더 가볍고, 충격에도 강한 플래시메모리 사용을 제안했습니다.

저 사진은 우리가 계약을 한 날 찍은 사진인데요. 잡스는 별로 기뻐 보이지 않아요. 왜냐면 우리가 상당히 많은 비용을 청구했기 때문이죠. (웃음)

여러분은 전혀 웃지를 않으시네요? 이 강연에서 하버드 학생들은 박수도 치고 웃기도 해서 열몇 번은 호응해 줬는데요. 연세대 학생들은 웃지를 않으니 제가 상당히 멋쩍습니다.

물론 이 시간은 오픈 강좌가 아니기 때문에 굳이 박수를 치고 호응을 안 해주셔도 됩니다만, '아! 감동스럽다' 하는 마음에서 감정이 우러나오면 가끔은 치셔도 됩니다. (박수)

감사합니다. 제가 '미스터 칩' 그리고 '미스터 5G'로 30년 넘게 현장을 누볐는데요. 오늘은 리스크 테이킹이 주제이니까 반도체 이야기를 먼저 해볼까 합니다.

한국을 이끌어온 산업이 뭐죠? 수출 1위의 산업이 바로 반도체입니다. 이 반도체 신화는 어떻게 시작됐을까요? 저는 한마디로 '반도체는 리스크 테이킹으로 이루어진 산업이다' 이렇게 정의 내리고 싶습니다. 혁신의 제1 요건, 리스크 테이킹의 전략이 가장 적중했던 산업이죠.

그 이야기를 해보겠습니다.

기하급수 기업을 만든 4차 산업혁명

•••••

본격적인 강의에 들어가기에 앞서, 오늘날의 산업을 한번 점검해 볼까요?

여러분도 잘 아시죠. 1차 산업혁명 '기계화', 2차 산업혁명 '대량생산' 그리고 3차 산업혁명이 바로 '지식정보화 혁명'이죠. 우리가 살고 있는 현재는 '정보 기술 기반의 초연결 혁명'이라고 하는 4차 산업혁명이

| 1~4차 산업혁명의 변천과 특징 |

진행 중입니다. 20대인 여러분은 4차 산업혁명기에 태어났죠? 저는 3차 산업혁명이 막 태동될 때 태어났습니다.

1946년에 에니악ENIAC, Electronic Numerical Integrator And Calculator이라는 인류 최초의 컴퓨터가 세상에 나왔습니다. 진공관 약 1만 8,000개로 이루어진 가로 25미터, 세로 5.5미터 크기의 거대한 컴퓨터였습니다. 무게가 27톤이나 나갔으니 실로 어마어마했죠.

그런데 1947년 존 바딘John Bardeen과 월터 브래튼Walter Brattain은 세상에 처음으로 접점 트랜지스터를 발명하고 1954년 윌리엄 쇼클리William Shockley가 접합 트랜지스터를 발명함으로써 반도체 기본 소자로 사용되는데요. 덕분에 더 이상 크고 무거운 진공관이 필요 없게 됩니다. 세 분은 1956년에 노벨상을 공동으로 수상합니다. 이후 바딘은 슈퍼컨덕터로 다시 한 번 노벨상을 수상하기도 하는데요. 이들의 업적 덕분에 3차 산업혁명이 가능해진 것입니다.

여러분이 지금 살고 있는 4차 산업혁명 시대는 어떻습니까? 빅데이터, AI, IoT, 클라우드, 블록체인, 생명공학의 혁신 등 셀 수 없이 많은 기술들이 나왔죠? 5G라는 플랫폼 덕분에 자율 주행 같은 놀라운 기술도 가능해지고 있습니다. 이러한 기술들은 우리의 산업을 어떻게 바꿔 놓았습니까?

최근 기업들의 성장곡선을 한번 보시죠. 과거 에스앤피500S&P500 지수를 구성하는 포천 500Fortune 500의 기업들이 시가총액 1조 원을 달성하는 데 걸린 시간은 약 20년이었습니다. 전통적인 굴뚝산업이 1조 원의 가치로 성장하기까지 강산이 두 번은 바뀌어야 했습니다.

그런데 최근의 기업들은 어떻습니까? 구글Google이 8년, 테슬라Tesla

| 시가총액 1조 원 달성까지 걸린 시간 |

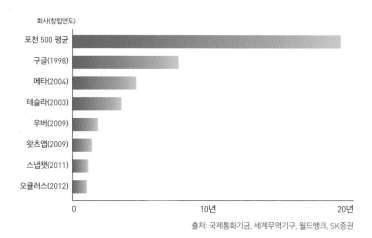

회사(창립연도)

포천 500 평균
구글(1998)
메타(2004)
테슬라(2003)
우버(2009)
왓츠앱(2009)
스냅챗(2011)
오큘러스(2012)

0   10년   20년

출처: 국제통화기금, 세계무역기구, 월드뱅크, SK증권

| 기하급수 기업의 성장곡선 |

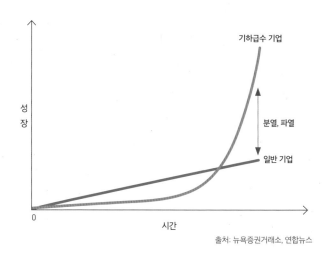

기하급수 기업

성
장

분열, 파열

일반 기업

0   시간

출처: 뉴욕증권거래소, 연합뉴스

* 기하급수 기업: 시가총액이 1조 원에 도달하는 데 6개월이 걸리지 않는 기업

가 4년, 벤처기업이라고 하는 스냅챗Snapchat, 오큘러스Oculus, 리프트Lyft
는 1년 이내입니다. 특히 클라우드 데이터를 업으로 하는 스노우플레이
크Snowflake라고 하는 회사는 창립 10년도 안 돼서 시가총액 100조 원을
달성한 사례도 있었습니다.

도대체 과거와 지금이 어떻게 달라진 걸까요?

저는 기술이 이 질문의 퍼즐을 푸는 열쇠라고 생각합니다.

오늘날의 기업들은 비록 몸집은 작지만 4차 산업혁명에 들어가는
기술들을 미리 공부했고, 고객의 필요를 철저하게 분석했으며, 한 번의
혁신에 만족하지 않고 끊임없이 자신을 새롭게 하는 반복적 혁신을 감
행했습니다. 이 때문에 성장곡선이 매우 가파른 '기하급수 기업'으로 자
리매김하게 됐습니다.

그런데 한국의 산업과 기업은 어떠한가요? 어떤 상황에 처했습니까?

제가 강의를 준비하던 2022년 7월 〈조선일보〉에 게재된 사설을 몇
개 추려보았습니다. 첫 번째 사설은 '7대 미래 기술' 중 우리나라가 중국
보다 다섯 개나 뒤처진다는 내용이고요. 사실 얼마 전까지만 해도 이건
상상도 못했던 거죠. 다음은 반도체 관련인데, 256메가Mb를 세계 최초
로 만들어 세계 1등을 구가했고, '황의 법칙'을 발표하며 독점적인 마켓
셰어Market Share(시장점유율)를 지켰던 반도체에 대해 경쟁력에 대한 우려
를 합니다.

여러분, 반도체는 '산업의 쌀'이라고 불릴 정도로 모든 산업의 근간
이 되는 산업입니다. 반도체가 차지하는 한국 경제 포션은 상당합니다.
총수출액의 20퍼센트가량을 담당하고 매년 100조 원 이상의 부가가치
를 창출하죠. 전체 GDP의 8.2퍼센트에 해당합니다.

게다가 반도체는 앞으로 10년, 20년, 30년 한국이 주도해 나갈 산업으로 꼽힙니다. 그렇기 때문에 위기의식이 더 클 수밖에 없습니다. 저는 이번 강의가 '우리가 어떻게 또 다시 혁신을 주도해 나갈 것인가?' 하는 물음에 답을 고민해 보는 시간이 되기를 바라봅니다.

제 강의는 '혁신은 어떻게 시작되는가?'를 주제로 일곱 개 내용을 담아 진행될 텐데요. 첫 번째가 리스크 테이킹, 두 번째가 파괴적 혁신, 세 번째가 미래의 예측, 네 번째가 기술의 선점, 다섯 번째가 위기의 대응, 여섯 번째가 융합의 실현 그리고 마지막이 혁신을 이루는 경영자의 자세입니다. 가능하면 여러분들이 졸지 않도록 영상도 활용해 보고자 합니다. 혁신으로 가는 길을 잘 따라오시기 바랍니다.

리더, 생존자 그리고 죽음
• • • • •

"혁신을 주도하면 리더가 되고, 혁신을 받아들이면 생존자가 되지만, 혁신을 거부하면 죽음을 맞는다."

많은 자리에서 저는 혁신이야말로 위기를 돌파하는 가장 확실한 방법이라고 이야기했습니다. 그런데 오늘은 혁신을 '리스크 테이킹'이라는 단어로 바꿔놓겠습니다.

저와 여기 앉아 계신 교수님들은 생존자로 남아 있지만, 제 앞에 계신 학생 여러분은 리더가 되어야 할 것입니다. 누구도 죽음을 맞아선 안되죠. 앞으로의 리더들에게 큰 기대를 안고 강의를 이어가겠습니다.

오늘의 주요 사례는 제 경험을 담은 반도체 분야의 사례가 될 텐데요. 본격적인 이야기에 들어가기 앞서 반도체에 대한 간략한 지식을 전달해 드리고자 합니다. 한국 반도체 산업의 성장 역사는 약 50년인데요. 기초 지식을 알아두면 반도체의 미래를 논하는 기사를 접할 때 요긴할 것입니다.

| 메모리반도체의 분류 |

	D램(DRAM)	S램(SRAM)	플래시메모리
특성	기억장치의 내용을 주기적으로 재생. 동적으로 재생시킴(Dynamic RAM)	전원이 있는 한 정보를 지속적으로 저장(Static RAM)	전원을 꺼도 정보가 남아 있는 비휘발성 메모리
구조	- 1 트랜지스터 + 1 축전지 - 고집적 가능	- 6 트랜지스터 - D램에 비해 네 배 큼	- 낸드(NAND)형: 저장 용량 큼 - 노아(NOR)형: 처리 속도 빠름
응용	대용량 기억장치	- 그래픽카드 - 소용량 캐시메모리	- 낸드형: 음성·화상 저장에 적합한 모바일 기기 - 노아형: 속도가 빠른 응용 분야
기능	일반적 기억장치	외부 캐시 기억장치로 사용 (빠른 처리 속도)	낸드형의 경우 하드디스크 대체(SSD)

반도체는 크게 메모리와 시스템LSISystem Large Scale Integrated Circuit로 나뉩니다. 매출 규모 면에서는 3 대 7 정도가 됩니다. 메모리는 종류가 몇 개 없습니다. 전원이 꺼지면 데이터가 없어지는 게 D램이고, 전원이 켜져 있는 한 컴퓨터 캐시 역할을 하고 D램보다 속도가 빨라 데이터를 빨리 작동하게 만드는 게 S램입니다. 그리고 전원이 꺼져도 데이터를 보유하는 비휘발성 메모리가 플래시메모리입니다.

혁신을 주도하면 리더가 되고
혁신을 받아들이면 생존자가 되지만
혁신을 거부하면 죽음을 맞는다

앞으로 제가 플래시메모리 관련 에피소드를 많이 이야기할 텐데요. 플래시메모리는 종류가 두 가지입니다. 설계 로직에 따라 노아와 낸드로 나뉩니다. 이름이 그렇게 붙은 이유는 'not or(노아)'고 'not and(낸드)'이기 때문입니다. 이게 무슨 소리냐? 트랜지스터 배열이 병렬not or이냐 직렬not and이냐 그 차이입니다.

노아는 속도가 빠르고, 낸드는 데이터를 쓰기에 적합한 반도체인데요. 실물을 보면 낸드플래시는 노아플래시 면적과 비교하면 3분의 1밖에 되지 않습니다. 왜 그러냐면 노아는 빨리 데이터를 불러와야 해요. 그럼 설계를 다 병렬로 해야 됩니다. 동시다발적으로 진행해야 되기 때문이죠. 반면 음악이나 영상을 저장하는 낸드플래시는 직렬로 연결해도 상관이 없습니다. 덕분에 작게 만들 수 있죠.

제가 플래시메모리 사업을 맡았을 때 시장점유율을 보면 노아플래시가 95퍼센트였습니다. 자연스럽게 낸드플래시의 점유율이 나오죠. 네, 5퍼센트였습니다. 왜 낸드플래시 시장은 그렇게 작았을까요? 당시는 2세대 휴대폰 보급 초창기였습니다. 호랑이 담배 피우던 시절이죠. 요즘 여러분은 5세대 폰을 쓰고 계시죠? 당시는 2세대 폰이 사용됐습니다.

당시 2세대 폰의 특징은 뭐였을까요? 휴대폰으로 동영상을 보고 영상통화를 하는 건 상상도 못 할 때였습니다. 휴대폰은 그저 전화를 거는 용도였죠. 중요한 건 전화번호를 저장하고 빠르게 번호를 불러오는 것이었습니다. 물론 당시에도 저는 앞으로 모바일 시대가 오면 노아플래시보다 낸드플래시가 각광받을 거라고 예상했습니다. 오래전부터 그런 확신에 가까운 믿음을 갖고 있었기 때문에, '원낸드'라는 징검다리를 거

| 반도체의 분류 |

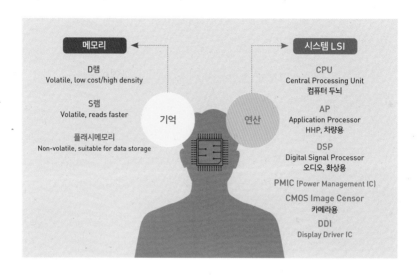

처 플래시메모리 시장을 노아에서 낸드로 바꾸는 일을 했었습니다. 그 이야기는 다음에 하기로 하고요.

시스템LSI는 잘 아시죠? 인텔Intel이 시장을 주도했던, PC에 들어가는 CPUCentral Processing Unit(중앙처리장치)가 대표적이죠. 휴대폰이나 자동차에 들어가는 애플리케이션 프로세서, 즉 APApplication Processor도 시스템LSI입니다. 물론 AP는 CPU보다 기능이 적고 쌉니다. CPU의 축약칩이라고 할 수 있는데요. 휴대폰에 쓰이는 AP는 만들기도 상대적으로 간단합니다. 이 때문에 가격도 CPU와는 차이가 큰데요. 옛날에 인텔이 시장을 석권하던 시절 CPU 가격이 2,000달러 정도 했습니다. 그러다 글로벌 시장에서 경쟁력을 확보한다고 1,000달러로 내리기도 하고, 경쟁사가 나오면 적극적으로 방어한다며 500달러 이하로 낮추기도 했습니다. 하지만 AP는 30달러 정도밖에 하지 않죠.

다음에 잘 알려지지 않은 시스템LSI 중에는 오디오, 화상용에 쓰이는 DSPDigital Signal Processor칩이 있고, 파워, 카메라용도 있습니다. 이 모든 산업에 필요한 반도체를 총칭해서 시스템LSI칩이라고 합니다.

이해를 돕기 위해 예를 들어볼까요? "오늘 연세대학교 경영학부 3, 4학년 강의가 있다." 이걸 기억하는 것이 메모리칩입니다. "강의가 괜찮을까? 들어가서 강의를 들어볼까?" 이렇게 판단하는 건 시스템LSI칩입니다. 저장 역할을 하는 것과 판단 역할을 하는 것으로 구분됩니다.

이어서 세계 반도체 업체들을 나눠볼까요? 종합 반도체, 팹리스Fabless, 파운드리Foundry로 나뉘는데요. 삼성, 인텔 이런 회사들이 종합 반도체죠. 반도체에 들어가는 모든 기술을 종합적으로 다 갖고 있는 회사들입니다. 기초 연구 개발부터 시작해서 설계·생산·마케팅 업무를 모두 하죠. 백엔드에는 테스트, 패키지도 있습니다.

팹리스는 공장은 없고 설계만 하는 회사입니다. 퀄컴Qualcomm, 브로드컴Broadcom, 엔비디아NVIDIA, 미디어텍Media Tek, 에이엠디AMD, 자일링스XILONX 등 많죠. 팹리스는 미국이 월등히 강합니다.

마지막으로 파운드리가 있습니다. 반도체는 생산하는 것을 '굽는다'라고 표현하는데요. 왜냐하면 실제로 1,200~1,300도에서 구워야 되거든요. 다양한 반도체 설계 디자인을 받아 위탁 생산만 하는 회사가 파운드리입니다. 여러분이 잘 아시는 대만의 TSMC가 전 세계 파운드리의 50~60퍼센트를 차지하고 있습니다.

이렇게 반도체에 대한 설명은 대강 끝난 것 같습니다. 필요하면 중간중간에 좀 더 설명하겠습니다.

역제안으로 시작된 리스크 테이킹

• • • • •

이제 리스크 테이킹의 첫 번째를 살펴보겠습니다.

리스크 테이킹 하면 거창한 것만 생각하시는 분들이 있는데, 사실 개인 삶에서도 위험을 감수해야 할 때가 많습니다. 위험을 감수하느냐 아니냐 하는 자세 차이는 개인의 성공과 성장에도 큰 영향을 미치는데요. 첫 번째 사례로 제 개인적 이야기를 해볼까 합니다.

저는 30대 초반에 박사를 마치고 4년 뒤 삼성에 입사했습니다. 그때 이미 결혼도 했고 아이들도 있었어요. 공부도 오래했죠. 그러니 회사에서도 상응하는 대우를 해주겠다 했어요. 최초의 제안은 임원 자리였습니다. 여러분, 임원이 좋은 건 아시죠? 당시에도 월급이 많은 건 물론이고, 전용차와 비서가 제공됐습니다. 그런데 제가 그걸 마다했습니다. 그리고 회사에다 "저는 임원 자리로는 안 가겠습니다"라고 이야기했어요. 지금 생각해도 그런 배짱이 어디서 나왔는가 싶은데요. 결국 임원을 마다하고 입사해서 이후 3년간 참 힘든 시간을 보냈습니다. 이미 예견된 시간이었고, 리스크 테이킹 한 결과였습니다. 그 이야기를 먼저 해드릴까 합니다.

제가 삼성에서 입사 제의를 받은 게 1988년 서울 올림픽 때입니다. 여러분들은 1988년도 이후에 태어나셨죠? 저는 당시를 '호돌이 담배 피우던 시절'로 회상하는데요. 서울 올림픽의 상징이 바로 호돌이입니다.

당시 스탠퍼드대학교에서 책임연구원으로 있을 때였습니다. 미국 동부에 있는 매사추세츠주립대학교에서 전기공학 박사를 받고 살기 좋은 서부로 이사했죠. 잘 알다시피 스탠퍼드는 실리콘밸리의 메카죠. 모든 실리콘밸리의 혁명은 이 스탠퍼드에서 시작됐다고 해도 과언이 아닙니다. 그런데 스탠퍼드 근처에 뭐가 있냐? 산타클라라에 1등 반도체 기업인 인텔 본사가 있습니다. 인텔 본사에서 컨설팅 자문으로도 일했는데요. 투 잡을 뛰었기 때문에 급여도 두 곳에서 받았습니다.

이때 삼성에서 이건희 회장의 우수 인력 확보 명령이 떨어집니다. 훗날 "한 명의 천재가 10만 명을 먹여 살리는 인재 경영 시대"라는 이 회장의 인터뷰가 화제가 됐는데요. 삼성의 레이더망에 제가 잡혔던 거죠.

그런데 제게는 입사를 결정하게 된 계기가 또 있습니다. 삼성에서 취업 제안을 받고 한 10일간 일본 출장을 갔습니다. 여섯 곳의 반도체 회사 방문 그리고 컨설팅, 대학 강의로 짜인 일정이었는데요. 그때 사실 엄청난 충격을 받았습니다. 당시 일본을 '가전의 왕국' 또 '반도체의 왕국'이라 했어요. 정말 대단했습니다. 일본 회사가 세계 반도체 톱 텐 중 여섯 개나 포진했었습니다. 1위 NEC, 2위 도시바, 3위 히타치 이런 식이었어요. 일본이 장악한 첨단 반도체의 현실을 똑똑히 봤습니다.

그때만 해도 일본을 넘어서는 것이 개인적으로나 사회적으로나 중요한 목표였는데요. 저도 '일본 한번 이겨봐야겠다'라는 생각으로 삼성에 입사 통보를 했습니다.

그런데 고민이 좀 되는 거예요. '기술 관리자가 되려는 것인가, 기술 개발자가 되려는 것인가?' 여러분, 현재 저의 자리는 경영자죠. 관리자가 맞습니다. 하지만 당시는 개발자가 되고 싶었어요. 일본을 뛰어넘는 기술과 제품을 개발하고 싶었죠. 그런데 기술 개발은 혼자 할 수 있는 게 아닙니다. 도와줄 사람이 필요한 거죠. 그래서 고심 끝에 "부장으로 가겠다"라는 역제안을 하게 된 겁니다.

그 뒤 3년간 저는 현장에서 살았습니다. 동료 연구원들하고 부딪치면서 토의 문화도 만들고 끝장 토론도 해봤습니다. 그동안 신뢰가 쌓였고 지지도 얻을 수 있었어요. 꽃길을 마다하고 가시밭길을 간 덕분에 이후 제가 조직을 이끌 때 직원들로부터 큰 힘을 받을 수 있었습니다. 그런데 그게 아주 좋았던 것만은 아니에요. 빨리 진급해서 월급도 많이 받는 동료들을 보니 '괜히 임원 자리 마다하고 부장으로 왔나?' 하는 생각도 들었죠. 그럼에도 불구하고 결국에는 '그때 참 좋은 선택을 했다'라고 생각했습니다.

지금 이 자리까지 오게 됐으니 첫 번째 리스크 테이킹의 결과가 나쁘진 않은 셈이죠?

새끼 호랑이를 살려낸 자쿠로 미팅

• • • • •

그럼 다음으로 기업에서의 리스크 테이킹 사례를 살펴보도록 하겠습니다.

회사의 역사를 사사社史라고 하는데요. 삼성 반도체의 사사를 다룰 때 빠지지 않고 나오는 사건입니다. 각종 신문에도 '자쿠로 미팅'으로 많이 소개됐는데요. 모바일 시대를 수년이나 앞당기고 또 지금의 삼성 반도체를 있게 한 가장 중요한 사건입니다. 관심 있는 분은 자료를 찾아봐도 좋겠습니다.

때는 2001년 8월입니다. 당시 반도체의 왕국은 어디였다고요? 네, 일본이었습니다. 도시바Toshiba는 낸드플래시에 상당한 특허를 갖고 있었죠. 낸드플래시 시장의 45퍼센트를 점할 정도로 시장 지배력도 압도적이었습니다. 그에 비해 삼성은 시장점유율로 보자면 26퍼센트 정도로 2등이지만 기술 격차는 많이 있었죠.

그런데 도시바에서 삼성에 조인트벤처를 제안합니다. 도시바는 왜 그랬을까요?

당시 도시바는 굉장히 활발히 그리고 공격적으로 사업을 펼쳤습니다. 256메가 D램을 만들 때 세계 최대의 컴퓨터 회사이자 반도체 회사인 IBM, 유럽 최고의 반도체 회사인 지멘스SIEMENS와 삼각 편대를 결성해서 삼성과 경쟁하기도 했죠.

256메가 D램에 대해 잠깐 설명해 보자면요. 앞서 말했듯 D램은 전원이 꺼지면 데이터가 없어지는 반도체입니다. 데이터를 저장하는 장소를 캐패시터capacitor(축전기)라고 하는데, 캐패시터 안에 전하를 집어넣죠. 그게 데이터입니다. 그런데 반도체의 기본이 되는 실리콘으로 캐패시터를 만드는 방법이 두 가지입니다. 실리콘을 파서 캐패시터를 만드는 방법을 트렌치trench 방식이라 하고요, 실리콘 위에다 쌓아서 만드는 방법을 스택stack 방식이라 합니다. 전 세계 메모리반도체 회사들은 두 기술 중 하나를 선택해 사용했습니다.

당시 도시바는 트렌치 방식을 선택했는데, 몇 년 뒤에 품질에 결정적인 문제가 생깁니다. 메모리 시장 세계 1등 회사였던 도시바도 방법이 없었죠. 그래서 삼성한테 "D램 기술을 우리한테 주면 우리들의 독점적인 플래시메모리 기술을 삼성에 이전해 주겠다"라고 제의했습니다. 하지만 거절했습니다. 아마도 '이것 봐라, 안 통하네'라고 생각했겠죠? 그리고 몇 달 후 다시 온 제안이 조인트벤처를 하자는 것이었습니다.

앞에 이야기했죠. 당시 도시바는 낸드플래시의 마켓셰어 1등 기업이었고 독점적인 기술을 상당히 많이 갖고 있었습니다. 우리로 보자면 완전히 '하늘'이었죠. 실제로 도시바의 기술을 쓰기 위해 삼성은 막대한 특허료를 내고 있었습니다. 그러니 조인트벤처를 같이 하자는 제안이 나쁠 리 없었죠. 누구라도 하고 싶지 않았겠어요?

하지만 저는 생각이 좀 달랐습니다. 왜 도시바가 2등인 우리랑 조인트벤처를 하자 했을까요? 미래의 새끼 호랑이를 미리 없애버리겠다는 이야기 아닙니까? 삼성은 이미 1994년 세계 최초로 256메가 D램을 개발한 전력이 있었습니다. 당연히 일본보다도 앞섰죠. 당장은 2등이지만, 삼성이 또 다시 앞선 기술을 내놓는다면 1, 2위가 바뀔 수도 있었겠지요?

그런데 경영진도 그렇게 생각할진 미지수였습니다. 당시만 해도 한국에 많은 것을 가르쳐준 곳이 일본이었습니다. 퍼스트 무버가 함께하자고 먼저 손을 내민 거예요. 계산기를 두드려보면 결코 밑지는 장사는 아니죠. 이 회장께서도 긍정적으로 생각한다는 이야기까지 전해들었습니다. 그래서 제가 이 회장을 만나러 갑니다. 당시 회장께서 일본에 있었는데 제가 일본으로 날아가 "독자 사업을 하게 해달라"라고 이야기를 할 기회를 얻었습니다. 이를 흔히 자쿠로 미팅이라고 하는데요. 자쿠로는 오쿠라호텔 바로 옆에 있는 유명한 샤브샤브 집입니다. (웃음)

왜 샤브샤브 집에서 만났냐? 궁금하시죠? 이 회장께선 보안을 굉장히 중요하게 생각하셨어요. 호텔에서 만나면 동선이 파악되고 오가는 내용이 주변 사람들에게 다 흘러들어 갑니다. 그래서 중요한 안건을 다룰 때는 호텔에서 만나는 것은 피하셨어요. 그날 자쿠로에는 저와 이 회장을 포함해 다섯 명만 앉았습니다.

이 회장, 비서실장, 전자 CEO, 반도체 총괄사장을 앞에 두고 제가 발표했습니다. 독자 사업을 하겠다는 게 요지였죠. 그 이야기를 듣고 이 회장께서 질문 딱 세 가지를 했습니다. 평소에도 말씀이 많지 않으셨죠. 그날도 딱 세 가지만 물었습니다.

첫째가 "해볼 만한가?", 둘째가 "D램이 없어진다는데?", 셋째가 "자신 있는가?"였습니다.

가장 먼저 저는 그동안에 어떻게 플래시메모리를 준비해 왔는가 말씀드렸습니다. "지금 현재 256메가 플래시메모리는 도시바한테 1~2년 뒤지지만 향후는 다를 것입니다." 실제 저는 복수의 팀을 만들어 가동했어요. 그러니까 차세대 개발팀과 그다음인 '차'차세대 개발팀이 동시에 움직이고 있었습니다. 그래서 이 회장께 "512메가는 도시바하고 동시에, 1기가Gb는 도시바보다 먼저 개발하겠습니다"라고 장담했습니다.

이게 가능했던 게 저는 모바일 시장이 곧 열릴 것이고, 이로 인해 반도체 중에서도 플래시메모리가 시장을 주도할 것이라는 확고한 믿음이 있었기 때문입니다. 그래서 오랜 시간 준비해 왔던 거죠. 게다가 박사학위 논문 주제도 '플래시메모리에 적용되는 핫 캐리어를 이용한 디바이스 디자인'이었습니다. 굉장히 관심이 많았죠.

하지만 제가 관심이 많고 준비를 오래했다고 해도 경영자가 단숨에 제 손을 들어줄 리가 없죠. 우리의 현실이 어떻습니까? 마켓셰어 3.7퍼센트밖에 되지 않는 작은 회사 아닙니까? 현실적으로 도시바라는 산을 넘고 인텔이라는 더 큰 산을 넘어야 가능한 일이잖아요? 그러려면 회사의 전폭적인 지원이 필요한데 그게 쉬운 게 아니죠. 그래서 제가 마지막으로 이야기했습니다.

"이미 반도체 생산라인 6, 7라인의 준비를 마쳤습니다."

라인이란 것은 반도체를 만드는 공장입니다. 얼마 전에 미국의 바이든Joe Biden 대통령이 왔을 때 평택 공장을 보고 갔죠? 그게 12인치 반도체의 최신 라인입니다. 사실 당시도 6, 7라인은 최신 라인이 아니었어요. S램을 생산하던 라인인데 수요가 줄면서 라인이 비기 시작했습니다. 그래서 제가 플래시메모리를 생산할 수 있도록 개조했습니다. 생산쪽 임원들하고 머리를 맞대고 열심히 작업했습니다. 추가 비용을 들이지 않고 플래시메모리를 생산할 수 있는 준비를 마친 거죠. 이것이 매우 중요했습니다.

여러분, 보통 반도체 라인 하나 짓는 데 얼마가 들어가는지 아십니까? 수조 원이 들어갑니다. 당시도 1조 원 정도가 든 것 같은데 지금은 8~10조 원 정도가 들어간다고 알고 있습니다. 최신 라인 같은 경우는 생산 규모가 크기 때문에 몇십조 원이 든다고 보면 됩니다. 근데 따지고 보면 돈이 들어가는 건 문제가 아니에요. 투자해서 라인 하나를 지었다 칩시다. 장비 들여와야죠? 장비 튜닝해야죠? 테스트 흘려서 수율 맞춰야죠? 수율이라는 것은 양질의 제품이 나오는 정도를 말합니다. 보통 투자를 시작해서 높은 수율의 반도체를 생산하기까지 3년 이상 걸립니다.

그런데 제가 뭐라고 말씀드렸습니까? 투자 없이, 당장 플래시메모리를 생산할 수 있을 정도의 세팅을 마쳤다고 이야기했잖습니까? 이야기를 듣던 이 회장의 입가에 미소가 싹 번지는 걸 제가 봤습니다. 그러고 나선 조용히 말하더군요.

"정중히 거절하고 우리 독자 사업으로 가보자."

실제로 이 사건 이후에 플래시메모리에 많은 투자와 인력 보강이 이루어집니다. 무모하다고 생각할 수 있는데 어쨌든 도전해 본 겁니다. 그렇게 마켓셰어 3.7퍼센트의 세계 10위 플래시메모리 업체에 새로운 변화가 시작됩니다. 성과가 드러나기까지 오래 걸리지도 않았어요. 2003년 1월, 그러니까 자쿠로 미팅으로부터 약 1년 반 만에 1위 도시바와 2위 삼성의 위치가 바뀌게 됩니다. 그리고 1년 뒤 플래시 전체 시장에서 인텔을 제치고 세계 1위의 반도체 회사가 됩니다.

제가 시작할 때 하버드에서 여러 번 강의했다고 말씀드렸죠? 실제 반도체와 관련해 여섯 번의 케이스 스터디를 하고, KT의 에너지와 5G로 두 번의 케이스 스터디를 했습니다. 그리고 두 번의 오픈 강좌를 더 했는데요. 학생들한테 많은 관심을 받은 것이 바로 이 '플래시메모리 시장의 역전'입니다. 이토록 짧은 기간에 1위와 2위의 순위가 뒤집힌 것은 산업 역사상 유례가 없는 일이었기 때문이죠. 제가 앞서 "한국 반도체의 역사는 리스크 테이킹의 역사"라고 한 것도 바로 이 때문입니다.

"후배들은 1등을 언제 해보나?"
· · · · ·

두 번째 리스크 테이킹 사례는 조금 더 후의 이야기입니다.

현재 삼성에 12인치 반도체 라인이 몇 개인지 아십니까? 아까 잠깐 말씀드렸는데 '20개'입니다. 수조에서 수십조 원이 투자된 라인이 20개나 있다니 놀랍지 않습니까? 그런데 더 놀라운 것은 그들 중 초기 라인은 반도체 최악의 불황기에 지어졌다는 것입니다. 그 이야기를 해볼까

"

위험 없는 기회는 없다

"

오늘의 리스크를 감당해야
성공이든 실패든 내일의 결과를 알 수 있다
오늘 움직이지 않으면
내일 어떤 변화도 일어나지 않는다

합니다.

2001년은 IT 50년 역사상 최악의 불황기로 꼽힙니다. 세계 1등 반도체 기업인 인텔조차 적자가 날 정도였습니다. 얼마나 불황이 심했는가를 여러분도 짐작하겠죠?

지금 화면에 보여드리는 것이 웨이퍼wafer입니다. 반도체를 만드는 아주 얇은 실리콘 판이죠. 자세히 보면 네모난 칩이 빼곡히 들어차 있는 것이 보입니다. 수백 개의 반도체가 들어가 있는 모습입니다.

웨이퍼라는 것은 실제로 액체 실리콘에 석연과 흑연을 집어넣어서 고체화한 후 이를 가공해서 만듭니다. 액체 실리콘을 풀링 업pulling up하면 '실리콘 잉곳ingot'이라는 봉이 만들어지는데 이를 아주 얇게 자르고 래핑해서 가공합니다. 이 프로세스를 한 300스텝 정도 거치면 공정이 완료됩니다.

반도체 생산에서 가장 중요한 것은 얼마나 많은 양을 얼마나 빠른 시간에 만드냐입니다. 웨이퍼를 딱 집어넣어서 완전히 가공될 때까진 60일 정도가 걸립니다. 빠르면 한 40일 정도에도 뺄 수는 있죠. 그 이상 공기를 단축시키는 건 무리가 있습니다. 그렇다면 동일 시간에 생산량을 늘릴 수 있는 방법은 무엇일까요?

관건은 웨이퍼의 크기입니다. 작을수록 만들 수 있는 반도체 수가 줄어듭니다. 반대로 웨이퍼를 키우면 수가 늘어나겠죠. 1975년 4인치 웨이퍼에서 5, 6, 8, 12인치로 커졌는데요. 8인치에서 12인치로 넘어가는 과정은 단연 어렵고 까다로웠습니다. 2.5배 면적이 커진 상태로 넘어가기 때문인데요. 실제로 현재 사용하는 12인치 기술은 개발된 지 24년이나 됐지만 더 이상의 발전은 이루어지지 못하는 상황입니다.

자, 다시 반도체 불황기인 2001년으로 돌아가 보겠습니다. 당시 저는 4년간의 노력 끝에 12인치 생산 기술을 개발하고 준비까지 다 해놓고 있었습니다. 그런데 불황기다 보니 라인 신설은 엄두를 내지 못했습니다. 50년 만의 불황에 옴짝달싹할 수가 없었죠. 그러던 중 이 회장께 전화를 받게 됩니다.

"황 사장, 어렵지?" 인텔도 적자가 나는 상황이니 어렵다고 말할 수밖에요. 다음 질문이 "12인치 사항은 어떻게 되는가?" 그래서 "독일 지멘스에선 정부의 보조를 받아 드레스덴에 12인치 라인을 짓고 있습니다"라고 답변을 드렸는데 그때부터 질타가 시작됩니다.

"황 사장은 이때까지 개발하고 투자해서 세계 1등을 해본 사람이잖아, 그렇지? 그러면 당신이 지금 어렵다고 투자를 하지 않으면 당신이 데리고 있는 후배들 그리고 또 다음에 올 후배들은 언제 글로벌 1등을 해보겠나?"

이 회장께서 굉장히 호통을 치는데 사실은 그 호통이, 호통이 아닙니다. 투자를 해주시겠다는 이야기입니다. 그렇게 투자를 받았습니다. 그때 라인을 짓기 시작해서 제 임기 내에 여섯 개 라인을 지었습니다. 현재는 20개 12인치 반도체 라인이 한국 경제를 이끌죠.

사람들은 돈이 있으면 투자를 할 수 있다고 생각합니다. 그러나 현실은 그렇지 않습니다. 시장이 얼어붙을 때 투자를 할 수 있는 건, 남다른 경영 철학을 갖고 있지 않으면 불가능합니다. 당시의 투자 때문에 한국은 세계 최초의 반도체를 만들고 또 세계 최고의 반도체를 만들 수 있었습니다.

이후 반도체 왕국인 일본의 기업들은 한 곳씩 다 문을 닫게 됩니다.

그냥 한국하고 1, 2등 자리만 바꾼 게 아니라 상당수 반도체 기업들이 사업을 접었습니다. 지금은 시스템LSI 업체 르네사스Renesas 반도체와 메모리 업체 키오시아Kioxia 등 몇 곳만 남아 있는 정도입니다. 그 계기가 됐던 것이 2001년 이 회장의 투자 결정이었습니다.

조금 다른 이야깁니다만, 이 회장께선 어떻게 그런 결정을 내릴 수 있었을까요?

이후 저도 여러 번 같은 질문을 해보았습니다. 이 회장의 남다른 통찰은 어디서 시작됐을까요? 저는 이 회장의 통찰을 '위임→경청→숙고→결단'으로 정리해 보았습니다.

이 회장께선 믿을 만한 사람들한텐 전적으로 위임합니다. 저 역시 경영에서 제일 중요한 게 임파워먼트empowerment라고 생각하는데요. 이에 대한 이야기는 마지막 7강 때 자세히 다루도록 하겠습니다.

다음은 경청입니다. 많이 묻고 또 듣습니다. 앞날을 예측하기 위한 인문학적·사회학적 지식이 필요할 때 경청은 굉장히 효과적입니다. 세 번째는 골똘히 생각하는 것입니다. 혼자만의 숙고 시간을 갖습니다. 혁신은 혼자 할 수 없죠. 함께하는 스태프도 있어야 하고 가르침을 주는 선생님도 있어야 합니다. 하지만 결정은 혼자 하는 겁니다. 그래서 혼자만의 숙고가 굉장히 중요합니다. 마지막으로 결단은 전광석화와 같아야 합니다. 결단했으면 빠르게 행동해야 합니다. 미룰 필요가 없습니다.

승률을 높이는 세 가지 방법

• • • • •

지금까지 개인적으로 그리고 회사 경영에 있어 리스크 테이킹을 통해 성공을 이룬 사례를 살펴보았습니다.

여러분 중에는 '운이 좋아서 그리된 것이 아닐까?' 의문을 품는 분도 있을 겁니다. 맞습니다. 리스크 테이킹을 한다고 모두 성공하고 좋은 결과를 얻는 것은 아닙니다. 리스크 테이킹을 해도 실패할 수 있습니다. 우리가 할 수 있는 것은 승률을 높이기 위해 최선을 다하는 것뿐입니다.

그래서 다음으로 리스크 테이킹의 승률을 높이는 방법을 알아보도록 하겠습니다.

첫째가 오픈 마인드의 자세입니다. 리스크를 줄이기 위해서는 최신의 올바른 정보가 필요합니다. '먼저 아는 사람'과의 교류가 필요하죠.

여기에 오픈 마인드가 필요합니다.

제가 반도체 산업에 합류할 때 삼성은 일류가 아니었습니다. 메모리 개발과 생산 부문에서는 1992년도에 1위가 됐지만 상당히 '마지널margi-nal'한 1위였습니다. 기초 기술, 첨단 기술, 첨단 공정 등 기술에 대해서는 아직도 일본의 여섯 회사가 주도권을 쥐었죠. 이밖에도 인텔, IBM, TI(텍사스인스트루먼트), 모토로라Motorola 등 쟁쟁한 기업들이 우리보다 앞서 있었습니다.

그러던 중 1994년, 제가 256메가를 맡고 얼마 뒤 세계 최초로 256 메가 D램을 개발했습니다. 이후 1년간 어떤 회사도 개발 발표를 하지 못했습니다. 바로 2년 전에 64메가 D램이 개발될 때와는 상황이 달랐죠. 당시는 개발 발표가 있자마자 우리나라의 다른 경쟁사에서 개발 발표를 했고, 일본의 히타치에서는 "우리는 작년에 다 개발했고 5월에 VLSIVery Large Scale Integration 심포지엄에 논문 발표를 다 끝낸 상태다"라고 신문 기사를 내서 '세계 최초'라는 타이틀이 굉장히 희석돼버렸습니다. 이와 달리 256메가 D램은 진정한 우리 기술로 세계 1등을 한 사례로, 삼성이 글로벌 회사로 발돋움할 수 있는 계기가 됐죠. 당시 삼성에서는 256메가 D램에 대해 개발 발표만 한 게 아니었습니다. 직접 신뢰성이 검증된 칩을 만들어 휴렛팩커드Hewlett-Packard에 공급했습니다. 고객의 서버에 넣어 직접 작동을 시켰으니 이의를 달 수 없었죠. 이러한 성과를 만드는 과정에 '교류'가 큰 힘이 됐습니다.

삼성에 입사한 후 저는 일본 회사들하고 기술교류회를 만들어서 적극적으로 활용했습니다. 흔히 기술교류회라고 하는 것은 1등하고 2등하고 교류하는 식으로 서로 엇비슷한 수준의 조직들이 하는 것이죠. 그런데 당시 우리는 10위 정도의 회사였고 일본엔 세계 1위, 2위, 3위가 다 포진했었습니다.

저는 제 자산을 십분 활용했습니다. 제게 어떤 자산이 있었냐면 스 탠퍼드대학교에서 근무할 때 일본의 반도체 기업의 기사장들과 좋은 관 계를 유지해 온 것입니다. 한국에서는 '펠로fellow'라고도 하는데, 일본에 서는 해당 기술에서 최고의 장인을 기사장이라고 부릅니다. 그런데 이 분들이 논문 발표를 하고 스탠퍼드대학교에 와서 강의하기를 매우 좋아 합니다. 저는 연구원 시절 그걸 많이 도와주며 인맥을 쌓았고 그 뒤 두 고두고 도움을 많이 받았습니다.

처음에는 편지를 보냈습니다. "너희 회사가 정말 대단한 회사고, 세 계 기술을 선도하는 건 맞는데 삼성도 최근에는 엄청난 투자를 해서 미 래 기술에 대한 준비를 많이 하고 있다. 그러니 기술 교류하자." 그랬더 니 굉장히 주저하는 내용의 답신이 왔습니다. "그래, 하기는 하는데…." 이런 식이죠. 그래도 하겠다 했으니 짐 싸들고 일본으로 갔습니다. 당시 반도체 연구소는 기흥 골짜기에 있었는데 기흥에서 연구하던 엔지니어 들을 데리고 세계 반도체의 현장으로 갔습니다. 눈이 번쩍 뜨이죠. 전 세 계의 반도체를 장악하는 선진 기업체의 연구원들을 만나 개발 상태를 직 접 보고 토의도 하면서 엔지니어들이 많이 성장했습니다.

가장 인상 깊은 곳은 히타치 중앙연구소였는데요. 히타치는 '일본의 IBM'이라고 할 정도로 기술적으로 매우 앞선 곳입니다. '기지츠技術(기 술)의 히타치'라는 말이 있을 정도지요. 한번은 이들이 64메가 D램의 개 발 라인을 보여주겠다는 거예요. 반도체에서 개발 라인은 굉장히 제한 된 구역입니다. 라인에 들어가면 어떤 장비를 쓰는지 알 수 있고 이름이

다 나오니까요. 그런데 그곳을 보여주겠다고 하니 놀라움 그 자체였습니다. 아마도 일본 연구원들의 마음에는 이 정도를 보여줘도 괜찮을 것이라는 자신감이 있었을지도 모르겠습니다. 하지만 우리는 그렇지 않았죠. 짧은 시간에 창밖에서 레이아웃을 살펴보고 장비를 확인하고 눈을 분주하게 움직였습니다. 실질적으로 도움이 된 것도 있고 동기부여 면에서도 매우 큰 효과가 있었습니다.

그 과정을 통해서 한국 반도체는 많은 성장을 했습니다. 일본도 나중에는 우리의 성장을 시인했지요. 1995년 1월 〈일본경제신문〉을 보면요. "가격을 무기로 한 한국 제품들이 이제는 품질 면에서도 완벽해졌다"라는 내용이 있습니다. '혼네(본심)'와 '다테마에(겉마음)'라는 말이 있을 정도로 일본인의 말은 본심인지 예의상 하는 말인지 알 수 없는 경우가 많은데요. 우리가 개발한 256메가 D램이 해외 유수 IT 기업의 실제 서버에 장착되어 평가되는 것을 확인한 후에는, 한국의 발전을 인정할 수밖에 없었죠. 이 같은 가파른 성장의 발판에는 기술교류회와 같은 네트워크가 한몫을 했다는 점을 다시 한번 강조해 말씀드립니다.

두 번째, 열정과 적극적 태도입니다. 일하려면 우수한 인력이 많이 필요하죠? 이미 우수한 인력을 채용하는 경우도 있지만 흔치는 않습니다. 인재를 양성해야죠. 그러기 위해서 저는 학회 활동을 적극적으로 권장했습니다.

저는 삼성에 와서 3대 반도체 학회의 심사위원을 모두 했습니다. 제가 감투를 좋아해서 한 게 아니고요. 심사위원이 되면 각종 논문을 읽으며 기술의 흐름을 먼저 파악할 수 있기 때문입니다. 다음으로 우리 조직원들의 논문 게재를 적극적으로 지원할 수 있습니다.

흔히 학회 논문, 하면 두꺼운 책 한 권을 생각하는데요. 기술 논문은 그렇지 않습니다. 한 장 내지 두 장입니다. 아주 간략히 씁니다. 잘 모르는 분들은 "아니 기업이 돈을 벌어야지 학회 발표하는 데 시간을 쓰는 게 말이 되느냐?"라고 하시는데 정말 몰라서 하는 말씀입니다. 기술 학회는 탁상공론이나 하는 자리가 아닙니다.

기술 학회에서는 뭘 할까요? 기술을 세일즈합니다. 논문에 쓰인 기술은 개발하고 다 특허로 등록된 것들입니다. 특허로 등록된 아이디어만 학회에 발표하게끔 되어 있습니다. 그러고 나서 학회에서 평가받는 것입니다. 그 과정에서 자연스럽게 기술을 세일즈하게 됩니다.

그리고 중요한 것이 학회 발표를 통해 '표준화'를 주도하게 된다는 사실입니다. 자신의 기술을 세일즈해서 그 기술로 라인 업을 하느냐, 쉽게 말해 줄을 서게 하느냐가 관건입니다. 좋은 기술이라면 채택되고 스탠더드가 될 것입니다. 자연스럽게 표준화 기술이 만들어집니다.

실제 이런 과정을 통해 한국의 많은 기업들이 특허등록을 하고 표준화를 주도하고 있습니다. 한국 반도체가 현재에 이른 것도, 세계 최초로 256메가 D램을 개발한 일이 물꼬를 텄다고 할 수 있지만 결국 특허와 표준화에 끊임없이 도전한 결과입니다. 다양한 활동들이 거대한 물줄기를 만든 것이죠.

대표적으로 삼성은 D램 한 가지만 있던 회사였는데 2000년대에 와서 플래시메모리를 근간으로 세계 1등을 할 수 있었어요. CTF 같은 혁신 기술의 특허를 확보한 후 IEDMInternational Electron Device Meeting(국제반도체소자학회) 학회에 발표하면서 글로벌 1등이 되는 계기도 마련했죠. 모든 플래시메모리를 만드는 회사들이 이 기술을 사용하지요. 모바일D

램과 SSDSolid-State Drive는 베스트셀러를 넘어선 스테디셀러죠. 제가 현업에 있을 때는 이런 대표적인 것뿐 아니라, 세계 최초 반도체를 한 달에 두세 건씩 만들곤 했습니다. 적극적으로 기술을 개발하고 학회를 쫓아다녔던 인력들이 고급 인력으로 성장한 것이 리스크 테이킹의 승률을 높인 하나의 이유가 아닐까 생각합니다.

다음으로 가볼까요? 마지막은 철저한 준비죠. 고객의 니즈를 확실히 알고 준비해야 합니다.

여러분, 엑스박스Xbox 아십니까? 엑스박스 모르십니까? 요즘은 게임기를 뭘 쓰나요? 엑스박스를 모른다고 그러니까 이야기하기가 아주 난처해져 버렸네요. (웃음)

3대 게임기는 뭐가 있죠? 닌텐도Nintendo 아세요? 닌텐도 아시면 됐습니다. 임천당任天堂이라고 화투 만드는 회사에서 만든 게임이죠. 그리고 소니SONY의 플레이스테이션 아십니까? 쿠타라기 켄久多良木健이라는 소니컴퓨터엔터테인먼트 전 회장이 플레이스테이션의 아버지로 불리죠. 세 번째가 마이크로소프트Microsoft입니다. 마이크로소프트에서는 여전히 미래 사업으로 게임 사업을 하고 있습니다. 오래전부터 온라인 게임, 스트리밍 게임을 하고 싶어 했죠. 엑스박스는 2001년 빌 게이츠Bill Gates가 야심차게 오픈한 게임기입니다.

게임 출시에 앞서 마이크로소프트에서 왜 삼성을 찾아왔을까요? 여러분, 게임기 안에는 뭐가 들어가죠? 게임할 때 뭐가 중요합니까? 자동차 게임을 한다, 그러면 자동차가 굴러가고 주위가 어떻습니까? 3D로 도시환경이 막 펼쳐지죠. 실사처럼 순식간에 움직입니다. 정말 현실 같죠. 이를 구현하는 게 그래픽메모리입니다. 그래픽 게임에 들어가는 많은 부품 중에 메모리가 제일 중요합니다. 그런데 그게 쉽지가 않습니다. 왜냐? 속도가 아주 빨라야 하기 때문이죠. 게임은 속도가 생명이잖아요. 고사양의 그래픽메모리는 생산과정에서 수율이 잘 나오지 않습니다. 그래서 아무나 못 만들죠.

고사양의 그래픽메모리가 필요했던 마이크로소프트는 처음에 저희하고 거래를 타진했습니다. 그런데 제가 가격을 굉장히 높게 불렀습니다. 리스크를 걸어보는 거죠. 그러자 마이크로소프트에서 어땠겠어요? '뭐 다른 메모리 회사도 있는데 굳이 여기서?' 그러고는 마이크론Micron으로 갔습니다. 4개월가량이 지나고 나서 나온 결과는 뻔했죠. 그들의 기술력으로는 원하는 스펙을 만들 수가 없습니다. 그사이 저희들은 모든 준비를 했습니다. 마이크론으로 갔을 때부터, 저희들은 그래픽메모리 개발을 시작해서 실제 모듈에 끼워놓고 실장 테스트까지 모두 했습니다. 아니나 다를까, 오픈을 4개월 남기고 마이크로소프트의 사업부장이 SOS를 전해왔습니다. 게이츠가 엑스박스 탄생을 알릴 날짜는 다가오는데, 문제가 해결이 안 된 거죠.

"닥터 황, 당신이 원하는 모든 요구는 다 들어주겠소. 그러니 이걸 좀 해결해 줘."

그래서 어떻게 합니까? 다른 제품 개발에 매달리던 엔지니어들 30명을 모아서 바로 시애틀 마이크로소프트 본사로 보냈습니다. 그리고 두 달 만에 완벽하게 해결해 줬습니다. 그때 128메가 D램 가격이 85센트였는데 제가 상당히 높은 가격에 우리 제품을 팔았습니다. 그것도 많은 양을 말이죠.

그로부터 한참 세월이 흘렀죠. 2014년에 사티아 나델라Satya Nadella

마이크로소프트 CEO가 저와 비슷한 시기에 취임했습니다. 그때 저도 KT 수장이 된 직후라 마이크로소프트와 회의를 하게 됐는데요. 클라우드 사업 때문이었던 걸로 기억합니다. 나델라가 먼저 자기소개를 하더군요. 굉장히 젊었어요. 클라우드 엔지니어 출신으로 기억하는데 아주 똑똑한 친구 같았습니다. 인사를 듣고 당연히 저도 제 소개를 하려 했죠. 그랬더니 나델라가 닥터 황은 소개할 필요가 없다고 하는 거예요. 왜냐고 그러니까 "당신이 그때 그래픽메모리를 팔았던 이야기가 마이크로소프트에 전설로 남아 있어서 잘 알고 있다"라고 하는 거예요.

성장과 성공의 기회를 얻기 위해서 우리는 리스크를 감수해야 합니다. 마이크로소프트의 제안에 저도 리스크를 걸었던 거예요. 잘못하면 글로벌 최고의 고객을 놓칠 수도 있었겠죠? 하지만 저는 누구보다 고객의 니즈와 우리의 기술력을 잘 알았고, 경쟁사의 한계까지 잘 알았습니다. 그리고 고객의 니즈에 맞는 제품을 완벽하게 구현했습니다. 덕분에 좋은 결과를 만들어냈죠. 승률을 높이기 위해서는 완벽하게 준비하고 대응해야 합니다.

화석은 되지 마십시오

• • • • •

이제 제 이야기는 다 끝났는데요.

여러분, 혹시 영화 〈한산〉 보셨습니까? 별로 안 보셨나 보네요. 〈명량〉 보신 분 손 들어보세요. 〈명량〉이 더 재밌습니까? 저도 조만간 〈한산〉을 볼 계획입니다.

충무공 이야기는 모르는 사람이 없죠. 저도 충무공을 참 좋아합니다. 학생 때부터 좋아했는데 군 복무를 해군사관학교에서 해서인지 더 친숙해졌습니다. 해군사관학교 내 박물관에 충무공과 관련한 방대한 자료가 있는 거 아십니까? 저는 자주 보러 갔습니다.

경영 일선에 있을 때 우리나라의 영웅이자 신화적인 존재인 충무공의 정신을 경영학에 어떻게 적용해 볼 수 있을까, 구체적으로는 어떻게 반도체 산업에 적용해 볼 수 있을까 고심을 많이 했습니다. 마침 해군사관학교에서 5기수 강의를 해달라고 연락이 왔어요. 5기수 강의란 신입생도와 소위 임관을 앞둔 생도까지 다섯 기수가 다 함께 모이는 자리입니다. 1년에 한 번만 진행됩니다.

그때 제가 충무공의 정신을 정리해서 강의했습니다. 유비무환의 위기 관리 능력, 솔선수범을 통한 리더십, 뛰어난 정보 수집과 활용, 이런 면이 명량해전에서 결정적인 역할을 한 겁니다.

그때 강의를 떠올리며 부연 설명을 해보겠습니다.

탁월한 전략과 학익진 전술, 이런 건 한산도대첩에서도 잘 적용이 됐다고 합니다. 창의성과 차별화 전략은 거북선에서 빛을 발하죠. 사실 거북선은 임진왜란 때 만들어진 건 아니에요. 고려 시대 때부터 거북선이라는 콘셉트는 이미 시작됐다고 해요. 그런 기술들이 쌓이고 각종 아이디어가 더해져 만들어진 게 거북선이죠. 일본 배는 뭐라고 합니까? 세키부네関船라고 하죠. 우리 판옥선과는 기술 차이가 엄청났죠. 왜선이 화포 대비를 강화하자 이순신 장군은 돌격형 전함에 포를 장착해 활용합니다. 기가 막힌 콤비네이션이 된 거죠. 왜군의 장점인 조총과 백병전을 전략적으로 막아냅니다.

그래서 충무공은 몇 전 몇 승을 했습니까? 23전 23승이라고 하는 사람도 있습니다만, 정식 사료를 보면 17전 17승이라고 합니다. 가장 유명한 것은 명량해전이죠. 진도의 울돌목은 '울면서 돌아간다' 해서 붙은 지명입니다. 그런데 충무공은 어떻게 울돌목을 활용할 생각을 했을까요?

명량해전 당시 충무공은 어떤 상태였습니까? 한산도대첩 이후 충무공은 관가에 잡혀가죠. 새로운 지휘관 원균이 진두지휘했던 칠천량해전은 완패로 끝이 났습니다. 이후 충무공은 사형선고를 간신히 면하고 백의종군으로 싸우라는 조서를 받고 풀려납니다. 일본이 또 침략할 기미가 보이니까 풀어준 거죠. 풀려난 충무공의 상황은 말이 아니었습니다. 어머니는 옥바라지 중에 돌아가시고, 휘하에 있던 군인들은 뿔뿔이 흩어졌습니다. 거북선도 다 파괴되고 아무것도 남은 게 없었죠.

그런데 충무공은 어떻게 했습니까? "아직도 제게는 12척이 남아 있습니다"라는 유명한 말을 남겼죠. 해군을 없애고 육군으로 들어가라는 왕의 지엄한 명령을 충무공은 따르지 않습니다. 아직 12척의 배가 남아 있으니 싸우게 해달라는 거역의 상소를 올립니다.

우리 역사에서 충무공만큼 리스크 테이킹에 능한 인물이 있었을까요? 나아가, 우리 민족만큼 리스크 테이킹에 강한 민족이 있을까 생각하게 하는 대목입니다.

제가 앞서 자쿠로 미팅에서 이 회장께서 세 가지 질문을 했다고 말씀드렸는데요. 두 번째 질문이 "D램이 없어진다는데?"였습니다. 제가 플래시메모리 개발에 전력 질주를 하겠다고 해서 이 회장의 입가에 미소가 스치는가 싶었는데, 다음 순간에 바로 이 질문이 날아왔습니다.

지금의 D램은 어떻습니까? 삼성 전체를 서포트하는 캐시카우입니다. 그런데도 당시에는 D램에 대한 비관론이 좀 있었습니다. 당시 네트워크 PC라는 개념이 생기고 클라우드라는 개념이 처음 만들어졌습니다. 2세대 통신인데 클라우드가 빨라야 얼마큼 빠르겠어요? 그런데도 너무 앞선 콘셉트가 퍼져나갔어요. 클라우드에 저장하고 이걸 불러 쓰는 구조가 되면 노트북의 메모리는 필요가 없다는 거죠.

현실은 어떻습니까? 콘텐츠를 볼 때 클라우드에서 불러다 보는 것과 HDD에서 불러오는 것은 속도나 편의성 부분에서 비교가 되지 않습니다. 그리고 코어 메모리하고 HDD에 들어가 있는 메모리는 스피드 면에서 굉장한 차이가 납니다. 그래서 OS(운영체제)는 코어 메모리에 심고, HDD에는 콘텐츠를 심습니다. 거기다 HDD에 콘텐츠를 심은 것은 요즘 뭐로 바뀌었어요? SSD로 바뀌니까 코어 메모리와 같은 스피드로 작동되죠? 여러분 실생활에 도움을 많이 줬는데 고맙다는 이야기는 잘 안 하시네요? (박수)

어쨌든, 이 회장 질문에 옆에 계신 분들 얼굴에 당황한 표정이 역력합니다. 저는 젊어서 그런지 그 정도는 아니었어요. D램은 없어지기는 커녕 시장이 더 커질 거라는 확신이 있었습니다. 그래서 "제가 최근에 모바일D램이라 명명한, 모바일 기기에 맞는 D램을 개발하고 있습니다"라고 하면서 모바일 시대가 올 거라는 설명을 했습니다. 그런데 사실 모바일D램 기술은 굉장히 어렵습니다. 전압을 3.3볼트에서 1.2볼트까지 낮춰야 하기 때문인데요. 기술 자체가 완전히 달라져야 가능합니다. 정말 어려웠어요. 그래서 실제 개발하는 데 꼬박 3년이 걸렸습니다. 그때는 구상하고 착수할 때라 말을 조심스럽게 했습니다.

이 회장은 뭔가 만족을 못 하신 표정이에요. 그래서 다시 "모바일 시대가 오면 D램과 모바일D램이 서로 시장을 견인할 겁니다"라고 답했습니다. "D램 시장이 커집니다"라고 말하고 싶었지만, "없어진다는데?"라고 묻는데 "아닙니다. 커집니다"라고 답할 수는 없잖아요.

이때 바로 다음 질문이 들어옵니다. "없어진다는데?" 하고 음성을 더 높이면서 제 표정을 보는 겁니다. 같은 대답을 계속할 수는 없잖아요. 그래서 "모바일D램 시장, 확실하게 키워나가겠습니다"라고 대답했습니다. 그렇게 두 번째 질문이 끝이 났습니다.

여러분, 한번 생각해 보세요. 만약에 제가 "네, 그렇습니다"라고 대답하면 상황이 어떻게 되겠습니까? 사업부 전체의 전략이 흔들립니다. 연구, 개발하던 팀들은 또 어떻게 됩니까? D램 시장은 물론이고 모바일 D램을 통해 메모리 시장은 더욱 성장할 수 있다며 "그렇지 않습니다"라고 대답했기 때문에 '그래, 한번 해보자'는 분위기로 상황을 바꿀 수 있었던 거죠. 어쩌면 거기서부터 새로운 미래가 시작된 것입니다.

이번 제 강의는 다 끝났고요. 오늘은 반도체 사례를 중심으로 이야기했는데요. 미래에 어떤 상황이 오더라도 여러분이 리스크 테이킹을 시도할 수 있는, 그런 마음가짐을 갖는 데 도움이 됐으면 하는 바람입니다.

여러분, 위험 없는 기회는 없습니다. 리스크를 감당해야 성공이든 실패든 할 수 있습니다. 성공의 열매는 달고 실패는 쓰다고 하지만 그게 다가 아닙니다. 실패 자체도 정말 값진 경험입니다. 성공하면 더 큰 목표를 갖고 도전해 볼 수 있고, 실패하면 여러 가지 원인을 분석하는 기회를 가질 수 있습니다. 그러므로 실패를 무릅쓰더라도 도전해야 합니다.

저는 리스크 테이킹 하지 않는 사람을 '화석'이라고 합니다. 여러분,

화석은 되지 마십시오.

감사합니다.

교수 지금부터 질문을 쭉 할 텐데요. 먼저 사전 질문으로 많은 학생들이 물은 게 있어요. "리스크 테이킹 해야 될 때도 있지만 대부분은 리스크 매니지먼트 혹은 리스크 컨트롤을 해야 하는 것 아니냐, 리스크 테이킹 할 때와 리스크 매니지먼트 해야 할 때를 어떻게 구분하냐?" 이 질문에 대해 답변 부탁드립니다.

리스크 테이킹을 하면 실패할 수 있죠. 그래서 리스크 매니지먼트를 밑에 깔고, 리스크 테이킹 해야 되지 않느냐? 맞습니다. 리스크 매니지먼트는 기본이죠. 그러고 나서 리스크 테이킹 해야 됩니다. 그런데 리스크 테이킹을 연구원이나 하급 간부가 함부로 할 수 있습니까? 실질적으로 조직 내에서 리스크 테이킹은 리더와 몇몇 사람의 몫입니다. 나머지 조직원들은 평시와 마찬가지로 리스크 매니지먼트를 하면 됩니다.

중요한 것은 리스크 테이킹이 필요한 시기에 전광석화처럼 할 수 있는 문화를 만드는 것입니다. 조직이 한 몸처럼 리스크 테이킹을 시도하는 문화를 만드는 것이 중요합니다.

어떻게 해야 리스크 테이킹 하는 문화를 만들 수 있을까요? 우선 실패를 두려워하면 위험을 감수하지 않겠죠. 실패를 용인해 주는 문화가 절실합니다. 그래서 저는 미래개발팀은 무조건 B플러스 이상의 고과를 주도록 했어요. 당장 성과가 없다고 C나 D를 주면 누가 두 팔 걷어붙이고 리스크 테이킹 하겠습니까? 다음으로 뭐가 중요할까요? 보너스를 많이 주면 될까요? 물론 그것도 포함됩니다만 그게 다가 아닙니다. 성과에 대해서는 포상을 하지만 인재에 대해서는 승진시키고, 발탁하는 것이 중요합니다.

정리하자면, 리스크 매니지먼트를 깔고 리스크 테이킹 하는 것이 맞습니다. 그러나 전사적으로 리스크 테이킹 할 수 있는 문화를 만들지 않으면 혁신은 일어나지 않습니다.

교수 리스크 테이킹에서 리더십의 역할이 가장 중요하다고 말씀하셨는데, 리스크 테이킹은 패스트 폴로어에게 중요한 전략이 아닌가 하는 지적이 있어요. 퍼스트 무버, 즉 선두 기업이 되고 나면 어떻게 해야 하냐는 질문인데요.

많이들 퍼스트 무버와 패스트 폴로어의 전략은 다르다고 생각합니다. 리스크 테이킹은 패스트 폴로어의 전략이라는 고정관념이 있기도 해요.

그런데 실은 그렇지 않습니다. 1등이 1등 자리를 지키는 데도 리스크 테이킹이 필요합니다. 저는 어떻게 했냐 궁금하실 텐데 저는 고객을 만나면서 혁신 포인트, 리스크 테이킹 포인트를 찾았습니다.

좀 전에 게임기 고객으로 마이크로소프트를 만난 이야기를 했는데요. 보통 CEO가 업체를 만날 때는 상대 쪽 CEO를 만나는 것이 상례입니다. 아니면 내 물건을 사줄 구매총괄을 만나죠. 근데 저는 CTO를 보자 했습니다. 잡스는 CEO이자 CTO죠? 엔비디아의 젠슨 황도Jensen Huang CEO자 CTO죠? 그래서 저한테는 정말 좋은 미팅 상대였습니다. 저는 이런 고객에게서 들은 내용을 정리해서 직원들과 공유했습니다. 그리고 우리가 만들어야 할 제품, 우리가 테이킹해야 할 리스크는 뭘까 함께 고민했습니다. 이때 더 차별화할 수 있는 노력과 창의적 생각이 더 필요하게 되지요. 그럼 답이 나옵니다. 그렇게 1등 자리를 지킬 수 있었습니다.

교수 이제 공통 질문은 마무리됐으니 자유롭게 학생들의 질문을 받기로 하겠습니다.

—— 반도체 분야에서 일본과 한국의 순위가 드라마틱하게 바뀌었다고 하셨는데요. 그 이유가 무엇인지 궁금합니다.

같은 질문을 제가 MIT 강의를 갔을 때 받은 적이 있습니다. 질문자가 일본 학생이었다는 데 차이가 있네요. (웃음) 강의를 다 마치고 이제 막 접으려고 할 때 한 학생이 손을 들었습니다.

"나는 도시바에서 플래시메모리를 개발하다 MIT에 유학을 온 박사 3년 차다. 내가 도시바에 있을 때 도시바는 완벽한 독점적 지위를 구가했다. 그런데 당신은 삼성이 시장을 재패했다고 한다. 그렇게 된 이유가 뭐냐?"

당돌하죠? 그래서 제가 답변했습니다.

첫째, 임팩트로 치면 이 회장의 12인치 투자가 결정적이었습니다. 오너 기업의 장점이 그겁니다. 오너가 결정하면 바로 실행할 수 있죠. 일본은 오너 체제가 아닙니다. 그러다 보니 중대한 결정을 빠르게 진행하는 메커니즘이 잘 안 되어 있죠.

둘째, 고객의 차이입니다. 일본은 인구가 1억 명이 좀 넘습니다. 우리나라는 남한만 치면 5,500만 명 정도 되죠. 일본의 내수 시장은 우리보다 훨씬 큽니다. PC 제품을 만드는 도시바나 후지쯔 FUJITSU는 굳이 외국에 가서 물건을 팔 이유가 없어요. 국내에서만 팔아도 수익이 납니다. 그런데 우리는 어떻습니까? 반도체는 만드는 것도 까다로운데 고객도 까다롭습니다. IBM 대형 서버는 그중에서 최곱니다. 수백억, 수천억 하는 기계에 들어가는 반도체니까 어쩔 수 없죠. 그래서 우리들은 제품을 개발하면 곧장 IBM으로 갑니다. 그다음에 휴렛팩커드로 갑니다. 거기서 평가받는 거죠. 경쟁력이 올라갈 수밖에 없습니다.

마지막으로 한국인의 특성도 한몫했다고 생각합니다. 일본의 기술 장인들은 존재감이 대단합니다. 필러pillar라고 표현하는데 어마어마한 장인들이 있죠. 그에 비해 한국은 기술의 깊이depth가 좀 떨어질 수 있습니다. 산업의 역사가 짧으니 어쩔 수 없죠. 일본의 교세라KYOCERA 같은 회사는 수백 년이 됐잖아요? 그럼에도 한국인은 일본인이 가지지 못한 장점이 있습니다. 기술을 엮어서 제품화하겠다는 목표가 생기면 자체적으로 동기부여가 잘 일어납니다. 한국인 특성이죠. 뛰어난 동기부여와 융합 실력으로 제품을 만들다 보니 글로벌 1등이 된 것입니다.

—— 기술 개발자에서 조직을 운영하는 관리자로 역할이 바뀌신 걸로 아는데요. 조직을 관리해 가는 과정에서 배운 '꿀팁'이 있으면 알려주십시오.

조직 관리의 꿀팁이요? 친구들 밥 좀 사세요. 우리가 인재상을 이야기할 때, 옛날에는 T자형이라고 다른 분야에 관심을 가진 사람을 중히 여겼습니다. 최근에는 I자형이라고 전문성도 있고 융합도 잘되는 사람을 인재라고 합니다. 모두 중요하게 생각하는 게 무엇입니까? 넓은 관심과 네트워크입니다. 나를 이해하고 도와줄 사람들이 필요하겠죠? 먼저 적극적으로 네트워킹하는 자세가 필요합니다.

흔히 "한 사람은 하나의 우주다"라고 하잖아요. 우리가 한 사람을 알게 되면 세계가 달라집니다. 처음에는 '말도 안 하고 조용한 저 친구는 나랑은 잘 안 맞아'라고 생각할 수 있어요. 그런데 생각을 한번 바꿔보세요. '저 친구는 무슨 세상에서 살고 있을까?' 그 친구가 내 세상에 들어오면 내 세상이 넓어집니다. 그 친구의 세상만큼 내가 넓어지는 거예요.

아직 젊으니까 밥을 사는 것이 좀 손해 보는 것 같을 수 있어요. 하지만 이것도 일종의 투자입니다. 나중을 위해서, 자신을 위해서 사람에게 투자하십시오.

—— 개인 삶에서의 리스크 테이킹과 기업에서의 리스크 테이킹은 차이가 있을 수 있다 생각하는데요. 공통점이나 차이점을 설명해 주실 수 있나요?

저는 개인의 리스크 테이킹과 기업의 리스크 테이킹이 다르다고 생각하지 않습니다. 평소에 자기 생활에서 사소한 거라도 리스크를 테이킹하겠다는 생각을 갖고 있으면, 기업에서도 그런 생각을 펼칠 수 있습니다.

지금 생각하면 저는 참 겁 없는 친구였죠? 어떻게 그룹의 총수 앞에서 생각한 대로 다 말하겠어요? 그래도 당시는 인재를 많이 뽑았고 수용해 주는 분위기였습니다. 한번 해볼 만하다고 생각했었던 것 같아요. 그래서 그런 행동들이 가능했던 것 같습니다.

그리고 저는 개인이 리스크 테이킹에 대해 생각하는 것과, 기업 또는 사회 활동에서 리스크 테이킹을 고려하는 부분은 어느 정도 유사하다고 생각합니다. 위기가 닥쳐올 때 '내가 옳다'라고 생각하고, '한번 해볼 만하다'라고 생각하고, '이건 해야지'라고 생각하면 개인의 삶에서든 조직에서든 리스크 테이킹이 가능합니다. 그리고 한번 질러놓으면 그다음에 자꾸 새로운 아이디어가 생깁니다. 앞서 안 지르면 제가 뭐가 된다고 그랬죠? 화석, 맞습니다. 한번 질러보십시오. 개인의 삶에서부터 작은 리스크 테이킹을 실천할 수 있어야 자기가 몸담은 조직에서도 이를 응용할 수 있습니다. 과감한 결정을 통해 미래를 만드는 일 말입니다.

—— 저는 국어국문학과 학생인데요. 사정이 생겨서 수강 취소를 했는데 이렇게라도 강의를 들을 수 있게 된 것이 다행이라고 생각합니다. 반도체 뉴스를 보면 각종 장비와 시설 투자 등으로 삼성이 어렵다는 내용이 상당합니다. 특히 중국 리스크가 부각되는데요. 앞으로 어떻게 이 문제들을 해결해야 할지 의견 부탁드립니다.

반도체를 어떻게 혁신할 것인가를 물으신 게 맞죠?
제가 삼성전자 떠난 지가 벌써 14년 됐네요. (웃음) 제가 현재 삼성전자의 내부를 잘 알진 못합니다. 즉답을 드리기는 무리가 있어 보이고요. 걱정하신 노광 장비 문제, 트랜지스터 문제는 실제로 인텔에서도 무어의 법칙Moore's Law을 포기하면서까지 열 관련 문제를 다각도로 개선하는 것으로 압니다. 플래시메모리에서 CTF라고 하는 기술은 3차원 입체 구조라서 노광 장비를 많이 사용하지 않고 단을 올려 용량을 늘리는 기술로 해결하지요. 이런 세부적인 건 다음에 이야기하기로 하겠습니다.
오늘 강의의 중요 포인트는 기존에 없던 시장에서 그리고 기존에 없던 기술 환경에서 어떻게 시장을 만들고 고객을 관리하냐가 항상 위기를 해결할 수 있는 길이라는 것입니다. 이와 똑같은 방법은 아니겠지만, 더 앞선 생각과 대처가 있지 않을까 생각합니다. 제가 이 자리에서 드릴 수 있는 대답은 여기까지인데 괜찮으실까요?

교수 다음 강의는 황 회장님과 친했던 클레이튼 크리스텐슨_{Clayton Christensen} 교수가 주창한 '파괴적 혁신'에 대한 이야기입니다. 페이퍼 읽고 질문들 많이 준비해 오시기 바랍니다. 오늘 첫 시간 재밌는 발표와 질답을 준비해 주신 황 회장님께 박수로 인사드리겠습니다.

2장

파괴적
혁신

여러분, 반갑습니다. 벌써 두 번째 만나니까 구면이네요.

제가 강의하기 전에, 첫 강의 후에 여러분들이 남긴 질문에 답하고 가겠습니다.

좀 전에 교수님이 다 A플러스를 주고 싶은데 좀 차별을 두겠다고 그러셨는데, 저는 가능하면 모든 분들에게 A플러스를 줬으면 좋겠습니다. (박수)

여러분이 정리한 내용을 보면 충분히 그럴 수 있다고 생각합니다. 힘내십시오.

먼저 "리스크 테이킹 할 때가 언제냐?"라는 질문이 많았어요. 위험한 때와 위험하지 않은 때를 어떻게 구분하느냐는 건데요. 지난 시간에 제가 강조했듯이 리스크 테이킹은 항시 하는 겁니다. 대기업, 중견 기업, 벤처, 1인 기업 할 것 없이 기본이 리스크 테이킹입니다. 그리고 리스크 매니지먼트는 기본으로 깔고 가는 겁니다. 무슨 말이냐면, 실패를 줄일 수 있는 확률을 끝까지 줄여가는 게 리스크 테이킹이라는 뜻입니다. 도전하고 모험하는 것만이 리스크 테이킹이 아닙니다. 성공의 승률을 높이는 것도 리스크 테이킹입니다.

다음으로 "글로벌 경제에서 중국의 위협이 상당한데 우리는 어떻게 해야 할까요?" 하는 질문에 답하겠습니다. 사실 반도체의 위협은 수요와 공급 문제입니다. 확실하게 차별화된 기술력으로 극복이 가능하다고 생각합니다. 그런데 제가 다음 강의에서 이야기할 통신 쪽은 좀 다릅니다. 국가적 문제죠. 스케일이 훨씬 큽니다. 잘못하면 모든 정보가 하나의 국가, 하나의 기업에 종속될 수 있습니다. 더 분발해야겠죠. 이 부분은 다음 강의에서 더 풀어보도록 하겠습니다.

"실패를 경험한 적 없나요?"라는 질문도 많이 물으셨는데, 왜 없겠습니까? 저도 숱하게 있습니다. 다만 그 모든 실패가 과정이었기에 저는 궁극적인 실패는 없었다고 생각합니다. 그래서 여러분께, 지난 시간에도 이야기했지만 '실패의 유익'을 꼭 경험해보라고 말씀드리고 싶습니다. 실패하면 경험이 생기죠. 그럼 시야가 달라지고 판단이 달라집니다. 그게 리스크 테이킹의 묘미입니다.

마지막으로, 리스크 테이킹 수업을 듣고 나름의 각오를 적은 학생들이 있습니다. "가만히 있으면 아무런 발전이 없기 때문에 뭐든 도전해 보겠다" 했는데, 이 학생들에게는 적어도 리스크 테이킹 하지 않을 때와는 다른 세계가 열릴 것입니다. 응원의 마음으로 오늘 수업 시작하겠습니다.

파괴적 혁신과 '황의 법칙'

· · · · ·

여러분, 파괴적 혁신을 제일 먼저 주창한 분이 누군지 아세요?

하버드 경영대학원의 클레이튼 크리스텐슨 교수입니다. 1995년에 〈하버드비즈니스리뷰Harvard Business Review〉에 파괴적 혁신이라는 개념을 처음 소개했다가 1997년에 《디 이노베이터스 딜레마The Innovator's Dilemma》(한국 출간명《혁신기업의 딜레마》, 세종서적, 2009)라는 책을 출간했습니다. 시장의 변화 그리고 기술의 변화에 직면한 기업들이 어떤 선택을 해야 하는가를 주제로 하는 책인데요.

이후로도 많은 논문과 책으로 크리스텐슨 교수는 저뿐만 아니라 많은 엔지니어 그리고 경영자 들에게 영감을 줬습니다.

| 크리스텐슨의 논문 〈마이크로프로세서 사업의 미래〉 표지 |

The Future of the Microprocessor Business

(IEEE SPECTRUM April 2002)

pen is that the performance of middle- and lower-range micro-processors will increasingly be sufficient for growing—and lucrative—categories of applications. Thus microprocessor makers that concentrate single-mindedly on keeping up with Moore's Law will risk losing market share in these fast-growing segments of their markets. In fact, we believe that some of these companies will be overtaken by firms that have optimized their design and manufacturing processes around other capabilities, notably the quick creation and delivery of cus-

마이크로프로세서 시장은 성장이나 이익 관점에서 이미 포화 상태다. 한결같이 무어의 법칙을 추종하는 마이크로프로세서 메이커들은 급변하는 시장에서 셰어를 잃을 수 있다. 고객의 니즈를 재빨리 파악하고 디자인과 제조 혁신을 최적화시키는 능력을 가진 회사에 잠식당할 수 있다.

On the contrary, we believe that the top IC fabricators will have little choice but to invest ever more heavily so as to keep on the Moore trajectory, which we expect to go on for another 15 years, at least. We don't see these investments as sufficient for future success, however.

무어의 법칙을 지속적으로 추종하려 한다면 마이크로프로세스 톱 메이커들은 앞으로 15년간 막대한 투자를 해야 한다.

여러분, 제가 지난번에 읽어 오라고 드렸던 페이퍼는 다 읽으셨죠? 대답에 자신이 없는 것 같은데요?

여기 제가 들고 온 페이퍼가 2002년 4월, 세계 3대 반도체 학회를 주관하는 IEEEInstitute of Electrical and Electronics Engineers에서 발간한 〈IEEE 스펙트럼IEEE Spectrum〉에 실린 크리스텐슨 교수의 짧은 논문입니다. IEEE을 우리말로 하면 '미국전기전자기술자협회'인데요. 세계에서 가장 큰 협회로 꼽힙니다.

제가 〈마이크로프로세서 사업의 미래The Future of the Microprocessor Business〉의 내용을 잠깐 읽어보겠습니다.

"마이크로프로세서 시장은 성장이나 이익 관점에서 이미 포화 상태다. 한결같이 무어의 법칙을 추종하는 마이크로프로세서 메이커들은 급변하는 시장에서 자신의 위치를 잃을 수 있다. 고객의 니즈를 재빨리 파악하고 디자인과 제조 혁신을 최적화하는 능력을 가진 회사에 잠식당할 수 있다."

여러분, 무어의 법칙이 뭐죠? 1965년에 고든 무어Gordon Moore라는 인텔의 창시자, 전 시간에도 잠깐 이야기했죠. 무어의 이름을 딴 법칙입니다. 무어가 뭐라 했습니까? 18개월마다 CPU의 트랜지스터 숫자가 두 배씩 늘어날 거라 했습니다.

그런데 실제는 어땠습니까? 그 후 10년 동안 무어의 법칙이 지켜졌습니다. 그러다가 CPU의 발전 속도가 무어의 법칙을 따라가기 어려워졌죠. 그래서 18개월이 아니라 24개월, 즉 2년마다 CPU의 트랜지스터 숫자가 두 배씩 늘어난다고 수정했습니다. 그런데 그게 또 2000년대 들어와서 지켜지지 않습니다. 가장 큰 이유는 CPU의 열 문제였어요. 결국 1990년대 한 번 포기 선언을 했던 인텔이 2000년에 와서는 정식으로 포기 선언을 합니다. 이 때문에 무어의 법칙은 지금 IT 산업에서는 생명을 다한 법칙으로 통합니다. 생명공학이나 다른 분야의 빠른 발전 속도를 이야기할 때 '무어의 법칙'을 차용하기도 합니다.

여기서 제가 질문해 보겠습니다. 대부분 노트북을 펴놓고 계신데 어디 제품을 쓰십니까? 저기는 삼성인가요? LG전자입니까? 애플 제품도 보이네요.

여러분은 컴퓨터의 성능을 몇 퍼센트나 사용한다고 생각하세요? CPU의 성능을 몇 퍼센트 정도 사용하고 있습니까? 20퍼센트라고 답한 학생이 많은데요. 다들 프로그램을 많이 돌리시나 보네요. 일반적인 노트북 사용자들이 사용하는 CPU는 15퍼센트도 안 됩니다. 흔히 컴퓨터가 '버벅거린다'고 하는 것은 사양의 문제이지 CPU의 문제는 아닙니다. 게임을 많이 하는 경우도 CPU보다는 그래픽을 담당하는 GPUGraphics Processing Unit(그래픽칩)의 문제일 경우가 많습니다.

그렇다면 한번 생각해 보시죠. 왜 노트북 회사들은 고객이 사용하지도 않는 고사양의 CPU를 장착하는 걸까요? 소비자들은 왜 사용하지도 않는 고가의 CPU를 장착한 노트북을 구매해야 할까요? 기업 평가를 해보자면 전략적으로는 재고해야 할 전략입니다.

2002년, 지금으로부터 20년도 전에 크리스텐슨 교수는 이 부분을 지적했습니다. 시장의 강자 혹은 1위 기업들은 성장을 견인했던 기존 기술 혹은 제품을 고도화시키는 것으로 그 자리를 지키려는 경향이 강한데요. 기존의 강점을 보강하는 혁신은 언젠가는 한계에 다다를 수밖에 없죠. 그로 인해 시장의 후발 주자에 추월당할 수 있다는 내용입니다.

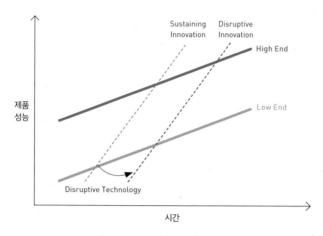

| 파괴적 혁신의 단계 |

출처:《The Innovator's Solution》, Clayton Christensen·Michael Raynor, 2003

여기서 크리스텐슨 교수의 파괴적 혁신의 정의를 새겨보죠. 크리스텐슨 교수는 파괴적 혁신과 대비되는 개념으로 존속적 혁신Sustaining Innovation을 이야기했는데요. 존속적 혁신이란 기존 제품과 서비스를 점진적으로 개선해 높은 가격에 제공하는 것입니다. 이와 달리 파괴적 혁신은 단순하고 저렴한 제품이나 서비스로 시장의 바닥을 공략해 기존 시장을 파괴하고 장악하는 전략이죠. 기존의 수요 고객 없이 새로운 시장을 창출할 수 있는 전략이라 하겠습니다.

크리스텐슨 교수가 들었던 몇 가지 사례를 볼까요? 교환기와 라우터router, 오프라인 서점과 아마존닷컴Amazon.com, 백화점과 할인 매장, 레이저젯과 잉크젯 중 어느 쪽이 시장에서 승리하고 있습니까? 오래전, 그것도 외국 사례다 보니 확 와닿지 않으시나 보네요.

이 사례 중 오프라인 서점과 아마존닷컴을 살펴볼까요? 기존의 강자가 있었습니다. 새로운 기업은 존재감도 없고 체력도 약한 언더독이었죠. 물론 처음에는 상대가 안 됐죠. 그렇지만 어떻게 됐습니까? 여러분 중에 아마존 이외의 글로벌 책 판매 기업을 아는 분이 몇이나 될까요? 지금 아마존은 미국을 대표하는 기업입니다.

언더독이 승리한 이유는 무엇입니까? 파괴적 혁신입니다. 제가 앞서 이야기했듯이 '고객의 니즈를 재빨리 파악하고 디자인과 제조 혁신을 최적화하는 능력을 가진 기업이 기존의 시장을 잠식해 간 사례'입니다. 기존의 서점들이 지점을 늘려서, 즉 자본을 들여서 소비자의 니즈를 충족시키려 했다면 아마존은 원하는 책을 문 앞까지 가져다주는 파괴적 혁신으로 승부수를 띄웠습니다. 고객의 니즈를 핀셋으로 집어내고 완전히 다른 방식으로 문제를 해결한 것입니다.

다시 IT 이야기로 넘어오겠습니다. 크리스텐슨 교수가 2002년 이 논문을 내놓게 된 데는 남다른 배경이 있습니다. 크리스텐슨 교수가 파괴적 혁신을 이야기한 것이 1990년대 중반이라 했죠. 그런데 크리스텐슨 교수는 이 파괴적 혁신이 IT에서 일어나야 한다고 봤습니다. IT가 세상의 변화를 주도하는 걸 확실히 알았기 때문에 반도체에도 관심이 많았던 거죠. 그러던 중 1999년 인텔로부터 컨설팅 의뢰를 받습니다. 그 의뢰를 수락하고 2년간 인텔을 주도면밀하게 분석한 결과 나온 게 바로 이 논문입니다.

당시 인텔은 크레이그 배럿Craig Barrett이 회장을 맡고 있었고, 잘나가던 시절이었습니다. 그럼에도 크리스텐슨 교수는 인텔로 대표되는 마이크로프로세서 사업의 미래에 대해 우려를 표했습니다. 이 논문은 글로벌 기업과 기업인 들에 많은 영향을 줬는데요. 그들 중 하나가 저였고 제가 몸담던 기업이었습니다.

여기서 파괴적 혁신은 어떤 모습으로 나타날 수 있었을까요?

세상을 뒤흔들어 놓는 혁신이 나타나면 기존 상품과 새로운 상품은 경쟁을 하죠. 그 경쟁에서 새로운 상품이 승리하면 다시 새로운 기술과 상품 들이 시장 표준을 진행합니다. 그러면서 점진적 변화가 나타나죠. 그런데 크리스텐슨 교수는 파괴적 혁신을 이루는 것이 딱 '첨단 기술'이라고 하지 않았습니다. 오히려 전통적 기술도 파괴적 혁신을 이룰 수 있다고 했어요. 존속적 혁신에 대항해 저가 시장을 치고 들어가서 시장을 파괴할 수 있다고 했습니다. 제품군을 보자면 저가Low end를 잠식한 후 고가High end 시장도 파괴하는 힘을 갖고 있기 때문이죠.

저는 모바일 시대를 여는 데 있어, 플래시메모리라는 기폭제가 상당한 역할을 할 수 있다고 생각했습니다. 최신의 기술이라 할 수 없고, 가격으로 비교하면 고가의 제품도 아니지만 시장을 와해시키고 새로 만들 수 있다고 판단했어요. 그 믿음이 어디서 시작됐는지 이야기해 보겠습니다.

황의 법칙 vs. 무어의 법칙

• • • • •

여러분, '황의 법칙'을 아시나요? 모르시나요?

'반도체 메모리 용량이 1년마다 두 배씩 증가한다'는 이론입니다. 흔히 '메모리 신성장론'으로 불리는데요. 실제 1999년 256메가 낸드플래

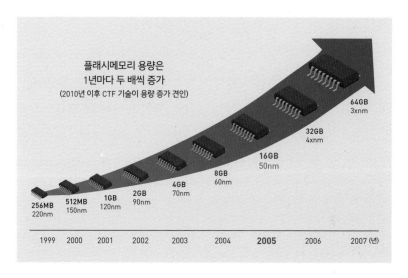

플래시메모리 용량은
1년마다 두 배씩 증가
(2010년 이후 CTF 기술이 용량 증가 견인)

256MB
220nm — 1999

512MB
150nm — 2000

1GB
120nm — 2001

2GB
90nm — 2002

4GB
70nm — 2003

8GB
60nm — 2004

16GB
50nm — 2005

32GB
4xnm — 2006

64GB
3xnm — 2007 (년)

시가 개발된 이래 2000년 512메가, 2001년 1기가, 2002년 2기가, 지속
해서 두 배 용량의 제품이 개발되어 지금까지 '황의 법칙'이 지켜지고 있
습니다.

이쯤에서 파괴적 혁신과 '황의 법칙'이 어떤 지점에서 연결되어 있나
이야기를 해보겠습니다.

크리스텐슨 교수는 저와도 친분이 있는데요. 한국 이름이 구창선입
니다. 몰몬 교인인데 한국에 자원봉사도 왔었다고 합니다. 제가 사업부
장을 할 때 처음 만났고, 그 이후 2005, 2006년 하버드에서 케이스 스터
디 후에 미팅도 했습니다.

한번은 미국에서 2003년에 출간한 《디 이노베이터스 솔루션The Inno-
vator's Solution》(한국 출간명 《성장과 혁신》, 세종서적, 2005)을 선물로 주기도 했

는데요. 저한테 명함을 주면서 "닥터 황이 챕터 5와 6을 좀 세심히 읽어 달라"라고 부탁하기도 했습니다. 한동안 다시 영어 공부도 해야 했죠. (웃음)

그런데 제가 자세히 보니 틀린 내용도 좀 있어요. 이익의 연쇄 체인 을 설명하는 부분에서요. 그래프를 보면 인텔이 이익을 다 가져가는 걸 로 나오고, D램 회사는 이익이 하나도 없다고 되어 있습니다. 오히려 D 램을 만드는 장비 회사의 이익이 높다 했는데요. 사실과는 다릅니다. 혁 신해서 독보적 기술을 갖고 있던 D램 회사, 꼭 이름을 거명하진 않겠습 니다만 그 회사는 큰 이익을 챙겼습니다.

다음으로, 크리스텐슨 교수는 무어의 법칙을 따르는 인텔과 같은 기 업이 앞으로는 마켓셰어를 잃을 것이라고 경고했죠? 그럼 그 이익은 어 디로 가겠습니까? 즉 '마켓셰어를 누가 받을까?'가 관건인데요. 당시는 플래시메모리가 개발되어 시장에 확산이 되기 전이기 때문에 크리스텐 슨 교수는 팹리스나 파운드리 또는 소규모의 마이크로프로세서를 개발 하는 솔루션 기업이 가져갈 거라고 예견했습니다. 그런데 실상은 어떻 게 됐죠? '황의 법칙'을 따르며 낸드플래시를 개발한 우리 기업들이 많은 이익을 가져왔습니다.

제가 간단히 정리를 해보았습니다.

무어의 법칙을 따르던 기업들보다 '황의 법칙'을 따르는 반도체 기업 들의 승승장구는 계속되고 있습니다.

엄밀히 말하면 제가 '황의 법칙'을 발표한 것은 크리스텐슨 교수의 논문을 읽기 전입니다.

제가 지난 시간에 2001년이 어떤 해라고 그랬죠? 50년 만에 맞은 반

| 무어의 법칙 vs. 황의 법칙 |

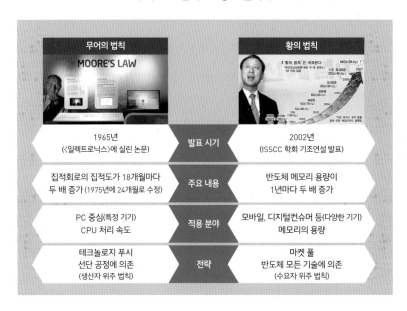

무어의 법칙		황의 법칙
1965년 (《일렉트로닉스》에 실린 논문)	**발표 시기**	2002년 (ISSCC 학회 기조연설 발표)
집적회로의 집적도가 18개월마다 두 배 증가(1975년에 24개월로 수정)	**주요 내용**	반도체 메모리 용량이 1년마다 두 배 증가
PC 중심(특정 기기) CPU 처리 속도	**적용 분야**	모바일, 디지털컨슈머 등(다양한 기기) 메모리의 용량
테크놀로지 푸시 선단 공정에 의존 (생산자 위주 법칙)	**전략**	마켓 풀 반도체 모든 기술에 의존 (수요자 위주 법칙)

| 황의 법칙 선언 배경 |

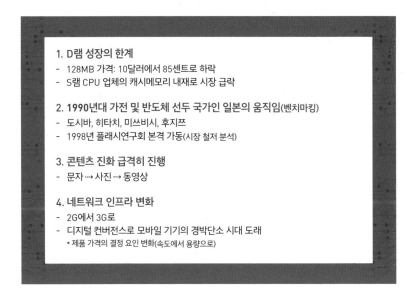

1. D램 성장의 한계
- 128MB 가격: 10달러에서 85센트로 하락
- S램 CPU 업체의 캐시메모리 내재로 시장 급락

2. 1990년대 가전 및 반도체 선두 국가인 일본의 움직임(벤치마킹)
- 도시바, 히타치, 미쓰비시, 후지쯔
- 1998년 플래시연구회 본격 가동(시장 철저 분석)

3. 콘텐츠 진화 급격히 진행
- 문자 ⋯▶ 사진 ⋯▶ 동영상

4. 네트워크 인프라 변화
- 2G에서 3G로
- 디지털 컨버전스로 모바일 기기의 경박단소 시대 도래
  - * 제품 가격의 결정 요인 변화(속도에서 용량으로)

도체 불황기라 했습니다. 그리고 제가 '황의 법칙'을 발표한 것이 2002년 2월 미국 샌프란시스코에서 열린 국제반도체회로학술회의 총회ISSCC, International Solid-State Circuits Conference에서였습니다. ISSCC를 흔히 반도체의 올림픽이라고 하는데요. 약 4,000명의 전문가들이 운집한 데서 제가 기조발표를 했습니다.

여러분, '황의 법칙'을 들은 사람들의 반응은 어땠을까요? 냉담까진 아니지만 썩 좋지도 않았습니다. 저는 나름대로 시장과 미래를 보고 한 선언이었지만 처음부터 박수갈채와 환호성을 들었던 것은 아니었습니다. 당연히 투자받기도 쉽지 않았겠죠.

'황의 법칙'을 발표하고 한 달여 만에 크리스텐슨 교수의 논문을 읽었습니다. 제가 어땠겠습니까? 하버드에 저랑 같은 생각을 하는 교수가 있다는 게 반갑지 않았겠어요? 속으로 '크리스텐슨 교수가 말한 파괴적 혁신이라면 주변을 좀 더 설득할 수 있겠다' 이런 생각을 하지 않았겠어요? 인텔을 2년이나 연구한 하버드의 교수도 인텔은 미래를 위협받고, 파괴적 혁신을 이룬 기업에 미래가 있다고 말하잖아요? 저는 3페이지 짜리 논문을 들고 "우리에게 미래가 있다"라고 외치기 시작했습니다.

승자 독식 Winner takes all

• • • • •

그래프를 좀 볼 텐데요. 하버드에서 6년간 반도체를 주제로 케이스 스터디를 했습니다. 당시 가장 많은 관심을 받고 학생들도 좋아했던 그래프를 보여드리겠습니다.

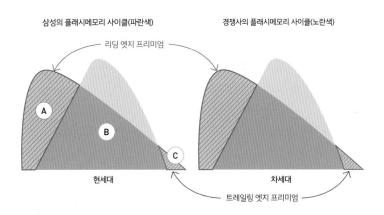

| 삼성 반도체의 성공 전략 |

- **리딩 엣지 프리미엄**: 첨단 기술로 시장 점령
- **트레일링 엣지 프리미엄**: 용량의 최대화와 선점 효과로 이익 극대화

삼성의 플래시메모리 사이클(파란색)　　　　경쟁사의 플래시메모리 사이클(노란색)

리딩 엣지 프리미엄

A

B

C

현세대　　　　　　　　　　　차세대

트레일링 엣지 프리미엄

여기 파란색으로 되어 있는, 비행기 날개같이 생긴 그래프가 삼성의 반도체, 'D램'의 그래프이고 노란색(B영역)으로 되어 있는 부분이 후발 주자 혹은 정규 시장의 그래프입니다.

제가 '리딩 엣지 프리미엄Leading Edge Premium(A영역)'과 '트레일링 엣지 프리미엄Trailing Edge Premium(C영역)'을 설명드리려고 하는데요. 모두 삼성의 메모리반도체가 시장에서 누렸던 프리미엄입니다.

먼저 리딩 엣지를 보시죠. 삼성은 R&D 투자를 많이 하는 기업 중 하나로 꼽힙니다. 앞서 리스크 테이킹을 이야기할 때 리스크 매니지먼트는 깔고 가야 한다고 말씀드렸죠. R&D는 리스크를 매니지먼트하고 테이킹까지 하는 최고의 전략입니다. 제가 반도체를 맡았을 때는 두 자리

숫자, 매출의 두 자리 퍼센트로 R&D를 했습니다. 그 결과로 세계 최초의 기술과 제품을 많이 만들 수 있었습니다.

당시 삼성이 세계 최초의 제품으로 무엇을 했습니까? 세계 최고의 컴퓨터 회사에 납품했습니다. IBM이나 휴렛팩커드에 납품했다고 말씀드렸죠? PC를 만드는 데 들어가는 것도 있었지만 그보다는 슈퍼컴퓨터와 대형 서버에 들어가는 것이 많았습니다. 물론 그런 곳에 들어가는 반도체는 정말 까다롭습니다. 품질 통과가 잘 안 되죠. 그 바늘구멍 같은 곳을 뚫고 우리 제품을 공급했습니다. 세계 최초 제품이기 때문에 처음에는 거의 독점으로 공급됩니다. 어느 누구도, 경쟁사도 만들 수 없는 제품을 입고시키면서 리딩 엣지(A)에 해당하는 매출을 만들어냅니다. 상당한 프리미엄이 포함되겠죠?

자, 시간이 지나면 드디어 경쟁사들이 시장(B)에 들어옵니다. 그럼 시장은 어떻게 됩니까? 생산이 커지고 가격 경쟁이 붙죠. 리딩 엣지 프리미엄을 구가했던 기업의 경우 이미 기술 개발이 완료된 상태로 수율은 높아지고 가격은 줄어듭니다. 경쟁사와는 비교가 안 되죠. 그러니까 대량화가 진행된 상황에서도 경쟁 우위가 확실해집니다. 경쟁사는 생산해 봐야 적자가 나고 이익이 별로 나지 않으니까 생산을 줄이거나 중단합니다.

어떻게 됩니까? 생산량이 줄죠. 그러나 리딩 엣지 프리미엄을 누렸던 회사는 생산을 중단할 이유가 없습니다. 투자를 많이 해서 캐파cpacity(생산 능력)를 키웠기 때문에 독식을 합니다. 이때부터는 트레일링 엣지(C)가 펼쳐지면서 독점적 공급이 가능해집니다. 경쟁사가 사라지면 가격 결정권이 커지기 때문에 오히려 수익을 늘릴 수 있습니다.

이러한 패턴은 새로운 제품을 생산하면 그대로 반복됩니다. 리딩 엣지, 메인, 트레일링 엣지까지 독점합니다. 삼성의 경우 D램 개발에서 신제품이 나올 때마다 그래프를 그대로 따라가며 수익을 올렸습니다.

마켓 풀의 힘

• • • • •

그런데 여러분, 이쯤에서 한 가지 의문이 떠오르지 않습니까?

"막대하게 R&D에 투자해서 새로운 제품을 만드는 것은 같은데, 왜 어떤 곳은 마켓셰어를 잃을 거라는 쓴소리를 듣고 어떤 곳은 독점적 지위를 이어갑니까? 그 차이가 무엇입니까?"

인텔이라고 새로운 투자를 안 하겠습니까? 새로운 제품을 내놓지 않을까요? 그런데도 크리스텐슨 교수는 '그대로 하다간 마켓셰어를 잃을 것'이라고 독설을 날렸잖아요? 도대체 이유가 무엇일까요?

혁신의 아이러니가 여기에 있습니다. 많은 사람들이 혁신을 이야기하면 '새로운 기술'만 말하죠. 그러나 엄밀히 시장에서 중요한 것은 첨단 기술의 진보만이 아닙니다. 고객의 니즈에 부합하는 제품과 기술을 적기에 공급할 수 있어야 합니다.

인텔이 오래전부터 사용한 전략은 고객에게 새로운 기술을 그리고 새로운 제품을 푸시하는 것이었습니다. 예를 들어 펜티엄칩을 한번 보죠. 과거부터 PC의 가격은 CPU 속도가 결정했습니다. 신제품을 낼 때는 고가로, 경쟁사가 나타나면 저가로 대응합니다. 그렇게 경쟁사를 누르고 독점적 지위를 유지하는 전략을 계속 쓰고 있습니다.

그런데 소비자 입장은 어떻습니까? CPU 가격이 높으면 PC 가격이 올라갑니다. 하지만 소비자들은 이제 고사양의 CPU가 필요하지 않습니다. 새 제품을 사기 위해 무조건 높은 가격을 지불하는 데 불만이 생길 수밖에 없겠죠? 무조건 기술을 푸시하는 전략에 고객들이 만족할 리 없습니다. 이미 기술의 진보가 고객의 사용 가능한 수준을 넘었기 때문이죠.

그럼 메모리반도체는 어떻습니까? 디지털 제품의 고객, 특히 모바일 디지털 제품의 고객들에게 다양한 메모리 용량의 제품을 제공합니다. 푸시push가 아니고 풀pull이죠.

휴대폰을 예로 들어볼까요? 여러분 휴대폰의 메모리는 얼마입니까? 256기가바이트요? 516기가나 1테라바이트TB 휴대폰이 필요하다고 생각하진 않나요? 필요하죠? 여유가 된다면 바꿀 의향이 있습니까? 그렇죠! 사진이나 동영상을 많이 이용하는 소비자들은 고사양의 메모리를 위해 돈을 지불할 충분한 의사가 있습니다. 메모리반도체 제품은 흔히 말하는 '마켓 풀Market Pull' 전략이 통하는 제품입니다. 이를 가속화시킨 게 누구죠? 바로 앞 시간에 이야기했던 잡스입니다. 메모리가 주요한 모바일 기기를 새롭게 내놓았죠. 제가 "이제는 모바일의 시대다. PC 중심의 시장은 저물고 있다"라고 예견했는데 잡스가 이 속도를 높였습니다.

이야기가 길어졌는데요. 정리하겠습니다. 인텔과 삼성의 차이는 테크놀로지 푸시Technology Push와 마켓 풀이라는 전략의 차이에 있었습니다. 테크놀로지 푸시가 소비자들을 기술로 밀어붙이는 생산자 위주의 전략이라면, 마켓 풀은 소비자들이 필요한 제품을 생산함과 동시에 시장을 선도하는 소비자 위주의 전략인 것이죠. 앞서 크리스텐슨 교수가 강조했던 '파괴적 혁신'도 궁극적으로는 마켓 풀을 유도하는 전략이어야 합니다. 소비자에게 필요하지도 않은 기술의 고도화를 꾀하지 말고, 비록 기술적 혁신이 대단한 게 아닐지라도 소비자가 필요로 하는 기술을 제시하라는 것이죠. 그것이 관행적으로 하는 기술의 혁신보다 훨씬 시장 파급력이 크다고 강조한 것입니다.

플래시메모리로 시장을 파괴하다

∙∙∙∙∙

2002년 삼성의 낸드플래시 시장점유율이 세계 1위로 올라섭니다. 그리고 2003년에는 플래시메모리 전체 시장에서 세계 1위가 됩니다. 아까 보여드렸던 그래프의 주인공 D램은 진즉에 시장점유율 1위에 도달했었죠.

2005년에는 다음 그래프에서 보듯 플래시메모리의 시장점유율이 34퍼센트로 뜁니다. 20년째 비슷한 마켓셰어를 유지하고 있지요. 그렇지만 1999년에는 세계 시장에 이름도 올리지 못하던 삼성이었습니다. 5퍼센트 미만은 표시가 안 되는 그래프라서 그런 건데요. 그만큼 존재감 없던 삼성이 불과 3년 만에 세계 1등이 됐다는 게 놀랍지 않습니까? 플래시메모리가 모바일 시대를 견인할 것이라는 예상과 오랜 기간 동안 개발과 혁신을 준비한 노력의 결과였죠. 예상을 뛰어넘는 모바일 기기의 활성화가 실현됐습니다. 하버드 학생들은 많이 놀랐는데 여러분은 별로 안 놀라는 눈치인데요? 이십몇 년 동안 1등을 유지하던 인텔이 1위 자리를 내준 것이 더 놀라운가요? (웃음)

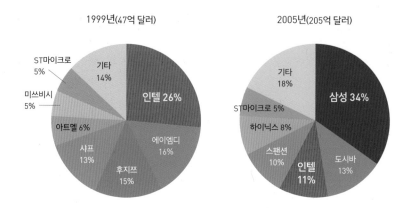

| 플래시메모리 시장점유율 변화 |

1999년(47억 달러)

ST마이크로 5%
기타 14%
미쓰비시 5%
아트멜 6%
샤프 13%
후지쯔 15%
인텔 26%
에이엠디 16%

2005년(205억 달러)

기타 18%
삼성 34%
ST마이크로 5%
하이닉스 8%
스팬션 10%
인텔 11%
도시바 13%

정확하게 크리스텐슨 교수가 이야기했던 그대로 됐습니다.

상상해 보십시오. 그 몇 년 사이 얼마나 많은 땀과 노력이 있었겠습니까? 당시의 경험을 중심으로 파괴적 혁신을 위한 세 가지 필요충분조건을 정리했는데요. 간략히 설명하고 넘어가겠습니다.

뭘까요? 뭐가 있어야 시장을 재편할 정도의 파괴적 혁신이 가능할까요?

첫 번째는 절실함입니다. 피부로 절실함을 느낄 때 과감한 도전 그리고 파괴적 혁신이 가능합니다.

제가 지난번 자쿠로 미팅 이야기를 할 때 이 회장께 플래시메모리를 만들 준비를 다 해놨다고, 독자 사업을 하게 해달라고 말씀드렸다 했잖아요. 그때 어디다가 플래시메모리 라인을 준비했다고 말씀드렸죠? 기억하시네요, S램을 생산하던 라인입니다.

당시는 10달러 하던 128메가 D램이 지속해서 떨어져 85센트까지 떨어지던 시기였습니다. 전체적인 판매 실적은 매우 부진했습니다. 그나마 상황이 나은 것은 S램이었습니다. S램은 전원이 꺼지면 데이터는 사라지지만 속도가 빠른 메모리인데요. CPU의 캐시로 많이 사용됐고 그 덕분에 수요도 일정했습니다.

그런데 CPU를 생산하던 인텔이 어느 순간 S램을 인베이드embedded (내부 장착)해버립니다. 그동안 삼성의 S램을 쓰다가 독점 상태가 되니 자체적으로 해결해 버린 거죠. 그래서 시장이, 거의 하루아침에 없어졌습니다. D램 시장이 붕괴되다시피 했는데 S램 시장마저 줄어들게 되었습니다.

제가 당시 사업부장이었습니다. 어떻게 해야겠습니까? 반도체 연구소장 때부터 시작한 플래시연구회를 통해서 철저하게 시장을 분석하고 벤치마킹하면서 돌파구를 찾아야죠. 자료를 모으고 연구를 해보니 모바일 시장이 올 것 같아요. 마침 휴대폰 시장이 2G에서 3G로 넘어가던 시기였습니다. 1G는 음성 통화만 되던 시기죠. 2G는 음성 통화에 문자 메시지가 가능해집니다. 그리고 2002년 3G 휴대폰부터는 동영상에 초기 화상 통화까지 가능해져요. 그럼 데이터 사용량이 폭발적으로 늘어나겠죠. 2009년부터는 4G 시대가 열렸습니다. 이렇게 휴대폰이 발달할수록 어떻게 됩니까? 휴대폰의 용량을 담당하는 플래시메모리가 중요해지겠죠. 그런 예상이 가능했던 겁니다.

그래서 제가 자쿠로 미팅 때 이 회장께 "6, 7라인을 다 플래시메모리 라인으로 준비해 놨습니다"라고 말씀드릴 수 있었던 겁니다. 이 덕분에 저는 플래시메모리로 모바일 시대를 파격적으로 앞당기는 제품을 만들 수 있었습니다.

두 번째는 보다 긴 안목의 연구와 투자입니다.

플래시메모리를 대표적인 파괴적 혁신 사례로 꼽는데요. 한 단계 더 들여다보겠습니다. 플래시메모리가 지속적으로 성장하고 고객을 끌어올 수 있던 이유는 뭘까요? 내로라하는 전문가들 모두 CTF라는 기술을 꼽습니다.

제가 이 회장께선 경청을 잘한다고 말씀드렸죠? 특히 전문가의 의견을 잘 들으세요. 하루는 제가 새로운 기술에 대해 이런저런 말씀을 드렸더니 "기술들을 좀 더 파고들라"라고 하는 거예요. 그래서 바로 연구팀을 만들었습니다.

제가 저번 시간에, 1년에 새로운 기술의 제품들을 몇 개씩 만들어냈다고 자랑했는데요. 새로운 기술, 새로운 제품을 만드는 데 얼마나 걸릴까요? 제약 회사에서는 수십 년에 걸친 연구도 한다고 하는데 말입니다.

삼성에서 자랑하는 CTF라는 기술은 '6년' 걸렸습니다. 1999년부터 시작했던 걸로 기억하는데 처음에는 한 연구원이 갖고 있던 하나의 연구 과제 정도였어요. 근데 이 회장 말씀을 듣고 '미래기술팀'을 꾸려서 연구팀을 조직해 줬습니다. 그때 CTF팀만 생긴 건 아니고 여러 팀이 만들어졌는데요. 각 팀마다 6~7명의 연구원이 배치됐습니다. 그 팀들이 해외 글로벌 기업들을 벤치마킹할 수 있도록 지원도 해주고, 이전에 말씀드린 대로 고과도 B플러스 이상 주도록 하면서 기술 개발을 독려했습니다.

좀 전에 신 교수님께서 "가능하면 다 A플러스를 주고 싶은데"라는 바람을 남기셨는데, 기업도 마찬가지입니다. A플러스를 다 주고 싶지만 그럴 수 없죠. B플러스부터는 상위 고과입니다. 평균이 C거든요. 물론 D도 있고 F도 있습니다. 그 와중에 연구팀원들에게 B플러스 이상을 주도록 했어요. 그러면 "에이, 돈도 못 벌고 회사에 전혀 기여도 없는 팀에 어떻게 상위 고과를 주냐?"라며 반발하는 조직원들도 있겠죠? 그런 이들을 잘 설득하고 긍정적인 시그널을 얻어내도록 조율도 했습니다. 리더가 해야 할 일들을 그렇게 했습니다.

그리고 기술이 어느 정도 완성이 될 때는, 반도체 열몇 개 되는 부문을 모이게 해서 제품을 완성했습니다. 설계, 연구, 개발 그다음에 생산, 패키지, 테스트, 그 외에도 꽤 있습니다. 제품 기술, 품질 등등이요. 그때 모든 사람이 한꺼번에 붙어서 제품을 만드는 것인데요. 그렇게 6년이라는 긴 시간이 걸렸지만, 기술의 난이도로만 치자면 '아주 빠른 시간의 문제 해결'이라는 평가를 받습니다. 긴 안목의 연구와 투자가 결실을 맺은 것이죠.

마지막은 발상의 전환입니다. CTF 기술은 참 어려운데요. 경영학과 학생들에게는 더 어려울 것 같습니다만, 제가 기술 설명에는 또 일가견이 있으니 간단히 말씀드리고 가겠습니다.

CTF는 'Charge Trap Flash'의 약자입니다. 제가 트랜지스터* 이야기할 때, 쇼클리 박사가 트랜지스터를 발명해서 노벨상을 수상했다 이런 이야기했는데 기억납니까? 트랜지스터는 정보화 시대를 만들었고 지금도 유효한 이야기입니다. AI든 뭐든 트랜지스터 덕분에 가능한 것이죠.

---

* 규소, 저마늄 반도체를 이용해서 전기 신호를 증폭해 발진시키는 반도체 소자로 세 개 이상의 전극이 있다.

대체 이 트랜지스터가 뭐냐? 전류나 전압 흐름을 조절해 신호를 증폭하고 스위치 역할을 하는 반도체 소자입니다. 전기 스위치에서 힘으로 가하는 것을 전기적으로 전압을 주는 것으로 바꾸면 됩니다. 전압을 주면 전자가 이동해서 전류를 일으키지요.

그런데 플래시메모리는 좀 특이합니다. 내부 구조를 보면 도체가 하나 더 있어요. 도체 속으로 전자가 들어가서 자리를 잡습니다. 여러분이 휴대폰에 음악, 영상으로 정보를 딱 넣어주면 전자가 자리를 잡아서 전원이 꺼져도 정보가 사라지지 않는 겁니다. 이걸 도시바의 마스오카 후지오舛岡富士雄라는 분이 세계 최초로 개발한 겁니다. 이분은 1984년 IEDM에서 베스트 혁신상을 받았습니다.

하지만 그때부터 CTF가 나올 때까지 '간섭 현상'은 해결되지 않는 문제였어요. 간섭 현상이 왜 일어나는지부터 설명을 드리죠.

공장에서 물건을 만들 때 뭐가 중요합니까? 반도체에서 웨이퍼를 늘리려는 이유는 무엇일까요? 바로 반도체 생산성 증대와 원가 절감을 위해서인데요. 웨이퍼를 키워서 한꺼번에 많은 양의 반도체를 뽑아낼 수 있도록 하는 겁니다.

그런데 셀은 도체로 이루어진단 말이죠. 전기가 흐르고 거리가 가까워지면 간섭 현상이라는 것이 생깁니다. 도체와 도체 사이에 전자가 이동해서 데이터가 사라지는 것이죠.

특히 낸드플래시의 구조를 보면 플로팅 게이트Floating Gate라는 전자를 트랜지스터 안에 머물 수 있도록 하는 문지기 역할을 하는 부분이 있습니다. 전자를 담을 수 있도록 도체로 만들어집니다. 그런데 집적도를 높이기 위해 셀 간 간격이 가까워지면 어떻게 되느냐? 도체인 플로팅 게이트의 간섭 때문에 오작동이 일어나게 됩니다. 그걸 극복한 것이 CTF 기술입니다. 덕분에 CTF 기술은, 마스오카 논문 발표 후 20년 뒤인 2005년 3대 반도체 학회 중 하나인 IEDM에서 베스트 혁신상을 받게 되었습니다.

전기적 간섭을 막으려면 어떻게 해야 할까요? 중학교 학생들에게 물어봐도 답은 쉽게 나옵니다. 부도체에 전자를 넣으면 됩니다. 왜 우리 어릴 때 고무나 나무는 전기가 통하지 않는다는 거 배우잖아요. 그런 것들은 간섭 현상이란 게 없죠.

그런데 문제는 뭡니까? 기술 설명이 좀 길어지니 다들 입을 다무시네요. 플로팅 게이트는 원래 전자를 머물게 하는 문지기 역할을 하는 곳이라 했잖아요. 이렇게 전자를 담으려면 전기가 통해야 합니다. 어떤 창도 뚫을 수 없는 방패와, 어떤 방패도 뚫을 수 있는 창이 동시에 있다는 이야기 같지 않습니까? 그래도 미래기술팀에서 그걸 해냈습니다.

CTF 기술은 이 플로팅 게이트를 도체가 아닌 부도체로 만들어 셀 간 간섭을 없앴습니다. 부도체에 전자를 집어넣는 '발상의 전환'을 한 것이죠. 그걸 어떻게 했냐? 포럼, 세미나, 해외 초청 간담회의 각종 자료를 보고 회의를 하면서 아이디어를 얻어낸 거죠.

실제 CTF는 원자 단위의 얇은 부도체 막을 이용하는데요. 거기에 전자를 넣을 수 있도록 했습니다. 설명은 참 간단하지만 기술 구현은 쉽지 않습니다. 앞선 기술이었고 어마어마한 경제적 효과가 담보된 기술이었습니다. 최신의 낸드플래시는 3차원 원통형 CTF 셀 구조를 채용하는데, 데이터 간섭 현상을 대폭 줄이고 빠른 속도와 높은 내구성을 자랑합니다. 공정도 단순해집니다.

기술의 난이도를 말씀드렸는데요. 이전의 낸드플래시 강자는 도시바였습니다. 기술도 역시 도시바가 대부분 독점하고 있을 때였죠. 그러나 CTF 때문에 기술 역전이 되고 난 후 기술 격차도 벌어지게 됐습니다.

지금 낸드 플래시메모리를 생산하는 모든 메모리반도체 기업은 CTF 기술을 사용하고 있는데요. 보통 초미세와 고용량화, 고성능화가 가능해지면서 가격이 굉장히 올라가죠? 그런데 CTF는 이런 모든 것을 충족시키면서 가격까지 내렸습니다.

기술 설명은 여기까지 하고요. 어렵다 느끼시는 분은 스토리 중심으로 기억해 주시면 좋겠습니다.

자기부정에서 시작하라
•••••

주제를 다시 크리스텐슨 교수의 파괴적 혁신으로 돌리겠습니다.

플래시메모리가 20년 넘게 발전할 수 있었던 것은 긴 안목의 연구와 투자 때문이었습니다. 모바일 신제품들이 적극적으로, 경쟁적으로 플래시메모리를 탑재하면서 짧은 시간에 시장의 흐름이 바뀌었고 삼성 반도체의 독점적 위치가 더 확고해졌죠. 그 시작점에 있었던 이야기를 들려드리겠습니다.

제가 '황의 법칙'을 선언하고 석 달 뒤에 비서실에서 전화가 왔습니다. 자쿠로 미팅에서 이 회장께서 "도시바의 제안을 정중히 거절하고 우리 단독 사업으로 가자"라고 했잖아요. 단독 사업으로 가려면 뭐가 필요할까요. 투자죠? 전사적인 지원과 투자가 필요합니다. 전화 내용인즉

슨 전자 관계사 사장단회의가 있는데 와서 설명하라는 거예요. 근데 가이드라인이 프레젠테이션은 준비하지 말고 구두로 10~15분 정도 발표하면 된다고 했어요. 그때 생각했습니다. 전사적 투자를 하기 위해서 관계사 사장들의 동의를 구하는 자리가 될 거라고 말이죠.

그때 제가 일주일 전에 읽었던 크리스텐슨 교수의 논문을 떠올렸습니다. 맞습니다. 여러분께 보여드린 '파괴적 혁신'을 담은 바로 그 논문입니다.

젊은 사업부장인 제가 전자 관계사 사장단, 비서실 사람들이 꽉 찬 그곳에서 이 페이퍼를 들고 설명했습니다. 지금 생각해도 좀 과감했던 것 아닌가 싶은데요. 어디서 그런 용기가 났는지 모르겠습니다.

"모바일 시대를 차세대 플래시메모리로 견인하면, 지금 인텔 CPU가 주도하는 비즈니스 시장을 종말시키고 우리가 시장을 주도할 수 있다."

그런 취지의 이야기를 했습니다. 이 회장의 표정은 기억이 잘 안 나는데, 다른 사람들 표정은 선명하게 기억이 나요. 그다지 밝지 않았습니다. 금방 제가 알아챌 수 있는 표정이었죠. '저건 도대체 무슨 엉뚱한 소린가!' 네, 그랬습니다. (웃음)

그럼에도 불구하고, 결과는 어떻게 됐습니까?

화면을 한번 보시겠습니다.

애플과 테슬라가 세상에 나왔을 때 반응이 어땠을까요?

"전기차가 가솔린 자동차와 싸워서 승산이 있겠어?", "커서를 자꾸 움직이면 눈이 얼마나 피곤한데 저런 컴퓨터가 말이 되나?" 많이들 이렇게 이야기했습니다.

그런데 여러분, 이런 반목과 비아냥거림은 역사적으로 끊임없이 반

혁신은 언제나 자기부정에서 시작된다

복되고 있습니다.

우리가 전통적 비즈니스라고 생각하는 것들도 마찬가지였죠. 가솔린 자동차가 처음 나왔을 때 변속이 힘들고 독가스가 나온다고 말이 많았습니다. 매번 기름을 갖다 부어야 되니 불편하다 했습니다. 마차를 타고 다니던 사람들에게는 풀만 먹이면 되는 말이 편했던 거죠.

이제 가솔린 자동차가 대세가 되니 전기차가 다시 시장을 혁신하겠다고 나섰습니다. 아무도 전기차를 쳐다보지 않던 2003년에 테슬라가 문을 열었고, 2006년에 1호 자동차를 만들었습니다. 그래픽이 편하고 UI User Interface가 좋아서 매니저들이나 샀던 매킨토시는 상당히 오래 고전했습니다. 메이저 PC 업체들의 공격으로 그나마 갖고 있던 마켓셰어가 6퍼센트에서 3퍼센트로 떨어졌습니다. 그런데 결국 어떻게 됐습니까? 2007년 애플컴퓨터가 애플로 변신하고 맥북 에어를 내놓고 인기를 구가하죠.

파괴적 혁신은 자기부정에서 시작됩니다. 트렌드를 아는 것은 중요하죠. 대세를 이끌어야죠? 그런데 파괴적 혁신을 하려고 한다면 일단은 부정해 봐야 합니다. 가솔린 자동차를 부정해 봐야 전기차가 보이고, PC 시장을 부정해 봐야 모바일 시장이 보입니다. PC 시장의 강자 CPU를 부정해 봐야 모바일 시장의 플래시메모리 시장이 보이듯이 말입니다.

특히 기술의 시대에는 산업의 기술을 주도하고 글로벌 시장의 판을 바꾸는 것이 중요합니다. 대표적으로 크리스텐슨 교수는 "발전 속도가 빠른 저가의 기술이 시장을 완전히 와해시킨다"라고 했어요.

제가 지금까지 설명했던 D램 메모리반도체의 경우 4~5년마다 OS가 새로 나올 때 새로운 수요가 발생하지요. 그러면 경쟁사들이 들어오죠, 생산이 늘어나면 가격은 떨어집니다. 그러면 올라갔던 커브가 떨어

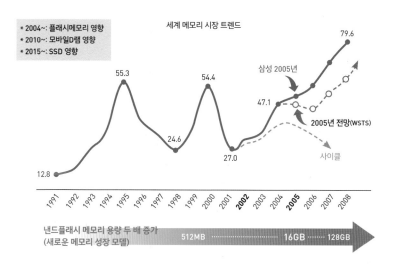

| 시장을 바꾸는 파괴적 혁신으로 지속적 성장 |

* 2004~: 플래시메모리 영향
* 2010~: 모바일D램 영향
* 2015~: SSD 영향

세계 메모리 시장 트렌드

79.6
55.3
54.4
삼성 2005년
47.1
24.6
27.0
2005년 전망(WSTS)
사이클
12.8

1991 1992 1993 1994 1995 1996 1997 1998 1999 2000 2001 2002 2003 2004 2005 2006 2007 2008

낸드플래시 메모리 용량 두 배 증가
(새로운 메모리 성장 모델)
512MB ·········· 16GB ···· 128GB

지죠. 4~5년마다 저런 커브가 나타납니다.

여러분, 4년마다 뭐가 열리죠? 월드컵이라고 하는 분들도 있는데, 올림픽이 더 대중적인 거 아닌가요? 그래서 반도체의 가격 등락을 보고 '올림픽 사이클'이라 했습니다. 하지만 삼성에서 자기부정을 거듭한 파괴적 혁신이 있고 나서 이 그래프가 달라졌어요. D램만 있을 때와는 확연하게 다릅니다.

2001년 저점을 찍죠. 그리고 플래시메모리가 생기자 그래프가 올라갑니다. 원래 사이클대로 보자면 상승하던 곡선이 2005년 정도에는 꺾여야 하는데 그렇지 않죠. 그 이후에도 파괴적 혁신 제품으로 시장을 바꿔놓습니다.

여기에 기여한 제품들이 파괴적 혁신을 대표하는 제품군입니다. 대표적으로 모바일 기기에 들어가는 모바일D램과 HDD를 대체한 SSD죠.

일부 전문가들이 너무 시장을 앞서 보고 D램이 없어진다 했지만 저는 모바일 시장에 맞는 D램이 필요하다고 생각해서 바로 개발에 착수했습니다. 덕분에 모바일 시장을 선점할 수 있었죠. SSD는 요즘 아주 대중적인 제품이죠. HDD를 쓰던 인터넷 서버도 요즘은 100퍼센트 SSD를 사용합니다. 신뢰성이 높다 보니 장기적으로 보면 비싼 가격도 경제적이라고 평가받습니다.

현재에 안주하지 않는 완벽하게 새로운 파괴적 혁신이야말로 성장을 견인하는 가장 확실한 방법이라 하겠습니다.

B2C를 공략한 파괴적 혁신 3종 세트

•••••

제가 이번 강의를 준비하면서 고민을 좀 했습니다. 1강을 마치고 질문을 받아보니 '소비자 관점'의 질문이 많은 거예요. 그런데 반도체는 B2B 영역이잖아요. 여러분들이 체감하는 부분이 적을 것 같은데, 어떻게 재밌게 이야기를 풀어볼까? 고심 끝에 KT의 사례를 몇 개 더 준비해봤습니다. 반도체는 모르는 분이 있을지 몰라도 스마트폰 안 쓰고 IPTV 안 보는 분은 없잖아요, 그죠?

제가 KT에 갔을 때 회사가 상당히 어려웠습니다. 적자도 나고 있는 상황이었어요. 그런데 KT는 여러분이 잘 아시다시피 한국 IT를 시작한 회사잖아요. 인터넷부터 시작해서 근거리 무선망인 와이파이 기술도 리드했던 회사고요. 1980년대 한국에서 마켓 캡Market Capitalization(시가총액)은 삼성보다 월등히 높았던 회사입니다. 1위 기업이었습니다. 많은 기술이 다 개발되어 상용화되지 않은 상태로 존재하고요.

저는 가서 그걸 봤습니다. 있는데 쓰지 않는 기술을요. 그때 무슨 경쟁을 했냐면 100메가비피에스Mbps라고 하는 와이파이 스피드에 통신 3사가 매달리고 있었습니다. 어떻게 되겠어요? 가격 깎아야죠. 출혈이 나기 시작합니다. 와이파이 인터넷 사업은 KT엔 효자 상품이었거든요. 그런데 경쟁이 치열해지니까 적자는 아니지만 수익이 확 떨어졌습니다.

그래서 제가 새로운 시장을 만들어보자 했습니다. 열 배 빠른 상품을 내놓자 했죠. 이유는 간단합니다. 소비자들의 니즈가 확실하거든요. 그때 이미 HD에서 풀HD로 전환되고 있었습니다. UHD도 개발되고 있으니 엄청나게 많은 변화가 있을 거라고 예상했죠. 그래서 생각을 바꾸자, 전체를 움직이자 했습니다.

그렇게 기가 인터넷을 내놨습니다. 가입자가 빠르게 늘었습니다. 2년 만에 200만 명이 가입했고, 지금은 아마 600만 가입자니까 2,000만 명 이상 쓰고 있을 겁니다.

여러분은 이미 기가 시대에 살고 있으니 체감을 잘 못 할 텐데, 선배들은 기억할 겁니다. 여러분, 집에서 수강 신청하시죠? 신 교수님 강의 들으려고 엄청 경쟁하셨을 텐데, 선배들 중에 기가 인터넷 사용자는 수강 신청이 쉬웠습니다. 확실히 빨랐거든요.

또 재밌는 이야기를 한 번 해볼까요? 저는 클래식을 좋아하는데 음악회에 가면, 특히 예술의전당에 가면 꼭 찾는 자리가 있습니다. 다른 곳도 비교적 괜찮은데 피아노 협주곡을 들으러 갈 때는 8~12열 정도 C 블록 왼쪽 가장자리가 가장 좋습니다. 피아노가 중앙에 있잖아요. 제가 말한 자리에 가면 연주자의 양손과 표정이 온전하게 보입니다. 음악도 들을 수 있고 연주자의 모습을 다 읽을 수 있습니다. 그래서 좌석 경쟁도 치열합니다. 그걸 제 비서가 기가 인터넷으로 10년 넘게 자리를 잡아줬습니다. 한 번도 실수한 적이 없습니다. 박수 한번 주시죠. (박수)

기가 인터넷은 이런 식으로 점점 퍼져나가기 시작했습니다. 물론 KT엔 큰 효자 역할을 했습니다. 적자를 흑자로 돌려주는 걸 말하는 게 아닙니다. 5G를 만드는 기초가 된 거죠.

다음은 기가지니 사례인데요. 혁신을 하다 보면 릴레이처럼 일이 일어날 때가 있어요. KT가 잘하는 게 뭐죠? 기가 인터넷 말고 IPTV도 가장 점유율이 높습니다. IPTV하고 AI 음성인식을 결합해서 세계 누구도 넘보지 못하는 기가지니를 만들었습니다.

여러분, 전 세계를 돌아보면요. 인공지능 스피커의 마켓셰어 1위는 대부분 아마존의 알렉사나 구글 홈입니다. 그런데 한국에서는 상황이 다르죠. 뭐 때문에? KT의 기가지니가 40퍼센트 넘는 마켓셰어를 차지하고 있습니다. 자세한 얘기는 6장 '융합의 실현'에서 다루겠습니다. 거기서 끝이 아닙니다. 지금 어떻습니까? 요즘 광고하는 거 보셨죠? 식당에서 예약을 받고, 병원에서 응대하고, 호텔에서 서비스해주는 인공지능 스피커가 기가지니입니다. 전 산업 분야에서 사용되고 있습니다.

이제부터는 인공지능의 시대라고 하잖아요? 지금 KT는 한국에서 가장 최고의 경쟁력을 갖고 있는 AI 회사입니다. 구글처럼 체계적인 전문 인력 수천 명이 있는 회사가 아니에요. 미래 10년, 20년을 대비하는 AI 인프라스트럭처를 꾸렸다고 하기는 어렵습니다. 하지만 적어도 지금 B2C에 들어가는 여러 분야에서 기가지니의 활약상은 대단합니다.

B2C에서의 혁신은, 어떻게 보면 B2B만큼 임팩트가 크지 않을 수는 있습니다. B2B에서 기가 인터넷, 5G를 활용해서 산업 현장이 바뀌고 있어요. 하지만 B2C의 영역은 체감률이 많이 떨어지죠. 그래도 이런 것들이 토양이 되어서 더 발전해 갈 겁니다.

B2C 영역의 세 번째 사례는 '케이뱅크'입니다.

제가 국가 R&D 단장을 할 때 디지털 금융에 대해 공부를 많이 했습니다. 은행이 없어진다는 거예요. 뭐 때문에? 인터넷 뱅크로 다 바뀐다는 거죠. 사실은 기존 금융과 공존하겠지만 인터넷 뱅크의 비중이 커지는 건 대세입니다.

KT에 갔을 때 고민을 했습니다. 세상이 서서히 바뀌는데 우리는 무얼 하나? 이제 사람도 시설도 필요 없이 컴퓨터하고 플랫폼만 있으면 되는 세상인데 말이죠. 그런 중에 정부에서 인터넷 뱅크 관련 정책이 나왔어요. 사업자 공모를 하는 겁니다. 제가 신임하는 임원 한 명이 이야기를 해요. 그런데 사실 그 임원이 금융 전문가는 아니었습니다. 회계 전문가였어요.

그런데 저는 그 친구한테 한번 맡아서 해보라 했습니다. 이야기를 꺼낸 사람이 책임을 져야죠, 맞죠? 그 친구가 멋지게 일을 해냈습니다. 케이뱅크라는 것을 1년간 준비해서 제1호로 허가받았습니다. 물론 쉽지 않았습니다. 우리나라에는 금산분리법이 있습니다. 대기업은 주주가 될 수가 없어서, 3년간 케이뱅크가 투자를 유치하는 데 굉장히 어려움을 겪었습니다. 그래도 앞선 빅데이터, 블록체인 기술을 기가 막히게 활용해서 시장에서 인정을 받았습니다.

요즘 케이뱅크의 기업가치가 10조 원 정도 된다고 합니다. 여러분, 10조가 어느 정도인지 감이 오시나요? 얼마 전에 100년 역사를 자랑하는 KT그룹 전체의 시가총액이 '드디어' 10조를 넘었다는 기사가 나왔습니다. 케이뱅크는 50명으로 시작했던, 몇 년도 안 된 회사입니다. KT그룹은 직원만 6만 6,000명이 넘어요.

물론 기업가치가 모든 걸 이야기하는 건 아니죠. 그렇지만 '가능성'만큼은 인정을 받은 겁니다. 4차 산업을 대표하는 블록체인 기술을 갖고 있는 회사이고 빅데이터를 쓸 줄 아는 회사입니다. 힘들게 이룬 혁신의 결과로 나쁘지 않죠?

때로는 현실 너머에 답이 있다

• • • • •

시간이 많이 지났네요. 준비한 이야기는 거의 다했고요. 마지막으로 머스크 이야기만 좀 하겠습니다. 여러분, 머스크 아시죠? 만나보셨습니까? 저는 만나봤습니다. 자랑은 아니고요. (웃음)

그를 만난 것은 2017년이었는데요. 흔히 마블 캐릭터에서 이름을 따와 '아이언맨'이라고 하죠. 얼굴이 정말 하얗습니다.

제가 스페이스엑스SpaceX에 갈 일이 있었어요. 그래서 제가 가기 전에 미팅을 한번 하자고 연락했어요. 그런데 안 된다는 겁니다. 만나겠다고 온 대통령, 총리도 거절했다니 뭐 그럴 수 있다고 생각했습니다. 시간도 아주 박하게 딱 3분 보고 말았다고 해요.

그런데 스페이스엑스 사장이랑 회의하는데 갑자기 메모가 들어온 거예요. 머스크가 자기 사무실로 오라는 거예요. 마음이 바뀌었는데 왜 바뀌었는지 모르겠어요. 그래서 알겠다고 했는데, 옆에서 스페이스엑스 사장이 "길어야 3분이다"라고 농담을 합니다.

어쨌든 시간 맞춰 사무실로 갔습니다. 사무실은 특별한 건 없었어요. 똑같습니다. 중역 사무실 같은 그런 데가 아니에요. 다 소통할 수 있게 오픈된 구조고, 옆에 비서만 따로 있었습니다.

들어가서 섰는데 머스크가 말이 없는 거예요. 딱 보니 탁자도 없어요. 회의 탁자도 없고, 머스크 앞에 간이 탁자가 있어서 거기 가 섰는데 1미터 90센티미터쯤 되어 보이는 사람이 그냥 내려다보기만 하는 거예요. 그래서 어떡합니까? 앉아도 되느냐고 물었죠. 그렇게 하자고 해서 앉았는데 속으로 '잘못 들어왔네, 괜히 만나자 그랬구나' 생각이 들었습니다. 그래도 뭐 어쩔 수 없죠. 이왕 왔으니 뭐라도 죽기 살기로 해보자 마음을 먹고 입을 열었습니다.

"당신이 지금 추구하는 게 전기차가 아니잖냐?"

이야기하니까 고개를 딱 드는 거예요. 당시 전기차가 한창 유행이었지만, 저는 그보다는 자율 주행에 방점이 찍혔다고 봤어요. 그래서 머스크가 자율 주행의 강자가 되려고 테슬라를 만든 거 아닌가 이야기했죠. 상황이 공교로웠던 게, 당시 좀 심각했어요. 바로 며칠 전에 테슬라의 자율 주행 중에 사고가 생겼죠. 머스크도 고민이 많았겠죠?

요즘 자율 주행은 라이다LiDar*를 활용합니다. 센서로 차를 도배해서 주변 상황을 감지합니다. 그런데 그게 무슨 소용입니까? 두 가지 문제가 있어요. 우선 자율 주행의 온전한 구현은 센서 기술로는 안 됩니다. 모든 차량이 통신으로 연결돼서 통제가 되는 V2XVehicle to Everything(차량 사물통신)가 실현되어야 합니다. 다음, 센서가 작동해서 급정거를 한다고 칩시다. 통신 시간이 얼마 정도 걸려야 안전할까요? 사람을 보고 급하게 브레이크를 밟으려면 적어도 밀리세컨드mmsecond 단위로 작동해야 합니다. 그런데 여러분, 눈 깜빡할 사이가 얼만지 아세요? 20밀리세컨즈입니다. 자율 주행은 적어도 수 밀리세컨즈 안에 브레이크가 들어가 줘야 합니다. 뭐가 필요하죠? 5G입니다!

5G로 연결하면 1제곱킬로미터 내에 100만 개의 IoT를 연결할 수 있습니다. 고속도로를 달릴 때 주위의 수백 대, 수천 대 자동차의 모든 데이터를 인식할 수 있습니다. 이런 설명을 하니까 머스크가 고개를 끄

---

* 레이저 펄스를 발사해 그 빛이 물체에 반사되어 돌아오는 것을 받아 물체까지 거리 등을 측정하고 물체 형상까지 이미지화하는 기술을 말한다.

덕끄덕해요.

마지막에는 좀 세게 나갔습니다.

"지금 현재 자율주행에 쓰는 내비게이터의 GPS 에러는 30센티미터다. 실내에 들어가면 훨씬 더 커진다. KT는 에러가 몇 센티미터인 GPS 기술을 갖고 있다. 당신이 추구하는 자율 주행에 퍼펙트한 기술이다."

그때부터 관심도가 확 올라갑니다. 그 말을 하기 앞서 평창 동계올림픽 초대장을 내밀었거든요. 5G 자율 주행 시연이 있다고 이야기하니 쳐다보지도 않다가 꽤 관심을 갖는 겁니다. 이때다 싶어서 평창 동계올림픽 초대장을 다시 내밀었죠. 머스크는 고개를 끄덕이며 밝은 표정이었습니다. 테슬라 상하이 공장 준공식 때문에 오진 못했는데, 당시는 아주 긍정적인 답변을 했습니다.

두 번째로는 한국형 마이크로에너지그리드K-MEG 이야기를 했습니다. 여러분, 기가팩토리 아시죠? 테슬라하고 파나소닉Panasonic하고 합작해서 세계 최대의 배터리 공장을 만들었잖아요. 거기가 에너지를 어마어마하게 씁니다. 그래서 에너지 플랫폼에 대한 이야기를 좀 했어요. 이에 대해서는 다음 시간에 구체적인 설명을 드리고요.

그렇게 이야기를 마치고 머스크랑 위성사진 앞에서 사진을 찍었습니다. 처음에는 사진을 좀 찍자 했는데 굉장히 반응이 없어요. 오늘 이렇게 만났는데 사진을 한번 찍으면 좋겠다고 두 번째로 이야기하니까 비서 보고 찍으라고 한 거예요. 그래서 비서가 아이폰으로 사진을 찍었어요. 그런데 가만 보니 그 사진을 저한테 보내준다는 보장이 없잖아요. 그래서 제가 갤럭시 폰을 내밀면서 "최근에 출시된 갤럭시8을 쓰는데 사진이 기가 막히게 좋다"라면서 실제 사진을 좀 보여줬어요. 그러고 나서 "이걸로 한 번 더 찍어보면 어때?"라고 이야기했더니 알았다는 거예요. 그렇게 사진을 찍고 "이왕 찍은 사진 내가 좀 홍보를 해도 되느냐?" 그랬더니, 뭐 어떡합니까. 어렵게 집무실 앞에 있는 지구와 화성 위성사진 앞에서 기념 촬영한 모습입니다. 이야기가 재밌었습니까? (박수)

이건 하나의 에피소드이고요. 중요한 건 머스크가 한 이야기입니다. 머스크는 우리 시대 혁신의 아이콘이잖아요. 자율 주행을 완성시킨다고 하고, 위성을 막 쏘고, 화성에 가서 살겠다고도 합니다. 장담은 금물입니다만 그런 꿈을 갖고 노력한다는 것이 중요한 것이죠, 그죠?

머스크가 혁신의 방법론에 대해 세 가지를 이야기했습니다. 한 번쯤 들어보셨을 텐데요. 제가 다시 한 번 말씀을 드리면 첫째가 '기존의 관행을 파괴하라.' 둘째가 '기술의 발전을 연속적으로 보지 마라.' 셋째가 '기술의 변곡점을 찾아라.'입니다. 저는 이것이 파괴적 혁신을 이루는 태도라고 생각합니다. 모두가 현재의 기술에 매달릴 때 한번쯤은 거기서 벗어나 봐야 해요. 그래야 새로운 게 보입니다. 그리고 발전은 항상 연속적으로 일어나지 않아요. 점프를 할 수도 있고 오히려 한 계단 아래에서 올 수도 있습니다. 마지막으로 변화가 일어나는 시점을 캐치해야 합니다. 시선을 유지하세요. 지켜보는 것이 시작입니다. 무르익으면 보이기 시작합니다.

혁신이 없다면 미래도 없다
•••••

정리를 해야겠네요.

지난 시간에 받은 질문 중에 "복지국가에서는 안정성을 추구한다. 그렇다면 복지국가에서 진정한 혁신이 가능할까?"라는 내용이 있었습니다. 이 질문은 꼭 답변드려야 할 것 같아 언급하고 가겠습니다.

저는 혁신 없이 후손들에게 복지국가를 남겨준다는 것은 택도 없는 소리라고 생각합니다. 복지국가가 혁신을 안 할까요? 안 하는 것처럼 보일 뿐입니다. 한 가지 예로 스위스가 편안하고 안정되어서 혁신을 안 할 것 같잖아요? 그랬다면 아마 이미 지구상에서 사라진 나라가 됐을 겁니다.

여러분, 파괴적 혁신은 꼭 기업에서만 한다고 생각하는데 그렇지 않습니다. 제가 3년간 국가 CTO로 있었다 했잖아요. 그때 국가의 미래 먹을거리를 찾기 위해서 동분서주했습니다. 해외 기술자문단을 모시고 이야기도 들었고, 그때 하버드의 최고 상위 교수인 유니버시티 프로페서라는 조지 화이트사이즈George Whitesides 교수도 만났습니다.

제가 그분께 "미래 먹을거리를 위해서 어떤 걸 해야 할까요?" 하고 물었어요. 그랬더니 그분이 "한국이 잘하는 걸 해라"라고 하셨어요. 미국까지 쫓아가서 그 이야기를 듣고 보니 약간 허탈하잖아요. '잘하는 걸 해라.' 누구나 할 수 있는 말 같죠. 그런데 그때 '융합'이라는 답을 찾아냈습니다. 우리가 잘하는 게 뭐죠? 자동차, 조선, 원자력 같은 거 잘하잖아요. 거기다가 IT를 붙이는 겁니다. 기회가 되면 융합은 따로 설명을 더 드리겠고요.

국가 CTO를 하면서 제가 많은 기술 개발을 도왔는데 그때 '그래핀 graphene'이라는 걸 발굴했습니다. 반도체뿐 아니라 모든 분야에 쓰일 수 있는 기가 막힌 재료입니다. 지금 핵심 소재 누가 다 갖고 있습니까? 일본이 갖고 있습니다. 글로벌 첨단 소재의 많은 부분을 일본이 공급합니다. 그래서 제가 그래핀을 발굴해서 연구 지원을 하려 했습니다. 하지만 첫해에 지원 요청을 했다가 탈락했어요. 다음 해에도 지원 요청을 하고 담당자를 찾아갔습니다. 그 사람이 "그게 1~2년 내 성과가 납니까?"라고 묻는 거예요. 그래서 제가 "1~2년 안에 성과가 날 것 같으면 제가 이 자리에 왜 있겠습니까?"라고 답했습니다. 그렇게 어렵게 재수에 성공해서 지원했습니다. 한국이 가장 강력한 그래핀의 원천 기술과 특허를 갖고 있다는 뉴스를 접할 때마다 뿌듯한 느낌을 받습니다. 그래핀 반도체가 상용화되어 반도체 강국 위치를 지속하기를 기대합니다.

여러분, 파괴적 혁신은 지금도 일어나는 현재의 일입니다. 기업에서만이 아니죠. 개인, 사회 그리고 국가 차원에서도 마찬가지예요. 무수한 사람들이 혁신이 없다면 미래도 없다고 생각하며 뛰고 있습니다. 여러분도 기꺼이 그 일에 동참해 주시기를 바라며 강의 마치겠습니다.

교수 예상 시간보다 한 시간 가까이 지체됐기 때문에 미리 제출한 질문을 다룰 시간은 없을 것 같습니다. 자유롭게 질문하고 답변을 듣겠습니다.

—— 예전에 잡스가 "대중들은 진짜 자신이 뭘 원하는지 모른다"라는 말을 한 적이 있는데요. 그래서 잡스는 창작자로서 새로운 제품을 만들지 않았다 싶습니다. 어떻게 보시나요?

잡스와 이야기를 해보면 학생이 이야기한 대로, '고객은 모른다'는 생각을 갖고 있는 것이 맞습니다. 그래서 자신이 비전을 세우고 완성하기 위해서 열심히 노력했죠. 파괴적 혁신도 IT에서 먼저 이루어졌던 부분은 어느 정도 기술이 고객의 니즈를 리드하기 때문입니다. 보다 세부적으로 들어가 보면 좀 다른 면도 있습니다. 잡스와 팀 쿡Tim Cook이 한 팀을 이뤘던 건 아실 겁니다. 잡스가 사나운 열정으로 조직을 밀어붙였다면 쿡은 온화함으로 조직을 아우르는 역할을 했습니다. 밸런스가 필요했겠죠. 그리고 그 밸런스가 잡스에게도 영향을 미쳤을 거라고 봅니다. 무슨 말이냐면, '고객은 모른다'는 건 어떻게 알았을까요? 조직 구성원을 통해서 고객의 마인드를 철저하게 파악하는 겁니다. 잡스라고 혼자서 일할 수는 없어요. 그들을 통해 고객의 니즈를 골라내는 거죠. 이걸 기본으로 깔고 가는 겁니다. 그리고 내부에서 의견을 모을 때 "고객은 모르니까 우리가 그 비전을 만들어가야 한다. 가치를 높여야 한다"라고 말하는 겁니다. 저는 그것이 잡스가 가진 고도의 전략이라고 생각합니다. '그러니까 잡스지!' 하고 감탄하게 만드는 거죠. 역시 잡스죠?

—— 크리스텐슨 교수의 페이퍼를 보면 "고객들의 니즈가 넘어갈 때 산업이 넘어간다"라는 내용이 있는데요. 저는 요즘 '휴대폰의 카메라가 이렇게까지 발달할 필요가 있나?'라는 생각을 합니다. 카메라가 좋아졌다고 해서 가격도 많이 올랐는데, 아이폰 신제품도 카메라 때문에 매우 높은 가격에 나옵니다. 크리스텐슨 교수의 이론과는 반하는 것 같습니다. 이 예외적인 현상이 오래갈까요, 아니면 언젠가 꺾일까요?

카메라의 성능을 소비자들이 얼마만큼까지 수용할 것인가에 대해 학생이 지적을 했는데요. 우선 카메라와 CPU와는 차이가 있다는 점을 설명드리고 싶습니다. CPU는 15퍼센트 정도 쓴다 했죠? 컴퓨터는 무한한 욕구를 소비하는 품목은 아닙니다. 빠르고 늦고의 차이가 있는 정도죠. B2B 성격이기 때문에 카메라와는 다르죠. 사람들은 더 좋은 카메라를 갖고 싶다는 끝없는 욕구가 있거든요. B2C 영역의 제품입니다. 그럼에도 어느 한계점에 다다르면 그 욕구가 해소되고 더 좋은 카메라가 필요 없을 수 있습니다. 그거는 학생의 생각이 맞을 것 같아요. 그러나 그 변곡점이 언제 올까는 좀 두고 봐야겠죠. 당분간은 카메라에 대한 욕구가 제품에 반영되는 상태로 유지가 될 것 같습니다.

—— 파괴적 혁신도 결국은 시장에서 성공하기 위해서 하는 것인데요. 그럼 기술의 완성도가 더 중요할까요, 기술의 '시대 적합성'이 더 중요할까요?

둘 다 중요하겠죠. 둘 다 중요합니다. 두 개 중에 어느 거냐 물으면 그건 답이 없어요. CTF 같은 기술을 개발할 때는 누구도 상상하지 못했던 기술이기 때문에 독점적으로 우위를 점할 수 있었습니다. 그런데 지금 전개되는 기술은 고객의 니즈를 중시하게 돼요. B2C에서는 더 그렇죠. 시대가 어떻게 변할지에 따라서 완성도냐 시대 적합성이냐는 기업의 전략적 판단이 필요하지만, 완성도와 적합성은 같이 가야 합니다.

—— 아까 CTF를 6년간 개발했다고 하시면서, 조직을 신설하고 회사 차원에서 정책적 지원을 하는 게 중요하다고도 말씀하셨습니다. 그게 구체적으로 어떻게 실현되는지 궁금합니다.

미래연구팀이라는 전담 조직을 신설하고 회사 차원에서 적극적으로 지원했다고 말씀을 드렸는데요. 그때 CTF만 하는 팀을 만든 건 아니었습니다. 일곱 개 중에 하나였고요. 반도체 전 분야 중에 공통적으로 정말 이거는 우리가 한 번은 넘어야 할 산이라고 생각했던 과제를 정해서 팀을 꾸렸습니다. 적게는 2~3명, 많게는 7~8명이 팀을 이뤘고, '별동부대'라고 부르기도 했어요.

그런데 구체적으로 따로 자리를 마련해주진 않았습니다. 따로 자리를 마련해주면 그 사람들이 간섭도 피하고 눈치도 안 보고 좋을 것 같죠? 그렇지 않습니다. 혁신은 현재를 무시할 수 없죠. 실제 혁신적 기술도 현실의 바탕에서 태어나야 더 단단하고 굳어집니다. 그래서 개발팀이지만 각자의 자리가 따로 있었습니다.

—— 파괴적 혁신의 방법론에서 기술의 발전을 연속선상에서 생각하지 말라고 하셨는데요. 국가 CTO 당시는 "잘하는 것을 더 잘해야 한다"라는 이야기도 들으셨어요. 그렇다면 혁신 과정에서 기존에 잘하던 것을 더 잘하는 것과 완전히 새롭게 다르게 접근하는 방식 중에 선택해야 할 것 같은데요. 그걸 구분하는 방법이 있나요?

기업의 현장은 정말 피를 말리는 전쟁 같은 분위기가 있습니다. 저도 대부분의 시간을 거기에서 보냈죠. 기본은 잘하던 것을 더 잘하는 것이죠. 그게 주 업무입니다. 잘하는 일 안에서 지속해 새로운 아이디어를 내고 발상의 전환을 준비해야죠. 파괴적 혁신 역시 필요합니다. 국가의 먹을거리를 찾는 경우에는 더욱 그러합니다. 직접 회사를 경영할 때와는 다른 상황이죠. 국가적으로 기업들이 잘할 수 있도록 전략을 짜주고 새로운 것들을 '입혀주는' 자리에서 들었던 조언입니다. 회사가 그리고 기업이 자체적으로 할 수 있도록 만들어주는 자리에서 "잘하는 것을 더 잘해야 한다"라는 이야기를 전할 수 있었던 겁니다. 국가R&D 기획팀의 역할은 기존 기업의 장점과 IT와의 융합을 통해 파괴적 혁신의 방법을 찾아주는 것입니다. 상황이 달랐다는 점을 좀 이해해 주시면 좋겠고요. 각기 다른 두 개의 경우를 혼동하시면 안 될 것 같습니다.

—— 좀 전에 "고객은 자신들이 원하는 게 뭔지 모른다"라는 이야기가 나왔는데요. 제 생각에 같은 맥락에서, 너무나 혁신적이라 외면받는 경우도 있을 것 같습니다. 이런 경우에 대한 고려도 해야 하지 않을까요?

맞습니다. 정확한 지적이에요. 그래서 아까 제가 강조해 말씀드린 부분이 잡스조차도 내부 사람들을 통해 고객의 니즈를 파악하는 엄청난 정보를 모았다는 겁니다. 저희도 마찬가지죠. 제가 경영할 때 기업 고객의 CTO를 만났다고 이야기를 드렸잖아요. 그들이 바라는 게 도대체 뭔가 하는 답을 찾는 과정이죠. 너무나 혁신적인 나머지 고객에게 쓸모없는 제품을 만들어선 안 됩니다. 가격 경쟁력도 고려해야죠. 현장에서 발을 떼지 않도록 주의도 필요합니다.

—— 강의를 통해 반도체, 통신, 자동차 등 기술 분야의 파괴적 혁신을 많이 이야기해주셨는데요. 그렇다면 사회적 혁신이 반드시 기술 혁신을 통한 혁명이 일어났을 때 나타나는 것인지 궁금합니다.

저는 꼭 사회적 혁신이 파괴적인 기술을 통해 일어난다고 보진 않습니다. 제가 아까 '잘하는 것을 더 잘하는 방법'을 말씀드렸는데 이것은 일종의 융합이죠. 첨단 기술을 포함하는 융합만 이야기하는 게 아닙니다. 기존의 기술들을 잘 조합해서 더 나은 결과를 만들 수도 있다고 말씀드렸습니다. 그간의 산업혁명에도 새로운 기술이 포함됐지만, 그것을 근간으로 한 다양한 하위 기술들이 개발되고서야 사회적 변화가 일어났습니다. 기술 개발보다는 이를 활용하고 응용하는 밑단의 작업이 더 중요하다고 생각합니다.

교수 시간이 많이 늦어졌는데요. 아쉽지만 오늘은 이 정도로 마무리하겠습니다. 다음 주까지 조별 인사이트 그리고 다음 주제에 대한 조사 실무 레포트를 제출해 주시기 바랍니다. 감사합니다.

3장

미래의
예측

오늘은 마스크를 벗고 나왔습니다. 세 번째 만나니 얼굴들이 낯익고 굉장히 좋습니다. 너무 정이 들면 안 될 텐데 걱정입니다.

신 교수님이 레포트 이야기를 꺼내셨는데, 저도 빼놓지 않고 다 읽어봤습니다. 양이 많아서 교수님이 이렇게 책자로 해서 저한테 주십니다. 강의 시간에 나왔던 내용, 본인의 생각 이런 것들을 굉장히 잘 정리하셨더라고요. 당연히 비판적인 글도 있었습니다. 모두 감사합니다.

앞으로 네 번의 강의가 남았죠. 학생 여러분들의 높은 관심에 기운을 받아서 남은 강의도 잘해보도록 하겠습니다.

앞서 두 번의 강의는 '리스크 테이킹'과 '파괴적 혁신'이었죠. 오늘 주제는 '미래 예측'입니다. 다음 강의는 '기술 선점'인데요. 앞서 두 번의 강의가 현재의 이야기였다면, 오늘과 다음 번 강의는 미래를 준비하고 만드는 내용입니다.

"현재에서 안주하지 말고 원하는 미래를 만들어라"라는 이야기를 많이 듣는데요. '그렇다면 원하는 미래는 어떻게 준비할 수 있는가?' 고민이 될 수밖에 없죠. 오늘과 다음번 강의는 '원하는 미래를 만드는 방법'에 대해 알아보도록 하겠습니다.

지난 강의에서 제 사례를 많이 다루었는데요. 강의 준비를 할 때마다 '이게 맞춤 사례인가?'라는 자기 점검을 해봅니다. 사실 딱 맞지 않는 경우들도 있죠. 그럼에도 제가 경험담을 중심으로 전해드리는 이유는, 아날로지analogy(비유·유추)를 통해 여러분들이 배워나갈 수 있다고 믿기 때문입니다. 추후에라도 곰곰이 생각하는 시간을 가져보세요. 틀림없이 가고자 하는 길에 오늘 강의가 좋은 아날로지가 될 것입니다.

자, 오늘의 강의 시작할까요?

"미래 예측은 왜 합니까?"
· · · · ·

미래 예측은 왜 할까요? 왜 합니까?

―― **학생** 미래를 알아야 준비를 할 수 있기 때문입니다. 여기서 준비라는 것은, 지금의 모습에서 벗어나 미래에 알맞은 모습으로 혁신하는 것을 말합니다. 또한 자신의 지금 모습이 미래에도 유지되기 위해서, 어떤 과정이 필요한지도 알아야 하니까요.

성함이 어떻게 되세요? 전에도 질문을 많이 주신 학생이네요. 제가 기대했던 답의 120퍼센트를 말해주셨습니다. 이 학생에게 박수 한번 쳐드리죠. (박수) 참 쉬운 질문인데 대답이 멋졌습니다. 우리는 모르죠? 모르잖아요. 미래에 아무도 가보지 않았죠. 그래서 예측해야 합니다.

Q

다리 너머에는 무엇이 있는가?

"

돌다리, 나무다리
가릴 것 없이
무조건 건너야 한다

"

다리가 없다면 만들어서라도 이 골짜기를 건너야 한다
그러나 이 다리 너머에 무엇이 있는지 알지 못한다면 무용의 일일 뿐이다

한번 볼까요. 산꼭대기에 골짜기가 있습니다. 이쪽 벼랑에서 저쪽 벼랑으로 건너자면 다리가 필요합니다. 젊은 시절 저도 "돌다리, 나무다리 가릴 것 없이 무조건 건너야 한다"라는 이야기를 많이 했는데요. 리스크 테이킹을 이야기한 것이죠. 다리가 없으면 만들어서라도 건너야 했고 실제 그렇게 했습니다.

그런데 만일 이 골짜기 너머에 무엇이 있는지 알지 못한다면 어떨까요? 다리를 건너야 한다고 목소리를 높일 수 있을까요? 대부분의 조직원들은 다리를 건너야 한다는 명제를 받아들이기에 앞서 '다리 너머에 무엇이 있을까?'를 걱정합니다. 조직원들의 이러한 의구심을 해결하지 않고, 다리를 건너는 데만 급급한 리더가 있다면 100퍼센트 실패하는 도전이 될 것입니다. 그야말로 무모한 도전이죠.

미래의 예측이란 '다리 너머에 무엇이 있는지 알아내는 과정'입니다. 수많은 가정을 하고 확률이 높은 경우를 예측의 범위에 놓습니다. 이걸로 조직원들을 설득해 다리를 건너도록 하는 것이죠.

원하는 미래를 만드는 시발점
• • • • •

경영상의 미래 예측을 이야기하기에 앞서, 개인의 미래 예측 그리고 실현에 대한 이야기를 해보도록 하겠습니다. 제가 반도체를 전공해 박사가 되고 30년 넘게 현장에 있었습니다. 공부한 시간까지 합치면 인생의 절반 정도를 반도체와 함께했는데요. 그 시작은 바로 이때였습니다.

| 반도체를 어떻게 시작하게 되었나? |

반도체는 물리, 수학, 화학, 전기, 전자, 재료 … 이 모든 학문이 녹아들어 있음
IC는 모든 산업에 사용되어 산업 융합의 원천

- 윌리엄 쇼클리 박사 한국 강의
- 윌리엄 쇼클리 박사 스탠퍼드대학교에서 만남
- 앤디 그로브 회장과의 인연

오른쪽에 있는 사진 보이시죠? 까까머리에 좀 촌스럽게 생긴 청년
이 바로 접니다. (웃음) 부산에서 고등학교를 마치고 올라와서 봄에 찍은
사진입니다. 이 청년이 몇 년 뒤에 반도체에 미래를 거는 공학도가 됩니
다. 그에게는 무슨 일이 있었을까요?

제가 반도체를 하게 된 이유는 이렇습니다.

여기 화학공학과 교수님도 계신데, 반도체는 단순히 전자공학의 한
분야가 아닙니다. 사실은 많은 학문의 융합체가 반도체입니다. 모든 기
술들 특히 물리, 수학, 화학, 전기, 전자, 재료 등 모든 것을 망라한 내용
이 들어가 있습니다. 그게 제게는 아주 큰 매력으로 다가왔습니다.

제가 일전에 반도체가 처음 만들어진 이야기를 했죠? 트랜지스터가 반도체를 이루는 단위 소자라는 설명도 했습니다. 그 소자가 수십 개, 수백 개, 수천 개 집적이 된 것을 인터그레이티드 서킷IC, Integrated Circuit 이라고 합니다. 이 반도체가 세상의 모든 분야에 들어가서 전기적인 스위치 역할을 해준단 말이죠. 실상 가장 최근의 기술인 AI가 가능한 것도 반도체 때문입니다. 처음 배울 때부터 저는 '굉장히 매력적인 학문이다' 라고 생각을 했어요.

제가 지난번에 웨이퍼를 보여만 드리고 직접 돌려가며 보여드리지 못했는데, 오늘은 트랜지스터를 돌려보려 가져왔습니다. 저도 선물받은 것인데요. 1947년에 처음으로 만들어진 접점 저마늄Germanium 트랜지스터입니다. 요즘은 트랜지스터에 실리콘을 쓰죠? 그런데 이건 저마늄을 씁니다. 직접 돌리면서 봐주시면 좋겠습니다.

반도체의 매력에 빠져서 공부를 시작하기는 했는데, 사실 저만 반도체를 했던 건 아니죠. '산업보국 기술입국'을 강조하던 시기라 똑똑한 친구들이 공학을 많이 했습니다. 그런데 제가 좀 두각을 나타낼 수 있었던 건 뭐 때문일까요? 제 책에도 언급되어 있는데, 의미 있는 만남이 큰 동기부여가 됐습니다.

제 사진(앞 장) 왼쪽에 있는 두 분은 반도체에서 전설로 불리는 분들입니다. 음악에 바흐가 있다면, 반도체에는 윌리엄 쇼클리 박사(좌측)가 있죠. 그 옆이 인텔의 최장수 CEO인 앤디 그로브Andy Grove 회장(중앙)입니다. 두 분 모두 제 반도체 인생에 많은 영향을 줬습니다.

먼저 쇼클리 박사에 대해 이야기를 해볼 텐데요. 여러분에게 친숙한 실리콘으로 만든 접합 반도체는 1954년에 처음 만들어졌는데요. 제가 보여드린 접점 저마늄 트랜지스터와 달리 '접합'으로 구성됩니다. 여기서 화학적인 이야기가 나오는데요. 실리콘에 불순물을 집어넣어 전자가 운동을 하게 하는 겁니다.

그런데 제가 대학원에 다니고 있을 때 쇼클리 박사가 서울대에 강의하러 왔어요. 1976년이니까 제가 대학원생쯤 됐겠네요. 그리고 꼭 10년 만에 제가 쇼클리 박사를 다시 만나게 됩니다. 1985년, 제가 박사 학위를 받고 스탠퍼드에 갔을 때인데요. 앞 연구실의 명패를 보니까 윌리엄 쇼클리라고 써 있는 거예요. 가슴이 좀 두근두근하더라고요.

제가 준비를 좀 하고 며칠 뒤에 그의 방문에 노크했습니다. 왜 그랬냐면, 쇼클리 박사는 굉장히 독특하고 고집 세기로 유명한 분이셨어요. 〈타임Time〉지 표지 모델로도 나왔었습니다. 남들이 보면 좀 이상하다 싶은 의견도 많이 냈는데, 가장 중요하고 중요하다고 평가받은 이론은 '핫 일렉트론Hot Electron*'이었습니다. 기술이 발전해 반도체가 축소되면, 트랜지스터 내부에 전기장이 올라가서 전자는 더 큰 에너지를 갖게 된다는 내용입니다. 실제로 옛날에는 10마이크론 하던 트랜지스터가 지금은 0.1마이크론μ으로 작아졌고요. 핫 일렉트론 현상이 기본이 됐죠. 당시는 이론만 있었지 실현이 될진 아무도 몰랐습니다. 저도 이 주제로 박사 학위 논문을 썼기 때문에 그 논문을 들고 연구실에 갔습니다. 〈핫 일렉트론을 이용한 초고속 디바이스 디자인〉이라는 논문이었는데요. 이론을 제시하고 디자인도 해본 거죠. 쇼클리 박사에게 논문을 보여주면서 미래의 반도체에 대한 이야기도 했는데, 그때 참 기분이 좋았습니다.

* 주위에 있는 전자의 평균 운동에너지보다 큰 운동에너지를 갖는 전자를 말한다

인텔의 그로브 회장은 제가 학부 때부터 끼고 살던 교재의 저자였습니다. 그때는 반도체 연구를 해야겠다는 생각으로 여러 강의를 들었어요. 전기·전자뿐만 아니라 화공과, 재료공학과 수업도 도강으로 많이 들었습니다. 솔직히 열역학thermodynamics 같은 거는 감당이 잘 안 되더라고요. (웃음)

4학년 때 《반도체 소자의 물리 및 기술Physics and Technology of Semiconductor devices》이라는 책을 보는데 아주 잘 정리가 되어 있고 재밌는 거예요. 바로 그로브 회장이 쓴 책이었습니다. 이 책은 지금까지도 반도체 쪽에서는 매우 유명한 책인데요. 인텔에 입사한 사람들 대부분이 그 책을 읽고 왔다고 할 정도였습니다.

제가 스탠퍼드에서 재직할 때 2년간 인텔의 컨설팅 어드바이저로 투 잡을 뛰었다고 이야기드렸죠? 그때 인텔 식당에서 밥을 먹다가 그로브 회장을 봤습니다. 그래서 제가 가서 인사했죠. "내가 당신 책을 세 번이나 사서 봤다"라고 운을 뗐습니다. 실제 그랬거든요. 하도 봐서 해져서 다시 사고 또 사고 그랬죠. 그로브 회장에게 그 이야기를 하고, 인텔에서 하는 일을 묻기에 연구 내용도 설명했습니다. 결국 대화가 길어져 회장실 앞까지 갔는데, 차세대 트랜지스터의 특성에 대한 이야기를 했던 것 같아요. 실무 이야기를 하자니 할 이야기가 참 많았습니다. 그렇지만 사실 뭐 대단한 이야기는 아니었어요. 그래도 제게는 의미 있던 시간이었던 것이, 동경하던 사람과 함께한다는 건 가슴 뛰는 경험이니까요. 우리가 어떤 길을 가야겠다 마음을 먹을 때, 그 길을 먼저 간 사람들을 살펴보게 됩니다. 제가 반도체를 시작할 때 두 분은 정말 대단한 분이셨어요. '이 사람처럼 되면 좋겠다' 이런 마음도 있었겠죠? 그분들을 직접 만나는 접점을 갖게 된 것이 제게는 좋은 동기부여가 됐습니다. '반도체 하길 잘했다', '더 열심히 해보자' 그런 생각을 했던 거죠. 그리고 어느 순간 제가 그들과 같은 공간에 있고, 비슷한 눈높이를 갖게 됐다는 걸 깨닫게 되면서 큰 자긍심을 느끼기도 했죠.

결과적으로 반도체에 미래를 거는 것이 의미 있는 일이 되리라는 제 예상은 맞았습니다. 중간중간 '정말 이게 되는구나' 하고 자신감도 찾아왔어요. 많은 우연과 필연 그리고 난관을 뚫는 용기가 없었다면 이루지 못할 미래였다는 생각을 하게 됩니다.

개인의 삶에서 '원하는 미래를 만드는 일'은 크게 두 가지 과정을 거칩니다. 처음은 예측하는 것이죠. 어떤 길로 가는 게 좋을지 예상해 봅니다. 중요한 것은 다음입니다. '일관되게 앞으로 나가는 것'이죠. 좌충우돌이야 당연한 일이죠. 그래도 꾸준히 나가야 합니다. 가다 보면 내가 동경하던 인물들도 만나고 용기도 얻고 충분한 보상도 따라옵니다.

'예측하고 나아가라.' 개인의 삶에서 꼭 새겨주시길 바라고요. 기업 이야기로 넘어가 보겠습니다. 제가 반도체를 하면서 가장 확실하게 가졌던 미래 예측은 '모바일 시대가 올 것'이라는 거였습니다. 그리고 그때는 '플래시메모리 시장'이 매우 커질 거라고 예상했죠.

플래시메모리를 한 번 더 정리해 볼까요. 플래시메모리의 특징은 전원이 꺼져도 데이터가 남아 있다는 것입니다. 플래시메모리는 노아와 낸드로 나뉘는데요. 두 제품은 로직이 다릅니다. 노아의 로직은 not or, 낸드의 로직은 not and입니다. 무슨 소리냐? 트랜지스터 배열이 병렬이면 노아, 직렬이면 낸드입니다. 여러분도 중·고등학교 과학 시간에 배웠을 텐데요. 병렬이면 데이터를 불러오는 속도가 빠르고, 직렬이면 물리적 면적이 작고 많은 양의 데이터를 저장할 수 있습니다.

제가 반도체 사업을 맡을 당시는 노아플래시가 대세였어요. 속도에 목숨을 걸었죠. 하지만 저는 모바일 시대가 열리면 용량이 중요할 거라고 봤습니다. 실제 그렇잖아요. 요즘 휴대폰 살 때 가장 중요한 게 뭡니까? 저장 공간이에요. 노아의 3분의 1 크기밖에 되지 않지만 데이터를 많이 저장할 수 있는 낸드가 모바일 시장을 이끌 거라는 예측이 맞았던 거죠.

제가 낸드플래시를 주력 상품으로 키워야겠다고 결정한 데는 경영 상의 이유도 있었습니다. 전원이 꺼지면 데이터가 없어지는 게 D램입니다. 똑같이 데이터는 없어지지만 속도가 빠른 게 S램이고요. 당시 사업부의 주요 판매 상품은 D램이었습니다. 그런데 D램은 '능동소자'가 아니라 '수동소자'였지요. D램은 CPU와 OS에 따라서 수요가 발생하는 부품이었지요. 한 가지 예로, 마이크로소프트가 윈도우4에서 윈도우5로 업그레이드 된 제품을 발매한다고 하면 D램 수요가 올라갑니다. 이렇게 시장의 수요에 따라서 가격 등락이 엄청나게 일어납니다.

일전에 2000년에 10달러 하던 128메가 D램이 불과 1년 뒤인 2001년 85센트로 급전직하했단 이야기해 드렸잖아요? 사업 주체로서는 이렇게 매우 큰 리스크를 감당해야 합니다. 이걸 매니지먼트하기 위해선 뭐가 필요할까 생각해 봤습니다. 뭘까요? 내가 가격을 정하고 내가 수요자를 선택할 수 있는 주도권이 있어야 해요. 수동소자로서는 가능한 일이 아닙니다.

그런데 제가 뭘 경험했습니까? 마이크로소프트에서 엑스박스를 만들 때 그래픽메모리를 아주 높은 가격에 팔았단 이야기를 드렸죠. 그것은 '나만 공급할 수 있는' 독점적 위치에서 가능했습니다. 이때는 플래시메모리가 능동소자처럼 수요를 독자적으로 창출하는 디바이스가 되는 것이죠. 그리고 '능동소자처럼 시장을 주도할 수 있는 제품이 뭐냐?'라 했을 때, 모바일 시대를 열게 될 낸드플래시에 미래를 걸어야겠다고 확신을 가졌던 거죠. 제가 박사 학위를 할 때부터 연구했던 내용이라 굉장히 관심이 많았고, 현장의 디테일한 부분까지 이해를 할 수 있었기에 가능한 일이기도 했습니다. 하지만 제가 예측하고 확신을 가졌다고 그런 제품이 하늘에서 뚝 떨어지는 게 아니죠. 누군가 연구하고 적기에 제품을 만들어내야 하잖아요. 그래서 '플래시연구회'를 만들고 낸드플래시 기술 개발과 특허 주도를 주문했습니다. 또 플래시연구회의 역할 중에 시장조사도 한몫했어요. 당시는 일본이 가전의 왕국이면서 반도체의 왕국이었습니다. 제일 앞서서 준비했죠. 플래시연구회에서는 휴대폰 사업부 사람들도 참가하고 관련 제품들 시장 조사도 철저하게 했습니다. 선진 업체 벤치마킹, 기술 개발, 특허 주도가 한 덩어리로 진행됐던 거죠.

그러한 시기에 '자쿠로 미팅'이라는 사건이 벌어집니다. 제가 지난 시간에 다 설명드렸죠? 기술도 특허도 주도한 도시바는 '우리가 조인트 벤처를 제안했는데 누가 거절할 수 있겠나?' 생각했을 거예요. 하지만 우리는 과감하게 독자 사업을 결정했습니다. 비어 있는 S램 라인에서 플래시메모리를 생산할 수 있도록 이미 모든 준비를 마친 상황이었기에 가능한 일이었죠.

짧게 정리하면 이렇습니다. 저는 모바일 시대가 올 거라고 예측했고, 주력 반도체는 플래시메모리가 될 거라고 예상했습니다. 그리고 이를 대비하기 위해 플래시연구회를 만들고 초기 작업을 착실하게 밟아갔습니다. 어떻습니까? 나쁘지 않았죠?

그런데 지금까지 이야기는 그야말로 '시작'에 불과합니다. 낸드플래시가 세상에 나와 빛을 보기까진 아직 넘어야 할 산이 몇 개 남아 있었어요. 저는 대표적인 세 사건을 노키아Nokia와의 협업, 애플과의 담판 그리고 SSD의 발명으로 꼽는데요. 천우신조의 기회였던 세 사건에 대해 차례로 살펴보겠습니다.

글로벌 1위 노키아를 붙잡을 수 있던 이유
• • • • •

여러분, 헤르만 지몬Hermann Simon 아세요? '히든 챔피언'은 아십니까? 경영학부니까 히든 챔피언 배우시죠? 소비자한테는 잘 알려지지 않은 회사지만, 매출이 약 40억 달러 정도에 세계 1위부터 3위 정도에 해당하는 기업을 말합니다.

전 세계에 한 2,700개 정도 있다고 하는데요. 독일이 1,300개 정도로 제일 많다고 합니다. 일본은 한 200~300개 정도 있다고 하고요. 우리나라도 최근 많이 생겼을 겁니다. 히든 챔피언이라는 말을 처음 만든 지몬은 독일의 유명한 경제학자입니다. 국내에서는 《프라이싱》(쌤앤파커스, 2017)이라는 베스트셀러의 작가로 유명세를 타기도 했습니다만, 읽어보신 분 있으세요? 그 책에도 애플과 삼성의 이야기, 저와 스티브 잡스의 이야기가 소개돼 있는데요. 제3자의 시각이 궁금하신 분은 읽어보셔도 좋을 것 같습니다. 제가 최근에 책을 내고 지몬에게 영어 번역본을 보내줬는데요. 자신의 책에 인용하면 좋겠다고 의견을 전해왔습니다. 그래서 어떤 내용이 좋았냐고 물었더니, 노키아와 애플 사례를 꼽았습니다. 여러분은 노키아라는 기업이 생소할 수도 있겠습니다만. 스마트폰이 세상에 나오기 전에, 휴대폰 마켓셰어 48퍼센트를 차지하던 기업입니다. 전 세계 휴대폰의 절반을 만든 회사였으니 삼성에도 최고의 고객사였겠죠? 근데 삼성과 노키아의 인연은 피와 땀 그리고 운으로 시작됐습니다.

1990년대 말, 2000년대 초 휴대폰에는 S램이 장착되어 있었습니다. 플래시메모리가 들어가기 전이죠. 당시 노키아에 S램을 납품하던 회사는 소니였습니다. TV도 잘 만들고 반도체도 잘 만들던 회사였죠. 자신들의 제품을 최고로 만들고자 했던 노키아로서는 최선의 선택을 한 거죠. 노키아는 전 세계에 공장이 열몇 개가 있었습니다. 우리나라 마산에도 공장이 있었는데요. 마산 공장이 노키아 공장 중 가장 큰 곳이었고, 최초로 노키아의 휴대폰을 만들었다고 해서 유명세를 타기도 했습니다. 여하튼 노키아는 부품을 소싱해서 전 세계에 흩어져 있는 공장에 보내야 했는데요. 하자 있는 부품을 받으면 생산을 아예 못 하게 되는 경우도 생기겠죠? 이 때문에 당시 노키아는 '1위 회사와 거래를 한다'는 경영 철학을 실천했습니다.

그런데 삼성이 그 바늘구멍을 뚫고 들어갔습니다. 성능이나 가격 면에서 소니보다 앞서기 위해서 정말 열심히 만들었습니다. 그래서 몇 번의 테스트 끝에 S램 납품이 결정됐습니다. 잘 만든 덕에 기술력을 인정받았던 거죠.

본격적인 비즈니스는 그 이후에 일어나기 시작했습니다. 삼성이 노키아에 S램 납품을 시작하고 얼마 뒤였어요. 노키아에 노아플래시를 납품하던 인텔이 급작스런 가격 인상 통보를 했습니다. 당시는 인텔이 노아플래시 시장의 절반 정도를 차지하고 있을 때예요. 거의 독점이죠. 이 독점적인 위치를 가지고 노키아에 가격 인상을 통보했던 겁니다. 그만큼 고자세였던 거죠.

그때 노키아의 요르마 올릴라Jorma Ollila 회장은 어떤 생각을 했을까요? 올릴라 회장은 핀란드의 '경제 대통령'으로 불리던 인물입니다. 노키아의 위세가 대단했던 거죠.

하루는 올릴라 회장이 삼성에 특사를 보냅니다. 아무 약속도 없이 노키아에서 사람이 왔다고 해서 저도 좀 당황했는데요. 그때 특사가 와서 인텔이 납품하던 노아플래시를 우리가 공급하면 어떻겠냐 이야기했습니다.

당시 삼성의 상황을 좀 보죠. D램은 세계 1위를 하고 낸드플래시에서도 두각을 나타내기 시작했죠. 하지만 인텔이 꽉 잡고 있던 노아플래시에서는 성적이 아주 미비했습니다. 세계 10위 밖의 회사였어요. S램을 잘 만들어서 노키아와 어느 정도 신뢰는 쌓아가고 있었지만, 인텔을 대체할 수 있다고 판단하기는 무리였죠. 하지만 올릴라 회장은 리스크테이킹 하기로 한 겁니다. 우리에게는 놓칠 수 없는 기회가 찾아온 거죠.

그때 전 충무공의 '필사즉생必死卽生' 정신을 떠올렸습니다. 그도 그럴 것이 노키아에서 다음 휴대폰에 들어갈 노아플래시를 개발해 달라며 제시한 기간이 1년이었습니다. 여러분, 웨이퍼가 공장에 들어가서 반도체 완제품이 만들어지기까지 공정이 300스텝 정도 됩니다. 웨이퍼를 넣어서 제품이 나오기까지 빨라야 40일이고 일반 공정으로 치면 60일 정도 걸립니다. 시간이 촉박하기 때문에 20일 이내 개발 공정을 다 끝냈습니다. 그런데 개발만 하는 게 아니죠. 개발해서 테스트를 거친 완제품을 납품까지 1년 안에 해야 합니다. 다들 불가능하다 했어요. 당시 인텔이 공급하던 노아플래시보다 용량도 2~4배 정도인 최첨단의 제품이었으니 불가능하다는 말이 맞았죠. 지금 생각해도 마켓셰어 0.1퍼센트인 회사에 그런 요구를 한다는 게 참 기상천외한 발상이기는 하죠? (웃음)

하지만 저희는 그 기회를 놓칠 수가 없었습니다. 그래서 필사즉생 정신으로 달라붙었어요. 결국 모든 요구 조건을 충족한 완제품을 9개월 만에 노키아에 보냅니다. 1년을 이야기했던 올릴라 회장도 입을 벌리면서 놀라워했죠. 이후로 어떻게 됐겠습니까? 노키아는 인텔이 가져가던 물량 대부분을 삼성에 줍니다. 1조 원 정도 하던 인텔의 매출은 제로로 떨어지죠.

사실 여기까진 기승전결의 승 정도에 해당하는 내용입니다. 여기까지 오고 나서 저는 다른 미래를 예측하고 계획하게 됩니다. 제가 생각했던 플래시메모리의 미래는 낸드였습니다. 모바일 시대는 노아가 아니라 낸드가 주도할 거라 했습니다. 그런데 노키아는 당시 노아를 쓰고 있었단 말이죠. 노키아 같은 회사가 낸드를 써줘야 시장을 움직일 수 있는데 말입니다.

저는 고객을 바꾸기 위해 고객보다 먼저 움직였습니다. 그리고 퓨전 칩인 원낸드라는 걸 개발했는데요. 설명을 드리면, 원낸드는 낸드플래시에 로직을 첨가하고 소프트웨어를 변형시켜서 낸드도 되고 노아도 되는 겁니다. 근데 중요한 것이 칩 크기는 노아플래시의 3분의 1밖에 안 되니 가격은 훨씬 싸고 성능은 노아플래시보다 좋다는 거예요. 원낸드를 만들어놓고 노키아를 계속 설득했습니다.

그런데 쉽지가 않죠. 노키아는 이미 이스라엘 벤처 기업으로부터 새로운 칩을 받아서 평가했어요. 두 개의 칩을 사용해 한 개의 칩을 사용하는 우리 제품과는 달랐지만 기술이 뒤지지 않았습니다. 삼성이 노아 플래시 대부분을 납품한다 해도 전혀 안심할 상황이 아니었죠.

저는 엔지니어 30명을 노키아에 보내서 소프트웨어를 첨가하고 노키아에서 원하는 칩을 개발하도록 했습니다. 그리고 막판에 원낸드를 만들어내죠. 막상 칩을 보니 원하던 성능, 가격, 물량 등 모든 것이 만족스러우니 노키아로서는 안 바꿀 이유가 없겠죠? 그렇게 2004년부터 모든 노키아 휴대폰에 우리가 개발한 원낸드가 채용됩니다.

실제 노키아 휴대폰에 삼성에서 만든 부품이 굉장히 많이 들어갔습니다. 제일모직, 삼성SDI, 삼성전기 그리고 삼성디스플레이에서 소형 액정 등 다양한 삼성 제품을 노키아에 공급하게 됐습니다.

그래프를 하나 보여드릴 텐데요. 파란색이 노아플래시고, 주황색이 낸드플래시입니다. 노아와 낸드의 비중 변화가 드라마틱하게 나타나고 있습니다. 1999년 노아플래시가 시장의 90~95퍼센트를 차지했죠. 그런데 2004년 이후 어떻게 됩니까? 낸드플래시에 추월당합니다. 저걸 만든 일등 공신이 원낸드입니다. 가격이 싸고 성능은 좋으니 전 세계 휴대폰 회사들이 안 쓸 이유가 하나도 없었습니다.

이후부터 삼성의 플래시메모리 시장점유율도 빠르게 올라갑니다. 제가 메모리 사업부장을 맡을 때가 2000년인데, 플래시메모리 전체 시장에서 삼성의 순위가 10위였습니다. 2003년 1위로 올라서고, 2005년 마켓셰어 34.4퍼센트를 차지합니다.

그럼 그사이 시장의 강자인 인텔과 도시바는 어떻게 됐을까요?

플래시메모리 시장에서 인텔과 도시바를 추월한 삼성은 이후로도

| 노아 플래시와 낸드 플래시의 비중 변화 |

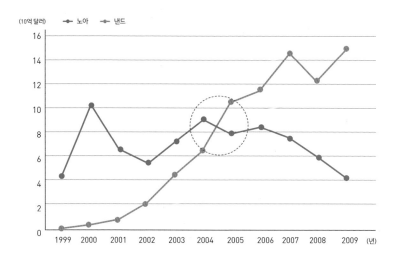

| 인텔과 도시바의 시장 점유율 |

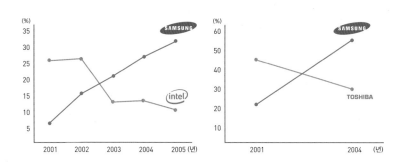

| 삼성전자의 플래시메모리 마켓셰어 추이 |

연도	플래시메모리		노아플래시		낸드플래시	
	순위	마켓셰어	순위	마켓셰어	순위	마켓셰어
1999	8	4.8%	10	0.2%		
2000	10	3.7%	10	0.1%	2	26.3%
2001	8	4.6%	10	1.3%	2	27.1%
2002	2	13.3%	13	0.7%	1	44.4%
2003	1	21.4%	7	4.3%	1	48.5%
2004	1	26.8%	7	4.7%	1	53.5%
2005	1	34.4%	4	7.2%	1	50.7%
2006	1	30.7%	4	10.6%	1	41.5%
2007	1	31.3%	3	15.4%	1	38.3%
2008	1	30.3%	3	13.2%	1	37.3%
2009	1	29.5%	3	13.1%	1	34.5%

출처: 데이터퀘스트(2009년 순위 및 마켓셰어는 데이터퀘스트 시장 및 당사 매출 기준 추정치)

절대강자의 자리를 지키게 됩니다. 삼성 플래시메모리는 2003년 이후 세계 1위의 마켓셰어를 보이지요. 노키아와의 협업이 미친 영향은 그만큼 막대한 것이었습니다.

애플을 설득할 수 있었던 자신감

• • • • ○

다음은 애플과의 담판입니다.

여러분, 애플의 시가총액이 한 3,200조(2022년 기준) 정도 되는 거 아십니까? 십몇 년째 세계 1등입니다. 그런데 약 20년 전인 2004년, 애플의 주가는 단돈 0.5달러였습니다. 시가총액도 훨씬 적었죠.

여기서 한 가지만 묻겠습니다. 애플을 세계 1등 기업으로 키운 게 뭡니까? 네, 아이팟 그리고 아이폰을 포함한 모바일 제품입니다.

애플의 제품들은 우리가 아는 '모바일 시대'를 연 대표적인 제품들인데요. 제가 강조한 모바일 시대 제품들의 특징이 뭐였죠? 기억하세요? 바로 '메모리 수요'의 급증입니다. 그렇잖아요. MP3, 스마트폰, 태블릿 이런 데 뭐가 중요합니까? 메모리 용량이죠. CPU의 속도는 네트워크 환경에 따라 결정되지만, 메모리 용량은 뭐에 따라 결정됩니까? 바로 플래시메모리입니다. 이런 배경이 사실 '황의 법칙'을 선언하게 된 백그라운드가 됐던 거고요. 제가 낸드플래시가 핵심 반도체가 될 거라고 한 이유이기도 합니다.

다시 애플 이야기로 돌아가겠습니다. 처음 애플컴퓨터라는 회사에서 내놓은 제품들은 좋기는 했지만 1등은 되지 못했습니다. 정말 UI가 좋고 그래픽이 뛰어난 매킨토시라는 컴퓨터를 내놨지만 그렇게 인기를 끌진 못했습니다. 왜 그랬나요? 당시 PC를 만드는 회사들은 많았습니다. IBM, 휴렛팩커드, 컴팩Compaq 외에도 대만의 아수스ASUS, 에이서 ACER 등 뭐 굉장히 많습니다. 근데 이 컴퓨터들은 표준화가 되어 있었습니다. 표준 CPU, 표준 OS를 사용했죠. 애플은 어땠습니까? 비표준 OS에, CPU도 독특한 걸 썼습니다. 이런 배경으로 6퍼센트까지 올라갔던 마켓셰어가 2000년에 들어오면서 3퍼센트대로 떨어졌습니다.

그때 쿡이 저한테 와서 도움을 요청하기도 했는데요. 주요 내용이 메이저들하고 같은 가격으로 제품을 달라는 거였습니다. 그래서 저도 쿡을 많이 도와줬는데, 사실은 쿡도 저희를 많이 도와줬습니다. 상호 신뢰가 있어서 어려울 때일수록 힘이 많이 됐습니다.

애플이 선풍적인 인기를 끄는 제품을 내놓기 시작한 것은 2000년대 들어서입니다. 2001년 10월 1세대 아이팟을 내놓았는데요. '스크롤 휠'이라고 들어보셨나요? 터치 휠이 아닌 스크롤 휠 제품으로 HDD 장착에 용량도 5기가바이트밖에 되지 않았습니다. 다음 해 3월에 10기가바이트 제품도 출시됐는데, 디자인이 좋아서 전 세계적으로 판매됐습니다.

그런데 전자제품 전문가들이 보기에 아이팟은 그리 좋은 제품은 아니었습니다. 문제가 있다는 걸 알았고 그게 소비자 불만족을 불러오리라는 것이 불 보듯 뻔한 일이었습니다. 왜 그랬을까요? HDD가 문제였습니다. HDD를 사용하면 배터리 시간이 짧아집니다. 실제 아이팟도 두 시간 반이면 배터리가 다 나갔습니다. 음악 찾는 시간도 좀 오래 걸려요. 헤드가 들어간 HDD를 사용하는 제품이기 때문에 어쩔 수 없었습니다. 같은 이유로 온도가 영하로 떨어지면 작동이 안 됩니다. 출장을 가서 센트럴파크에서 조깅하는데 0도 이하면 아예 작동이 안 되는 거죠. 결정적으로 떨어트리면 그대로 '사망'입니다.

그런데도 애플의 마켓셰어는 2년째에 미국 내 75퍼센트, 전 세계적으로 40퍼센트였습니다. 어쩌면 잡스로서는 결함을 고칠 필요가 없다고 생각했을 수도 있죠. 진즉부터 "플래시메모리의 가격이 대폭 하락하지 않는 한 절대로 플래시메모리를 쓰지 않겠다"라고 고집을 피우고 있었습니다. 하지만 저는 '더 좋은 제품'을 직접 보게 되면 생각이 달라질 수도 있겠다는 생각을 했죠. 그래서 조용히 HDD 대신 플래시메모리가 장착된 제품을 만들어 애플에 보냈습니다. 직접 "잡스에게 보여주지 말고 존 루빈스타인John Rubinstein이 맡던 개발총괄 부서에 갖다줘라"고 했죠. 루빈스타인이 철저히 분석하고, 좋다면 잡스에게도 보고가 갈 거라 생각한 거죠.

실제로 몇 달 뒤 잡스에게 전화가 옵니다. 대뜸 스탠퍼드대학교 바로 앞인 팔로알토의 자기 집으로 오라는 거예요. 근처에 실리콘밸리 IT의 거장들이 자주 모여서 식사도 하고 술도 마시는 영빈관이 있어요. 거기서 보자고 합니다. 그리고 끝에는 "대통령도 두 명밖에 초대를 안 한 곳이다"라고 자랑했다고 해요. 나중에 들으니 잡스가 초대한 미국 대통령은 두 명이 맞더라고요. (웃음)

날짜가 다가와서 11월이 됐습니다. 그런데 제가 IBM 미팅을 갔다가 비행기가 고장이 나서 못 가게 됐습니다. IBM은 동부고 팔로알토는 서부니까 갈 길이 막막하죠. 그래서 전화했는데 불같이 성질을 내더라고요. 어떻게든 비행기를 알아봐서 와야 하는 거 아니냐고. 제가 이미 다 알아봤는데 안 된다고 답변했습니다. 속으로 '이제 애플은 물 건너갔구나'라고 낙담을 좀 하고 있는데, 대뜸 "닥터 황, 그러면 언제 올 수 있냐?" 하는 거예요. 제일 빠른 날짜를 달라고 해서 12월 6일, 삼성 반도체 30주년 기념식을 마치고 오겠다 하고 약속을 지켰습니다.

다음 사진의 오른쪽이 루빈스타인 개발총괄이고, 제 왼쪽은 누군지 다들 아시죠? 그날 잡스 집무실 앞 회의실에서 장시간 회의를 했는데, 벽 대부분이 칠판으로 되어 있습니다. 거짓말 하나도 안 보태고, 앉자마자 자기 스마트 왕국의 비전을 얘기하는데요. 칠판의 거의 반 정도를 꽉 채우며 설명했습니다. 그때부터 애플은 몇 년 후에 아이폰을 내놓을 걸 다 계획하고 있다는 걸 알았습니다. 특히 관련 특허를 다 매입하고 준비했던 거죠. 아이패드, 아이폰 같은 이름도 그때 다 지어놓고, 모든 애플

제품에 플래시메모리를 적용하기로 전략 변경을 해놓은 상태였습니다. 설명을 마치고 나서 잡스가 저희들을 푸시하기 시작합니다. 플래시메모리 전량을 가져갈 테니 가격 조정을 해달라고 강하게 요구합니다.

결과적으로 그날 물량이나 가격에 대한 합의가 이루어지진 않았습니다. 저한테는 애플 말고 거래처들이 많이 있잖아요. 애플에서 좋은 조건을 내놓는다 해도, 저로서는 다른 회사들과의 신뢰 관계를 생각 안 할수 없죠. 그래서 안 된다 설명하고 선물로 웨이퍼를 줬습니다. 그때 잡스가 기념사진을 찍는데 웃기는 하지만 기분은 상당히 안 좋은 표정이었죠. (웃음)

이 회의를 하고 한국에 돌아왔는데, 3일 후에 또 전화가 한 통이 옵니다. 쿡이었어요. 전용기를 타고 방금 한국 공항에 왔는데 사무실로 찾아오겠다는 거예요. 그는 사무실에 들어오자마자 "닥터 황, 지금 잡스가 전화할 거예요"라고 말했습니다. 예상대로 잡스에게 전화가 와서는 "쿡이 바쁜데 시간을 쪼개서 닥터 황을 만나러 갔으니 잘 협력이 됐으면 좋겠다"라고 이야기를 합니다.

그래서 저와 쿡이 마주 앉아 이야기했습니다. 제가 "가격 조정을 해줄 테니, 우리의 제안도 하나 들어줄 수 있겠나?"라고 이야기를 꺼냈는데 쿡이 아주 가볍게 "오케이" 하는 거예요. 그때 제가 MP3 플레이어에 들어가는 MPUMicro Processor Unit 그리고 휴대폰에 들어가는 AP 공급을 고려해 달라고 이야기했습니다.

두 제품 모두 모바일 제품의 CPU에 해당하는 제품입니다. 시스템 LSI 사업부에서 담당하는 부품이었는데요. 당시는 인텔이 20년간 독점적 1위의 위치를 지키고 있었고, 회사 내부에서도 시스템LSI를 키워야 한다는 주장은 많았는데 뾰족한 대책이 없었습니다. 애플도 브로드컴 Broadcom 제품을 쓰고 있었죠. 그런데 실상 두 제품 모두 컴퓨터의 CPU와는 다르게 높은 기술을 요하는 건 아니었어요. 가격도 AP는 20달러 정도밖에 안 되는 부품이라 A사든 B사든 애플로서는 크게 상관은 없어 보였죠. 저는 2년 정도면 벤치마킹도 하고 팀을 키워서 충분히 따라갈 수 있겠다 생각해서 그런 제안을 했습니다. 실제 2년 뒤에 삼성의 AP가 애플에 들어가기 시작했고 모바일D램도 들어갔습니다. SSD를 개발하고부터는 애플의 제품에 삼성 부품이 안 들어간 것이 없었죠.

이렇게 협상을 마무리하고 애플에 플래시메모리 공급을 시작했습니다. 어느 날, 잡스가 아이팟 론칭을 위해 일본 긴자에 오겠다고 연락해서 저도 가서 만났습니다. 잡스가 끝없이 질문했던 게 인상 깊게 남았어요. 기술의 한계가 어디냐고 묻더라고요. 그때 제가 개발 마무리 단계인 혁신 기술, CTF 이야기를 해줬습니다. 당시 거의 완료 단계였는데, 이 야기를 듣고 잡스가 좀 안심하는 것 같았습니다. 자신이 계획한 제품을 실현할 수 있도록 적절한 부품을 공급해 줄 수 있을지 조바심을 내고 있었던 거죠.

플래시메모리는 우리의 기술이지만 최고의 혁신 기업이라고 꼽는 애 플의 미래를 열어준 기술이기도 합니다. 애플 덕분에 플래시메모리 시장 은 폭발적으로 성장했고요. 우리 기업이 잡스와 함께 모바일 시대를 앞 당겼다는 사실에 여러분도 자긍심을 가져도 좋지 않을까 싶습니다.

정확한 예측으로 새로운 SSD 시장을 만들다
· · · · ·

반도체의 미래였던 플래시메모리를 확산시키고 정착시킨 마지막 사 례는 SSD의 탄생입니다. 짧은 이야기니까 2~3분만 하고 끝내도록 하겠 습니다.

SSD는 반도체를 이용해 정보를 저장하는 장치죠. HDD의 문제인 긴 탐색·반응 시간, 기계적 지연, 실패율, 소음 등의 문제를 크게 줄여줍 니다. 여러분 노트북도 대부분 SSD를 사용할 텐데요. 2006년부터 지금 까지 삼성은 세계 SSD 시장점유율 1위를 기록하고 있습니다.

처음 구상은 잡스하고 협상을 마치고 돌아오는 비행기 안에서 시작 됐습니다. 이전에도 SSD를 개발하는 회사가 아주 없는 건 아니었지만, 이를 상용화할 단계에 이르지 못했고 비용도 매우 비쌌습니다. 짧은 수

명 때문에도 사용자들이 많지 않았죠. 많은 단점에도 불구하고 HDD를 사용하는 상황이었습니다. 저는 플래시메모리를 장착한 SSD로 HDD를 대체한다면 대부분의 단점을 해소할 수 있다고 판단했습니다.

곧바로 저는 SSD팀을 꾸렸습니다. SSD는 CPU 역할을 하는 컨트롤러, 데이터를 저장하는 낸드플래시, 캐시메모리 역할을 하는 D램으로 구성됩니다. 일반적으로 SSD라 하면 플래시메모리 기반의 모델입니다. 이 때문에 팀 구성도 다채로웠어요. 반도체 총괄 내 시스템LSI의 SOC팀, HDD사업부, 상품기획팀 그리고 전자소프트웨어연구소까지 해서 약 200명을 한 팀으로 꾸렸습니다. 상당히 많은 것 같죠? 지금은 한 2,000명 넘는 조직이 됐습니다.

처음 SSD를 만들어서 공략한 곳은 노트북 회사였습니다. 그때 도시바가 노트북을 굉장히 잘 만들었습니다. 1, 2위로 항상 이름을 올렸었지요. 도시바가 32기가바이트 SSD를 처음 장착하자 후발 주자들도 노크를 해오기 시작했습니다. NEC, 후지쯔도 공급해 달라 했습니다.

문제는 애플이었습니다. 애플에게 32기가바이트를 공급해 주기로 했는데, 납품 시한을 얼마 남기지 않고 또 전화가 왔습니다. 64기가바이트로 변경을 요청합니다. 보통 우리는 제품을 병렬 구조로 개발하는데요. 차세대 제품과 '차'차세대 제품을 동시에 개발하는 거죠. 그래야 다음 수요에 적극적으로 대처를 할 수 있으니까요. 그래서 32기가바이트 제품을 개발하면서, 64기가바이트 제품도 같이 개발했는데요. 잡스의 요청에 따라 개발 마무리 단계였던 64기가바이트, 즉 '차'차세대 제품의 양산을 앞당기게 됐습니다. 잡스의 전화 한 통으로 우리의 손발이 엄청 바빠지게 된 거죠. 결국 맥북에어 1호에 삼성의 64기가바이트

SSD가 들어가게 됐습니다.

제가 앞서 2006년부터 삼성의 세계 SSD 시장점유율이 1위라고 말씀드렸는데 약 40퍼센트 정도 됩니다. 그게 가능했던 것이 삼성이 세계 최초로 SSD를 상용화한 덕분인데요. 용량을 늘린 세계 최초 제품도 삼성에서 많이 만들어냈습니다.

앞서서 준비하고 미래를 만드는 자세
•••••

강의 시간이 자꾸 늘어나서 교수님께 죄송하네요. 한 1분 정도로 마무리를 할까 합니다. 세 가지 사례를 통해서 미래를 예측하고 실현하는 방법을 여러분한테 들려드렸습니다. 근데 이 모든 것이 어떻게 가능했을까요?

저는 공학도로 공부를 시작한 순간부터 지금까지 '기술이 어떻게 세상을 변화시킬까?'라는 질문을 항상 합니다. 그리고 잡스는 제게 "닥터 황, 기술의 한계는 어디인가?"라고 자주 물었죠.

여기는 경영학과 학생들이 많은데요. 손 들어보세요. 타과 학생들도 더러 보입니다. 사실 전공은 중요한 게 아니죠. 우리 모두 기술의 시대를 살아가는 사람들이잖아요. 그리고 크게 영향을 받습니다. 그럼 질문하지 않을 수 없죠. "기술의 속도와 방향은 어떻게 될까?" 항상 호기심을 잃지 말아야 합니다. 지금의 4차 산업 시대의 경영은 기술을 모르고서는 불가능하다는 사실을 경영학도들은 꼭 기억하시기 바랍니다.

다음으로 눈여겨봐야 할 것이 있습니다. 변화의 시점을 확인하는 거예요. 미래를 예측하는 것은 변화를 준비하고 대응하기 위해서입니다. 그런데 미래는 때로는 도둑같이 옵니다. 안 올 것 같다가 어느 순간 코앞에 와 있어요.

제가 역사책을 좋아한다 했죠. 역사책은 뭡니까? 역사의 흐름을 바꾼 하나의 사건, 확실한 계기를 서술하는 거예요. 어제와 같은 오늘을 기록하는 게 아니죠. 기술을 바라볼 때도 비슷한 시각이 필요합니다.

트렌드가 있기는 하지만 확실한 변화를 만드는 변곡점이 있습니다. 그 위치에 관심을 가지시기 바랍니다. 제가 PC 시장에서 모바일 시장으로 간다고 예측했죠. 근데 그 정도 이야기는 책에도 나오고 잡지에도 나오고 누구나 아는 거였습니다. 그렇지만 구체적인 이야기, 언제 어떻게 그게 일어날 거냐는 이야기가 안 나오죠. 그걸 제가 예측하고 앞당긴 거예요.

마지막으로 '킵 고잉Keep going'에 대해 이야기하겠습니다. 저도 패스트 폴로어 시절에는 '1등이 되고 나면 좀 여유가 있겠지' 하는 생각을 했습니다. 그런데 그렇지 않더라고요. 전과 같진 않지만 퍼스트 무버가 되어도 계속 전진해야 합니다.

제가 클래식을 좋아한다 했는데, 여러분, 베를린 필하모니 아시죠? 세계 최고의 오케스트라입니다. 지금 보여드리는 게 베를린 필하모니 무대인데, 저기 혼자 앉아 계신 분이 알브레히트 메이어Albrecht Mayer입니다. 제가 좋아하는 분인데 이분은 수석 오보에 주자로 20년을 계셨습니다.

이 분에게 인상 깊은 점이 있어요. 보통 오케스트라 연주 시간이 기니까 전반부가 끝나고 휴식 시간을 20분 정도 줍니다. 단원들도 무대에서 나가서 쉬는데, 이분은 혼자 자기 자리로 돌아옵니다. 그리고 쉬는 시간에 연주를 계속합니다. 후반부엔 슈베르트 '미완성 교향곡' 연주 예정이었는데, 이게 미완성이라 2악장밖에 없습니다. 거기 오보에가 가련하고 애절한 멜로디로 연주를 합니다. 그걸 혼자서 연습하는 거예요. 신이 내린 재능, 경이로운 연주자라는 찬사를 받는 분도 연주에 앞서 홀로 연습합니다.

보통 공연을 마치면 리턴 콜을 몇 번 받고 지휘자에게 꽃다발을 주잖아요. 이 공연도 마찬가지였는데 그날 지휘자가 꽃다발을 들고 마이어에게 가서 전달했습니다. 지휘자는 이른바 대장이라 생각하잖아요. 그 대장은 이분께 무슨 마음으로 꽃다발을 전달했을까요?

어느 분야에서든 성공해서 사랑과 찬사를 받는 사람은 많습니다. 하지만 '존경'을 받는 건 다른 거죠.

마지막으로 여러분께 질문 하나 드리겠습니다. 성공의 반대말은 뭘까요? '실패'라는 답은 틀린 겁니다. 그렇게 간단한 거면 마지막 질문으로 채택하지 않았겠죠? 방금 '도전하지 않는 것'이라는 답을 한 학생이 있는데, 맞습니다. 성공의 반대말은 '안주'입니다.

여러분, 미래를 꿈꾸고 이를 실현하기 위해 도전하며 사십시오. 앞으로 나아가십시오! 그러면 반드시 존경받는 삶을 사실 겁니다. 감사합니다.

교수 시간이 많이 지나서 쉬는 시간 없이 바로 공통 질문부터 시작하겠습니다. 질문 중에 미래를 구체적으로 어떻게 예측하느냐, 예를 들면 데이터에 의존하느냐, 직관에 의존하느냐 이런 내용이 가장 많았던 것 같아요.

미래를 예측하는 방법은 정말 다양하고도 상상 외로 여러 가지가 있을 것 같습니다. 제가 지난번 파괴적 혁신을 이야기할 때는, 크리스텐슨 교수의 페이퍼가 제게 확신을 줬다 했었죠. 갈구하던 답, 얻고 싶은 답을 준 논문이었습니다. 사실 이렇게 딱 맞는 자료를 구하는 경우는 흔치 않죠. 보통은 고객의 움직임을 처음부터 끝까지 관찰합니다. A부터 Z까지 주도면밀하게 봐야 합니다. 그리고 CTO를 만나서 고객이 그리는 미래를 확인합니다. 저는 그렇게 해서 고객 감동을 만들어냈습니다.

교수 다음으로 많이 나온 질문이, 미래를 예측하고 실현하는 과정에서 분명히 내부적 논란이나 반론이 있을 텐데 이걸 어떤 식으로 설득하느냐는 거였습니다. 경영자로서 굉장히 부담되는 일일 텐데요. 어떻게 돌파하셨습니까?

그 비슷한 질문들이 계속 나오는 것 같습니다. 현실적인 답을 드리면 B2B하고 B2C는 좀 다릅니다. B2C는 고객을 직접 응대하기 때문에 여러 가지 기술을 이렇게도 해보고 저렇게도 해볼 수 있다고 봅니다. 그래서 다양한 대응책을 동시에 논의합니다. 흔히 '대기업병'이라고 하잖아요. 내부에 견고한 벽이 있어서 소통이 안 되고 일하기가 어렵습니다. 이때는 리더가 벽을 깨는 노력을 해야 합니다. 이건 사실 CEO 한 사람밖에 할 수가 없는 일입니다. 그래서 KT 시절에 저도 '혁신데이'를 만들고 난상 토론을 하게 하고, 조기에 협력하라고 하고 조직을 많이 바꿨습니다.

B2B인 경우는 리더의 인사이트 그리고 직접 관련된 몇 사람의 인사이트가 굉장히 중요합니다. 이들의 합의도 중요합니다. 이들이 리스크 테이킹 하는 거죠. 검토와 시뮬레이션을 숱하게 거칩니다. 나머지 조직원은 리스크 매니지먼트에 집중합니다. 여러분들은 B2B 조직 내의 논란이나 권한 혹은 재무적인 걸 많이 걱정하시는데, 리더와 관련된 몇 사람이 그 무게를 감당하는 겁니다.

이 두 경우 모두 경영자의 역할이 상당하지요. 경영자가 사업 성격에 따라 B2C는 시장 니즈에 더 귀를 기울이고, B2B는 내부 개발자의 이야기에 더 귀를 기울여 의사 결정을 해야 합니다. 그래야 충분히 미래를 예측하고 실현할 수 있습니다.

교수 공통 질문 중 마지막 질문인데요. 황 회장님이 인터뷰하셨던 내용 중에 "우리나라의 R&D 사업 성공률이 낮은 이유가 시장 관점이 아닌 개발자 관점에서 R&D를 했기 때문"이라고 답하신 걸 봤습니다. 그런데 기존 시장에 존재하는 제품 중에 소비자들이 꿈꾸지 못했던 혁신적인 제품들도 있단 말이죠. 개발자 관점의 접근도 유효한 것이 아닐까 하는 반론이 있는데 어떻게 생각하시나요?

저는 지금도 제 의견이 맞다고 생각합니다. 현재 시장에 살아 있는 제품들은 고객 관점이 100입니다. 개발자 관점은 0이에요. 그런 반론이 나온 것도 이해는 합니다. 많은 개발자들이 자신의 독특한 관점을 강조합니다. 그래서 성공할 수 있었다고 해요. 그러나 그건 일종의 마케팅입니다. 세상의 모든 혁신 제품들은 고객의 관점을 이해하고 앞선 기술을 활용한 개발자들에 의해 만들어진 것입니다. 그게 바로 시장에 대한 예측인 거죠.

—— 3년째 코로나19 사태로 전 세계가 혼란스럽습니다. 예상치 못한 팬데믹으로 산업 전반도 영향을 받았는데요. 분명히 반도체 시장도 포함되리라 생각합니다. 이렇게 예측하지 못한 상황을 맞닥트려서 불확실성 요소가 생겨났을 때 현장에서는 어떻게 대응하는지 궁금합니다.

코로나19 같은 경우는 굉장한 돌발 변수였죠. 그걸 어떻게 대응하느냐 궁금하실 텐데요. 모든 사건에는 작용도 있지만 반작용도 있습니다. 예를 들어 코로나19로 산업 전반이 위축되니까 반도체도 수요가 줄 것으로 예상됩니다. 그런데 모바일 기기 활용이 늘면서 반도체 수요가 늘 것도 같아요. 대표적으로 AI 기술이 진화하고 있죠? 대화로 하는 챗Chat GPT가 핫하잖아요? '생성형 인공지능Generative AI'이라는 말은 들어보셨나요? 기존의 문자나 소리, 이미지를 활용해서 비슷한 콘텐츠를 만들어주는 인공지능 기술인데요. 이런 것들을 더 많이 사용하면 반도체 수요도 커지겠죠? 최근에는 자동차에 들어가는 반도체가 부족해서 공장이 셧 다운되는 일도 벌어졌었잖아요. 그러니 한 가지 면만 가지고 전체를 판단하면 곤란하겠죠. 우선은 시장을 전체적으로 볼 수 있는 시각이 필요하다 보고요. 다음은 자신만의 경쟁력을 확보하는 노력이 필요합니다. 시장을 지배할 수 있는 제품을 갖고 있으면 어떤 돌발 변수가 와도 생존을 걱정할 단계까지 가진 않습니다. 이 두 가지가 불확실성에 대응하는 자세가 아닌가 싶습니다.

—— 21세기 경제사에서 견고한 내수 시장을 보유하는 것은 기업의 경쟁력에 많은 영향을 미쳤다고 생각합니다. 실제 경영을 하실 때 글로벌 표준화 전략을 고수하셨는지, 내수 시장을 선점하는 방향을 택하셨는지 궁금합니다. 그리고 최

근 글로벌 시장에 진입하는 기업들도 많은데 이들은 어떤 부분을 먼저 고려해야 할까요?

내수 시장 이야기를 하셨는데, 실제로 한국은 큰 내수 시장을 가진 국가는 아닙니다. 일본이 약화된 이유로 '적당한 내수 시장'을 말씀드렸었잖아요. 해외에 나가 싸우는 힘은 상대적으로 약했던 겁니다. 그런데 우리는 일본에 비해 인구가 절반 수준입니다. 이 때문에 글로벌 표준화 전략을 펼 수밖에 없었던 거죠.

반도체 D램의 경우 DDR이라고 설계 표준 방식이 있는데 DDR1부터 2, 3, 4를 거쳐 지금은 DDR5 제품이 상용화되고 있습니다. 그걸 우리가 다 주도했죠. 제가 5G 설명할 때도 세계 표준의 많은 부분을 우리가 제안했다고 말씀드렸잖아요? 이걸로 우리가 글로벌 넘버 원의 리더십을 지켜나가고 있습니다. 현실적으로 내수 시장에 기댈 수 없기 때문에 글로벌 표준화 정책을 펴야 한다고 봅니다.

—— 강의 중에 기술의 트렌드나 변곡점에 대해 알아야 한다고 말씀하셨는데, 5~10년 뒤 사회생활을 하게 되는 이들이라면 어떤 수준의 기술 지식이 필요하다고 생각하시는지 궁금합니다.

사실 한계는 없습니다. 그러나 다 알 필요도 없죠. 중요한 것은 필요한 정보를 빠르게 캐치하고 흐름을 이해하는 겁니다.

자동차를 예로 들어보겠습니다. 자동차를 설계하고 정비하는 사람이 알아야 할 정보가 있고, 운전하는 사람이 알아야 할 정보가 있죠. 또 모빌리티로서 운송 장비 전체의 발전 방향을 이해해야 하는 사람도 있잖아요. 여러 분은 어느 쪽 지식에 관심이 있으세요? 운전자라면 자동차를 다루는 정도의 정보는 필요하겠죠. 하지만 설계하고 정비하는 지식까진 꼭 필요하진 않습니다. 그럼 모빌리티의 발전 방향은 어떤가요? 미래를 예측하고 준비하는 사람이라면 관심을 가져야겠지요?

제가 반도체를 포함해 최신 기술에 대해 이야기하지만 전문가 수준의 정보와 지식은 사실 몰라도 괜찮습니다. 중요한 건 여러분이 사용하게 될 기술과 트렌드입니다. 관심을 갖는 것이 그 시작이라고 하겠습니다. 생각보다는 어렵지 않죠?

—— 저는 황 회장님이 반도체와 5G에서 괄목할 만한 성과를 내신 것이 전문가이기 때문이라 생각하는데요. 미래 예측을 위해서는 전문가가 될 정도의 헌신이 필요할 것 같다는 생각도 해봅니다. 개인적으로 황 회장님은 해당 기술이 미래에 성공할 것이라고 어떻게 판단하게 되셨는지 궁금합니다.

좋은 질문을 주셨습니다. 저는 삼성에서 20년간 반도체 전문가로 살았습니다. 자격이 되어서 영입 제안을 받았고 현장에서 반도체의 미래를 현실로 만들었습니다. 그런데 KT에 갈 때는 아무도 제게 '통신 전문가'라고 이야기하지 않았습니다. 제가 공채로 회장이 됐습니다. (웃음)

인터뷰 중에 KT 이사분이 제게 묻는 거예요. "아니, 당신은 통신 전문가 아니잖아. 근데 KT에 와서 뭐를 하겠다는 건가?" 제가 대답했습니다. "저는 통신 전문가는 아니지만, 통신이 앞으로 미래에 어떻게 가야 할지는 알고 있습니다. 지금은 통신이 전부가 아닙니다. 지금까지 KT는 B2C 영역의 통신 회사지만 B2B 영역으로 성장해야 합니다." 이런 이야기를 했습니다. 그리고 통신 전문가가 아닌데도 불구하고, 통신을 포함한 미래를 만들 수 있는 경험과 자신을 갖고 있다고 대답했어요. 그렇게 입사 시험을 통과했습니다. (웃음)

제가 KT에 가기 전에 국가 R&D 단장을 3년 했잖아요. 사실 그때 통신의 미래를 기획하는 일도 많이 했습니다. 그래서 좀 자신이 있었습니다. 또 KT에 가면 통신 전문가가 많지 않습니까? 그들의 도움을 받으면 가능하다고 생각했던 거죠.

정리해서 말씀을 드리면 꼭 전문가일 필요는 없습니다. 준전문가 정도 되면 좋습니다. 전문가들이 기술을 최고조로 올릴 수 있도록 협력 체계도 구축하고 도움도 줄 수 있습니다. 성과를 만드는 것도 결국 함께하는 것이니까요.

—— 앞서서 기술 표준을 만드는 것이 중요하다고 강조하셨는데요. 요즘 뉴스를 보면 미국과 중국이 서로 다른 기술을 표준으로 만들려는 이야기가 많이 들립니다. 글로벌 시대에 사는 우리는 이 상황을 어떻게 준비하고 활용해야 할까요?

사실 이런 질문은 제가 CEO 때도 끊임없이 나왔던 거예요. 그래서 어디를 벤치마킹할 거냐, 어느 기술을 선점할 거냐 치열하게 논의했습니다. 하지만 미국을 따라갈 거냐 또는 중국 시장을 고려할 거냐, 이런 거보다는 좀 시각을 키워보면 좋을 것 같습니다. 현실적으로 우리나라는 부족한 것이 많습니다. 유일하게 자랑하는 건 인재뿐입니다. 이 인재들이 지금까지 많은 일들을 해냈습니다. 한국 인재들의 강점은 융합이에요. 아주 큰 강점입니다.

제가 MIT에서 일본 학생에게 어떤 질문을 받았잖아요? "플래시 메모리는 도시바에서 발명했고, 마켓셰어도 50퍼센트가 넘었는데 어떻게 한국한테 뒤처지게 됐습니까?" 그때 제가 그랬잖아요. "기술의 깊이는 한국이 떨어질지 몰라도 지금 최신의 기술을 인 테그레이션integration(통합)하는 것은 한국이 매우 잘한다."

실제 현장에 가면 기초 기술, 미래 기술을 엮어서 상품으로 만들 어내는 능력이 제일 중요합니다. 거기다 한국은 IT를 견인했던 저력도 있잖아요? 이러한 강점들을 활용하는 것이 먼저라고 생 각합니다.

교수 오늘은 저도 청강생으로 왔는데요. 제가 최근에 《룬샷》(사피 바칼, 흐름출판, 2020)이라는 책을 보고 잡스와 쿡의 협업이 좋았다는 느낌을 받았는데, 덕분에 회장님 이야기도 현실감 있게 다가왔습니다. 저는 "미래는 예측하는 순간 틀립니 다"라는 말을 들었는데요. 그래도 우리가 미래를 예측하면서 많은 걸 배울 수 있 고 그 방향으로 갈 수 있으니까 의미 있지 않나 생각합니다. 젊은 사람일수록 경 험이 없다 보니 데이터에 의존할 수밖에 없다는 한계를 느끼는데, 경험자로서 통 찰을 전수해 주신 것이 큰 도움이 되지 않나 싶습니다.

제가 한마디만 첨언하겠습니다. 정답은 없다는 걸 여러 번 말씀드렸 습니다만, 우리가 할 수 있는 건 최선을 다하는 거죠. 제가 "Future is not predicted, but created!"라는 말을 자주 써먹었는데, 미 래는 예측하는 게 아니라 창조하는 거라고 하잖아요. 저는 이 말 도 실제로는 미래를 예측하기 위해 부단히 노력하는 과정에서 생 긴 말이라고 봐요. 경험이 없을 때는 데이터에 의존하게 되는 게 맞죠. 그러다 경험이 쌓인 후에는 '선구안選球眼'이 생깁니다. 공이 날아오기 전에 타자는 이게 볼인지, 스트라이크인지 판단하잖아 요. 중요한 것은 '보려는 노력'을 계속하는 것입니다. 연습하고 훈련하는 자를 이길 자는 없죠.

—— 저는 경제대학원에 재학 중인데요. 황 회장님께서 마지막에 강연하신 취리히공대에서 박사를 받았습니다. 회장님께서는 기술자인데 기술자에서 경영자로 변모하기까지 어떤 원동력과 어떤 자질이 필요했는지 궁금합니다.

공대 출신인데 어떻게 경영자로 갔느냐? 오히려 경영자가 됐을 때, 제가 기술을 갖고 있다는 게 큰 장점이었어요. 경영자가 되는 것은 혼자 하는 것이 아니죠. 보다 위에서 결정합니다.

밥만 사서는 안 돼요. 여러분, 회사 들어가면 내 조직의 '장'만 나를 알지 누가 알까 이러는데, 절대! 경영은 사람을 다루는 기술입니다. 조직을 어떻게 운영하고 또 상하 그리고 옆에서 어떤 활동을 하는가 다 봅니다. 크로스 체크가 돼요. 그리고 사람을 대하는 태도도 다 살펴봅니다. 이 부분은 7강에서 좀 더 구체적으로 설명하겠습니다. 그때 결석하시면 안 됩니다!

—— 기업 입장에서 미래를 준비하다 보면 분명히 도태되는 사업부도 있을 거라고 생각을 하는데요. 이런 사업부는 어떻게 다뤄야 합니까? 리더로서 선택의 기준으로 삼는 것이 있는지도 궁금합니다.

도태되는 사업부가 있는 걸 어떻게 해야 되느냐? 저는 포용하고 가는 편입니다. 도태됐지만 그 사람의 장기나 기술이 언젠가 필요할 수도 있습니다. 그 사람이 도태됐다고 한직으로 보내버리면 그 사람의 비전은 없어지는 거죠. 회사의 가능성도 사라집니다.

실제로 제가 기가지니를 만들 때 중요한 기술을 담당하던 직원이 있었습니다. 기업은 그렇습니다. 어느 정도 경력이 됐는데 임원이 되지 못하면 자연스럽게 퇴출됩니다. 근데 제 눈에 그 직원이 갖고 있는 전문 지식 그리고 열정이 보이는 거예요. 아까웠어요. 그래서 발탁했습니다. 그랬더니 그 친구가 음성인식의 핵심 기술을 활용해서 기가지니를 만들어냈습니다. 그것도 아주 빠른 시간에 개발을 마치고 시제품까지 만들었어요.

중요한 것이, 포용 사례가 성공할 경우 조직의 분위기가 달라집니다. 이런 사례는 생기는 순간 옆으로 전파가 됩니다. 그럼 어떻게 됩니까? 무슨 일이 벌어집니까? 일의 중요도가 떨어진다는 소리를 듣던 직원들도 '나한테 기회가 올 수 있겠다' 생각하게 되죠. 일에 매진하게 됩니다. 협력도 더 잘 일어나고요.

포용은 리더의 주요 덕목입니다. 도태됐다고 없애는 게 아니라 도태된 사람한테 목표를 주고 다시 뛰게 하는 것, 그게 경영입니다. 우스개입니다만, 이건 경영학 교수님도 못 가르칩니다. 해본 사람이 가르쳐드리는 거니 잘 새겨들으세요. (웃음)

교수 오늘도 수업이 길어져서, 다음 주 주제만 짧게 듣고 마무리하겠습니다.

오늘이 세 번째 강의죠. 이제 정말 반 가까이 왔습니다. 남은 강의에서는 우리가 어떻게 5G를 세계 최초로 상용화시켰느냐, 통신 표준을 어떻게 만들어내고 글로벌 시장에서 어떤 활약을 펼쳤느냐 이야기를 해보겠습니다. 아직도 5G를 단순히 통신이라고 생각하는 분은 안 계시겠죠? 5G는 최신 기술들은 물론 자율 주행, 원격 진료, 글로벌 유통 등 수많은 애플리케이션을 가능하게 하는 플랫폼입니다. 앞으로 강의도 굉장히 즐거운 시간이 될 거라고 자신합니다.

강의를 하고 여러분하고 대화하는 게 저한테도 정말 좋은 기회라 생각하고 있습니다. 끝으로 제 강의실에서 조는 학생이 한 명도 없었던 점 특별히 더 감사드립니다. 조는 학생을 보면 저도 열이 많이 나거든요. (웃음)

모든 인류에게 공평한 것은 시간 뿐이다
당신이 누구든, 무엇을 하든, 어떤 사람이든
실력과 능력 그리고 천재성까지도
예측하고 준비하고 실현하는 자만이
현실로 만들 수 있다

4장

기술의
선점

일주일 만에 다시 보니 반갑습니다.

표정들을 보니 굉장히 자신감이 넘쳐 보입니다. 좋습니다. 저도 여러분이 적어주신 강의 후기를 읽고 즐거운 마음으로 수업 준비를 했습니다. 강의 시간이 제한되어 있으니까 짧게 말씀을 드리고 시작하겠습니다.

리포트에 삽화를 넣어서 피드백을 준 조가 있는데요. 세계 5대 기업들인 애플, 구글, 마이크로소프트, 아마존, 메타META 등의 조직은 아주 플랫하게 되어 있는데요. 제가 떠오르는 에피소드가 있어 말씀을 드리고 싶은데요. 삼성전자 사장으로 있을 때예요. 사장쯤 되면 투자설명회라고 하는 IR Investor Relations 이 굉장히 중요합니다. 이후 투자자들을 개별적으로 만나기도 하는데요. 한때 삼성전자 주식의 10퍼센트를 갖고 있던 캐피털인터내셔널Capital International Inc.의 데이비드 피셔David Fisher 회장이 만나자고 해서 독대를 했어요.

피셔 회장이 제게 물어요. "지금 잘 나가는 기업들 많다. 그들 모두 1등을 지속할 거라고 말한다. 그러나 현실은 어떤가? 위기가 만만치 않다. 당신은 어떻게 1등을 지킬 건가?" 당시 반도체 시장이 굉장히 좋았거든요. 그래서 제가 글로벌 시황이 어떻고, 우리가 개발하고 있는 제품 라인이 어떻고 설명을 했어요. 그런데 눈치를 보니 전혀 수긍을 안 하는 거예요. 그래서 제가 화제를 확 바꿔서 "나는 버티컬vertical한 조직을 용납하지 않는다. 소통을 중요하게 여긴다" 이렇게 답을 했습니다. 그 이야기를 들은 피셔 회장이 어땠을까요? 긴 말 필요 없습니다. "You Pass." 딱 이 한마디를 한 거죠. 그때 속으로, 돌아가도 책상은 남아 있겠구나 안도의 한숨을 쉬었습니다. (웃음)

벌써 수십 년 전 이야기인데요. 최근의 글로벌 기업들의 조직도를 보니, 수평적 조직이 확실한 성공 전략으로 자리를 잡은 것 같습니다.

다음으로 리포트 중에 노키아 사례에 대한 정리도 많이 보였습니다. 고객의 요구를 기다리는 수동적 자세가 아니라 역으로, 숨은 니즈를 파악해서 제안하는 자세를 가져야 된다는 의견이 많았는데, 마지막에 "4차 산업 시대의 모든 분야에서 퍼스트가 되는 것은 불가능하다. 그래서 우린 어떻게 해야 되느냐?" 이런 질문도 있었어요. 제가 그 답을 할 수 있으면 여기 앉아 있지 않고 딴 데 있겠죠? (웃음) 또한 지난 강의에서 테크놀로지 푸시와 마켓 풀을 비교해 봤는데, 여기서 중요한 건 고객 마인드를 읽는 겁니다. 그 점을 기억하면 좋겠습니다.

스티브 잡스와의 담판을 정리하면서 제 칭찬을 많이 해주셨어요. 감사합니다. 또 그의 통찰을 분석하면서 "전문가가 아니더라도 다른 세계를 이해하고자 하는 노력이 필요하고, 조직원의 잠재력을 끌어내는 능력, 완벽에 가까워질 때까지 수행하는 철저한 연습이 필요하다"라는 글도 적어주셨습니다. 잘 정리해 주셔서 고맙습니다.

"미래는 예측보다는 창조에 가깝다"라는 말을 인용한 조도 있었는데요. 무엇이든 예측해야 만들 수 있죠. 리스크 매니지먼트를 깔아야 리스크 테이킹 할 수 있는 거죠. 많은 조에서 이런 정신을 살려서 대단한 각오들을 써주셨어요. 교육의 효과가 만점입니다. (웃음)

여러분의 글들이 점차 좋아지고 있습니다. 그만큼 심도 있게 토론하고 생각을 키우고 있으리라 생각합니다. 덕분에 이 자리에 서야 하는 저도 책임감을 크게 느낍니다. 소중한 시간 잘 사용해 보겠습니다.

오늘 강의 시작하겠습니다.

기업을 살리는 가장 강력한 무기
• • • • •

'혁신은 어떻게 시작되는가?'에 답하는 네 번째 강의입니다.

기술 선점에 대해서 이야기를 해보겠습니다. 경영학부니까 잘 아시죠? 선점 우위의 효과가 있는 반면 무임승차의 효과도 있습니다. 흔히 '퍼스트 무버 어드밴티지First Mover Advantage'(선점 우위 효과)와 '프리 라이더 이펙트Free Rider Effect'(무임승차 효과)라고 하죠.

무임승차는 메리트가 많죠? 투자를 적게 하고, 늦게 시장에 들어가

| 선점 우위 vs. 무임승차 |

선점 우위 효과	무임 승차 효과
• 규모의 경제 효과(대량생산, 감가 상각 감소, 인프라 구축) ⇨ 효율성 증대 및 생산성 향상 • 기술적 리더십 확보 • 제품 전환 시 비용 발생 • 소비자가 타 제품 선택 어려움 ⇨ 강력한 진입 장벽 구축 가능	• 적은 투자 비용(선발 대비 65%) • 기술과 시장의 불확실성 문제 해결 • 소비자 니즈에 맞게 변화와 혁신 가능

기 때문에 기술과 시장의 불확실성을 걱정하지 않아도 됩니다. 또 이미 생산된 기술과 제품을 가지고 소비자의 니즈에 맞게 변화와 혁신을 할 수 있습니다.

그럼 선점 우위는 어떻습니까? 특히 기술 선점을 위해서는 인프라를 먼저 깔아야 합니다. 투자를 많이 해야 하죠. 초기 대량생산 체제를 갖추기까지 비용도 많이 듭니다. 그리고 시장에 나가 평가받기까지 감가상각도 일어납니다. 하지만 여기서 인프라가 갖춰지고 대량생산 체제가 만들어지면 그로 인한 효율성 증대와 생산성 향상을 기대할 수 있습니다. 퍼스트 무버로서 리스크가 크지만 그만큼 좋은 결과를 가져올 수 있는 거죠.

이게 다는 아니죠. 50 대 50의 확률이면 누구도 나서서 먼저 하려 들지 않겠죠? 확실한 장점이 있다고 판단해야 앞서 나가려고 할 겁니다. 그 장점은 뭘까요?

첫째, 기술적 리더십의 확보입니다. 여러분이 제출한 질문에도 이런 내용이 있었습니다. "후발 주자가 들어오는 걸 어떻게 막을 수 있냐?" 제가 앞선 반도체 강의에서 뭐라고 그랬죠? 이미 답을 알려드렸는데 기억 안 나세요? 아시는 분? 맞습니다. 특허와 표준화, 이 두 개가 후발 주자의 시장 진입을 막는 배리어barrier(장벽)가 될 거라 했습니다.

기술 선점의 두 번째 장점은 소비자를 붙잡아둘 수 있는 능력입니다. 스마트폰이 나왔을 때 소비자의 선택은 두 가지로 갈렸죠? iOS냐, 안드로이드냐였습니다. 대표적으로 애플 폰이냐, 삼성 폰이냐였죠. 그 후 어떻게 됐습니까? 손에 익은 시스템을 고수하는 소비자들이 많죠. 현실적으로 소비자들이 동종 제품을 선택할 때도 일종의 배리어가 존재합니다. 기술을 선점한 기업은 이 효과도 누릴 수 있는 것이죠. 이런 영향으로 기술 선점 기업은 강력한 진입 장벽을 구축하게 됩니다. 기술 선점의 가장 강력한 효과라고 할 수 있죠.

저는 반도체에서 기술 선점을 강조했고 수많은 '세계 최초' 제품들을 만들어냈습니다. 누구나 다 아는 첨단 기술의 격전지잖아요. 그런데 기술 선점의 중요성이 강조되는 곳이 반도체 분야만은 아닙니다. 대부분의 기업들이 그런 열망이 있고 이를 실현하기 위해 부단히 노력하죠.

통신도 마찬가지입니다. 여러분 대부분 5G폰을 쓰는 걸로 아는데, 맞나요? 그 기술의 상당 부분을 우리나라에서 주도해서 만들었다는 이야기를 몇 번 언급했는데요. 그 중요성을 체감하는 분은 사실 많지 않아요. 여러분뿐만 아니라 대부분의 소비자들이 '스마트폰 속도가 빨라졌다' 정도로만 생각합니다. 하지만 제가 누차 강조했듯 5G는 B2B의 영역에서 수많은 혁신을 만들기 때문에 플랫폼으로 곧 상용화될 28기가헤르츠GHz 시대에 자율 주행, 원격 시술 등 산업 전반에 매우 중요한 역할을 담당하게 될 겁니다.

오늘은 '기술의 선점' 관점에서 5G의 특허와 표준화 과정에 대해 이야기를 해드릴까 합니다. 최신의 기술이 어떻게 탄생하게 됐는지 아주 현장감 있게 전달하는 것이 목표입니다. 그래서 동영상도 많이 준비했는데요. 조금은 가볍게 그리고 재밌게 즐겨주시기 바랍니다.

인류를 진화시킬 5G의 시작
· · · · ·

여러분도 알다시피 5G는 2018년 평창 동계올림픽에서 처음 선보였습니다. 국내외 언론에서 5G에 대한 다양한 기사를 싣고 논평도 냈습니다. 사실 국내보다는 해외 신문에서 적극적으로 취재도 하고 기사를 냈습니다.

대표적인 보도 몇 개를 뽑아봤는데요. 프랑스 〈르 피가로Le Figaro〉에서는 "5G는 새로운 산업혁명의 발사대가 될 것"이라고 이야기했고요. 독일 DPA 통신은 "평창 동계올림픽에서 미래의 기술을 몇 년 앞서 확인할 수 있었고, 한국이 이동통신 및 IT 능력을 전 세계에 입증했다"라고 썼습니다. 그리고 영국의 〈파이낸셜타임스Financial Times〉는 "인류의 달 착륙 순간이 그랬던 것처럼 5G가 인류를 진화시킬 것"이라고 5G의 시작을 매우 역사적 사건으로 평가했어요.

왜 유럽의 언론들이 이렇게까지 호의적으로 5G에 대한 기사를 썼을까요? 당시의 분위기를, 5G 세계를 아주 당연하게 살고 있는 여러분은 잘 못 느낄 것 같아서 영상을 좀 준비했습니다.

뉴스에서 기자가 이야기합니다. 피겨스케이팅 선수가 경기를 펼치는데 시청자가 360도 회전 부분을 다 볼 수 있다고 해요. 봅슬레이 썰매가 경기장을 질주하는 모습도 선수 시점에서 보여줍니다. 이 모든 게 실시간 영상으로 가능한데, 기존 LTE보다 20배 빠른 5G 기술 덕분이라고 설명합니다.

사실 2018년 평창 동계올림픽 전까지 이러한 영상을 보는 것은 영화에서나 가능했습니다. 실시간으로 끊김 없는 360도 회전이나, 선수 시점의 영상을 본다는 것은 상상하기 어려웠죠. IT 강국이라고 하는 국내에서도 마찬가지였습니다. 그런데 KT에서는 2018년 5G와 타임슬라이스Time Slice, 싱크뷰SyncView, 옴니뷰OmniView라는 다양한 시각적 효과를 제공해서 생동감과 현장감을 전달했는데요. 그 과정을 짧게 설명드리겠습니다.

| 인터랙티브 타임슬라이스 |

4장 기술의 선점 · 169

저희가 강릉에 있는 피겨스케이팅 스타디움에 최고 사양의 DSLR 카메라 100대를 설치했습니다. 일정한 간격으로 360도를 다 볼 수 있도록 한 건데요. 선수들이 피겨스케이팅을 하면 그 영상이 서울 우면동에 있는 KT R&D 대형 서버로 갑니다. 그리고 100대 카메라에서 보낸 영상을 가지고 연결이 잘되도록 스티칭stitching 작업을 합니다. 한 단계 품질을 높이려면 렌더링까지 해야 하는데 그러기에는 좀 시간이 촉박했고요. 스티칭 작업을 마친 영상을 다시 강릉 스타디움으로 보냅니다.

그 영상이 그대로 방송에 나가게 되는 건데요. 선수들이 피겨스케이팅을 하고 나면 아나운서와 해설자가 기술에 대한 설명을 하잖아요. 그 수십 초도 안 되는 시간에 영상이 도달해서 360도 회전 화면을 바로 보여주는 것입니다. 이것이 타임슬라이스 기술입니다.

다른 예를 살펴볼까요? 여러분, 봅슬레이 아시죠? 봅슬레이는 스피드와 역동성이 생명인데요. 저희가 이걸 잘 전달하기 위해서 봅슬레이 장비 바로 끝에 5그램짜리 통신 칩을 달고 모듈을 깔았습니다. 선수들이 시합에 지장을 줄 수 있다고 해서, 다는 못하고 한 30퍼센트 정도 했던 것 같아요. 한 60~70명 선수들이 참여했습니다.

그리고 그때 어떤 영상이 나갔냐면, 독일 선수가 경기를 하다가 회전 구간에서 완전히 구르는 상황이 벌어졌어요. 그때 속도가 시속 135킬로미터 정도 됐습니다. 근데 그 영상이 그대로 나간 거예요. 흡사 놀이동산에서 롤러코스터를 탄 것 같은 영상인데 아주 깨끗해서 모두 깜짝 놀랐습니다. 이걸 본 기자들도 놀란 거죠. "도대체 무슨 기술이야?" 기자들 사이에서 화제가 됐겠죠.

5G 네트워크를 깔고 다양한 시도를 한 걸 확인하고서는 "와, 5G가

1984년	1986년	2006년	2011년	2020년
1G	2G	3G	4G	5G
14.4킬로비피에스	144킬로비피에스	14.4메가비피에스	75메가비피에스~1기가비피에스	20기가비피에스 이상
음성(아날로그)	음성, 문자(디지털)	멀티미디어 문자, 음성·영상 통화, 스마트폰 등장	음성 및 데이터, 실시간 동영상, 스마트폰 확산	IoT, 자율 주행차 등 4차 산업혁명 지원

되니까 이런 게 가능하구나" 하고 감탄하기 시작한 거죠. 그리고 "이런 게 가능하다면 더한 것도 가능하겠네!" 하면서 5G가 산업 전반에 어떤 영향을 미칠지 공부하고 저런 기사를 썼던 겁니다.

평창 동계올림픽에서 우리는 확실히 차별화된 혁신 기술, 획기적인 기술을 세계 사람들에게 선보였습니다. 이 일은 많은 이들에게 5G에 대한 호기심을 불러일으켰죠.

간단히 정리를 해봤는데요. 1G가 걸음마라 하면 5G는 로켓을 타고 하늘로 날아가는 정도의 발전입니다. 바로 앞의 4G하고 비교해 볼까요? 4G는 속도가 생명이었죠. 하지만 실시간 동영상을 보기에도 문제가 있었습니다. B2C에서는 어느 정도 효용이 있다 해도 B2B에서 응용하기에는 속도가 느리고 지연 시간이 길어서 사용할 수 없었죠. 1킬로미터 이내에 100만 곳을 동시다발적으로 연결할 수도 있지요. 그래서 B2B, 산업 영역 전반에 활용이 가능합니다. 일반 호텔이나 식당에서 사

용되는 협동 로봇, 병원의 원격 진료와 수술, 자율 주행까지 사용처가
무궁무진합니다.

잠깐 설명했는데 전혀 놀라는 기색이 없으시네요? (웃음) 아직 고개
를 갸우뚱하는 학생들이 있는 것 같은데요. 5G가 산업혁명의 발사대로
서 어떤 가능성과 특성이 있는지 제가 영상으로 보여드리겠습니다.
GESGlobal Entrepreneurship Summit라는 자리에서, 미국 국무성의 초청을 받
아 제가 기조연설을 한 영상인데요. 5G의 특성에 대해 설명합니다.

5G는 초고속, 초저지연, 초연결성을 지닌 차세대 네트워크입니다. 여
러분, VRVirtual Reality을 이용해 보신 적 있나요? 흥미로운 기술이죠.
하지만 그리 생동감 있는 경험은 아니었을 겁니다.
핵심은 속도입니다. KT의 5G 속도는 현재 1.1기가비피에스Gbps이지
만, 앞으로 28기가 주파수 대역에서는 20기가비피에스의 속도를 제
공할 것입니다. 보다 현실감 있고 끊김 없는 VR 서비스를 충분히 즐
기실 수 있습니다.

다음은 초저지연성입니다. 초저지연성은 초연결 사회에선 아주 중요합니다. 지연을 최소화하기 위해 KT는 엣지클라우드 기술을 이용합니다. 우리는 이미 한국 주요 도시에 엣지클라우드 센터를 구축했습니다. 사용자와 가까운 KT 엣지클라우드에서 사용자의 데이터를 바로 처리해 지연 속도를 5미터퍼세컨드m/s로 낮췄습니다.

끝으로 초연결성입니다. 우리는 곧 모든 것이 연결된 세상에서 살게 될 겁니다. 굉장히 붐비고 무겁겠죠. 그래서 KT는 '5G 네트워크 슬라이싱' 기술을 활용하고 있습니다. 5G 네트워크를 유스케이스Use Case 별로 분리해서 제공하는 겁니다. 즉 산업·기업별로 각기 다른 네트워크 요구 사항을 맞춤형으로 제공할 수 있는 프라이빗 네트워크가 제공됩니다.

5G의 특성을 제가 세 가지로 정리했는데, 뭐였죠? 맞습니다. 초고속, 초저지연 그리고 초연결성입니다. 그런데 이런 이야기를 드리면 '이게 경제적으로 어떤 가치가 있나?' 궁금하신 분도 있을 거예요. 경영학부니까 당연히 그렇겠죠? (웃음)

2018년엔, 2020년이 되면 5G 시장 규모가 43조 원이 될 거라고 예상했어요. 2025년에는 890조 원으로 성장할 거라고 봤고요. 그게 현실적으로 실현되고 있습니다.

지난해(2021년) 우리나라의 ICTInformation and Communication Technologies (정보통신 기술) 수출 실적이 약 270조 원이에요. 역대 최대 수출 실적을 달성했는데요. 전체 수출액의 35.3퍼센트를 차지하는 비중입니다. 그런데 ICT 수출의 효자 상품이 뭐냐? 바로 5G 장비와 솔루션, 서비스예요.

삼성전자 네트워크사업부, 통신 장비 만드는 사업부가 마켓셰어 6~7퍼센트 정도 차지했었어요. 주 고객은 인도였습니다. 5G 기술 도입 후 20퍼센트 중반까지 올라갔습니다. 미국, 유럽 전 세계 주요 고객사들을 쥐락펴락합니다. 지금은 화웨이Huawei가 들어왔지만, 표준화에 참여하지 못해 초기에는 상당히 어려움을 겪었습니다.

얼마 전에는 일본에서 반도체 필수 재료인 불화수소를 공급하지 않아서 한동안 애를 먹었죠. 그 와중에도 일본의 통신사인 KDDI에서는 수조 원을 주고 5G 통신 장비를 사갔습니다. 외교적으로야 감정이 좋지 않아도 당장 필요한 장비를 안 사갈 수는 없는 거죠.

5G 기술이 개발되기 전까지 세계 최고 통신 장비는 누가 만들었습니까? 스웨덴의 에릭슨Ericson 있죠. 또요? 두 번째는 핀란드의 노키아를 알아줬습니다. 유럽 북부, 지형적으로 통신 기술이 절실했던 두 나라에서 통신 장비 개발이 빨랐어요. 요즘은 중국의 화웨이도 엄청나게 빠른 속도로 기술 개발을 하고 있습니다. 그럼에도 국내 삼성을 비롯해 많은 중견 기업이 5G 통신 장비로 시장을 주도하고 있습니다. 장비 부품의 40~60퍼센트를 제공하는 중소 기업, 중견 기업의 활약상도 엄청납니다. 중견 기업 한 곳(HFR)이 공급한 장비만 1,100억 원 규모였어요. 글로벌 선점 효과로 매출은 물론 고용 면에서도 상당한 실익이 있죠. 여러분, 놀랍지 않습니까? 박수 한 번 치고 가도 될까요? (박수)

제가 너무 5G 자랑을 했나요? 그렇지 않습니다. 5G를 누가 만들었습니까? 물론 KT를 중심으로 여러 기업들이 주도한 거지만, 엄밀히 '우리나라'가 만든 작품입니다. 앞에서 설명드렸지만 삼성만 활약한 게 아닙니다. 다양한 기업들이 참여했어요. 바로 여러분의 선배들이 일궈낸

성과입니다.

5G 기술이 전 산업에 얼마큼 영향을 미쳤는지 이후에 이야기를 할 텐데, 글로벌한 평가가 "통신 역사를 다시 썼다"라는 것입니다. 이 정도면 자긍심을 가져도 되는 일이죠. 우리가 인류를 진화시킬, 4차 산업의 발사대가 될 놀라운 기술을 완성했습니다. 그런 긍지를 가지고 오늘 강의를 들으면 좋겠습니다.

벌써 시간이 좀 지났네요. 5G의 시작부터 이야기를 해야 하는데 사설이 좀 길었습니다.

자, 볼까요? 5G 기술 선점의 과정을 크게는 '도전→상용화→플랫폼 실현' 이렇게 3단계로 설명할 수 있습니다. 우연인지 필연인지 통신 분야 세계 최대 행사인 MWCMobile World Congress에서 제가 기조연설을 세 번 했는데요. 5G의 도전, 상용화, 플랫폼 실현을 주제로 2년마다 단상에 올랐습니다. 그 영상도 소개하도록 하겠습니다. 그리고 후반부에서는 기술의 선점을 위한 과정과 전략을 한 번 더 정리해 볼까 합니다.

힘든 때일수록 위기는 기회다
• • • • •

"회장님, 왜 5G를 시작하셨어요?" 이런 질문을 받은 적이 많습니다. 정말 몇 년을 발바닥에 땀나도록 뛰었습니다. 제가 왜 그 힘든 과정을 시작했는지 오늘 솔직히 말씀드리려 하는데요. 바로 '절박함' 때문이었습니다.

제가 앞에서도 말씀드렸죠? KT 회장으로 부임했을 때 KT는 굉장히 어려웠습니다. KT는 130년 역사를 가진 기업입니다. 대한제국 시절 한성전보총국으로 개국해서 100년 넘게 한국의 통신을 관장하던 곳인데요. 줄곧 1등을 오래 유지하던 그곳이 안팎으로 참 어려웠습니다.

이유가 뭐냐? 모바일 투자가 늦어서라는 게 일반적인 분석이었죠. 정말 3세대에서 4세대로 전환될 때 마켓셰어가 10퍼센트 가까이 떨어졌습니다. 물론 지금은 거의 원상 복귀했습니다만, 그때는 그랬어요.

그런데 KT가 평창 동계올림픽 제1호 후원자로 나서기로 결정했습니다. 아시겠지만 후원이라는 건 결국 돈입니다. 맨 파워도 어마어마하게 들어갑니다. 2015년부터 만 3년간 상상을 초월한 노력과 투자가 필요한 일이죠. 상상해 보세요. 만약 올림픽 중간에 통신 문제가 생겨서 방송이 잘못됐다 그러면 어떻게 되겠습니까? 게다가 평창 동계올림픽은 저녁 경기가 많잖아요. 야밤에 문제가 생겨서 그런 일이 벌어지면, 속된 말로 사업을 접어야 할지도 모르는 상황이 시작되는 겁니다. 경영자로서 어떻게 해야 할까요? 저는 리스크 테이킹 하기로 했습니다. 어디서 그런 간 큰 결정을 할 힘이 나왔을까요? 국가 R&D에서 단장을 할 때 겪은 고민과 경험이 토대가 됐습니다. 그게 바탕이 됐어요. 진즉부터 평창이 올림픽 개최지로 선정된다면 우리가 뭔가를 해야 한다, '첨단 기술'을 선보이는 자리로 만들어야 한다는 그런 내용으로 신문에 기고도 했어요. 2012년, 그러니까 평창 동계올림픽 6년 전에 말입니다.

지난번에도 잠시 이야기했는데, 제가 KT에 가기 전에 있었던 국가 R&D는 미래 먹을거리를 찾는 곳입니다. 미래 기술을 선점하기 위해서 기획하는 곳이죠. 그래서 4차 산업의 기술을 그때 다 검토했습니다. 빅데이터, AI, 클라우드, 블록체인, IoT, 유전체 DNA 분석까지 모든 산업에 들어가는 새로운 기술을 살펴봤어요. 그때 확실하게 예측했던 것이 데이터의 폭발적 증가가 모든 산업의 바탕이 되리라는 거였어요. 그러기 위해서는 당연히 통신의 발전과 혁신이 선행되어야 하는 거죠.

여러분, 과거의 AI와 요즘의 AI의 가장 큰 차이점이 뭔 줄 아세요? 요즘 AI는 머신러닝에 베이스를 두는데 컴퓨터 파워와 데이터가 없으면 불가능합니다. 그런데 컴퓨터 파워는 CPU, GPU 그리고 메모리반도체, 데이터는 5G 중심으로 엄청나게 발전했습니다. 그렇기 때문에 지금의 AI는 끊임없이 발전할 거라고 기대하는 것이죠. 그 기반이 되는 것은 노드node, 즉 네트워크의 확대입니다. 네트워크에 연결된 컴퓨터와 그 안에 속한 장비를 통틀어 하나의 노드라고 하는데요. 하나의 네트워크에 컴퓨터, 허브, 공유기, 라우터 등이 연결돼 있다면, 이 모든 것이 하나의 노드를 형성하는 것이죠. 노드가 많아지면 많은 데이터를 한꺼번에 처리할 수 있고 해결할 수 있는 문제의 난이도도 높아지겠죠. 덕분에 챗 GPT나 생성형 AI가 전 세계적으로 유행할 수 있고, 산업 전반에 영향을 끼칠 수 있는 것입니다. 이 때문에 지금도 저는 데이터의 폭증이 미래 기술의 필요충분조건이라 생각하고 있습니다. 그래서 2012년 칼럼에 "평창 동계올림픽은 첨단 기술의 무대가 되어야 한다", "기술의 선점이 답이다"라는 이야기를 쓸 수 있었던 거죠.

이런 생각을 가진 제가 KT 수장까지 맡게 된 이상 평창 동계올림픽을 그냥 흘려 넘길 수 없었습니다. 기술 선점을 위해 우리에게 기가 막힌 무대가 되도록 해야겠다고 생각했습니다. 비용이 들더라도 평창 동계올림픽을 완성시켜야 되겠다고 결심한 겁니다. 평창 동계올림픽을 5G 올림픽으로 만들면 어떤 이득이 있을까요? 관련 사업의 리더십을 확보할 수 있죠. 그동안 다소 뒤처졌더라도 이참에 만회할 수 있겠다 싶었습니다. 거기다 여러 4차 산업 관련 사업도 주도할 수 있으니 여러모로 절실한 기회였던 겁니다.

수개월 뒤, 2015년에 MWC에 참석하게 됐어요. 한 10만 명 정도 모이는 행사인데, 모이는 사람은 10만 명이지만 전 세계 지구인들에게 영향을 주는 행사입니다. MWC에는 표준화 기구도 있습니다. 그야말로 전 세계 통신 발전을 견인하는 곳이죠.

당시 MWC에서는 5G는 2020년 이후에 상용화가 될 거라고 봤어요. 그래서 표준화를 2018년에 시작한다고 로드맵을 그려놨었습니다. 그때 중심 국가는 일본과 중국이었습니다. 왜 그랬냐면 도쿄 올림픽, 베이징 동계올림픽이 예정되어 있었거든요. 일본하고 중국 모두 국제 행사에 맞춰서 5G를 선보이려 준비했습니다. 그래서 MWC에서도 두 나라에서 먼저 진행될 거라고 예상했어요.

그런 상황에서 제가 MWC 보드 미팅에 참석하게 됐습니다. 사실 KT는 매출 규모로 보면 세계 20위권으로 보드 미팅 참석이 어려운 회사입니다. 보통 보드 미팅은 보드 멤버만 한 열댓 명이 참석하거든요. 주요 통신사 CEO들에게 보드 멤버 자격이 주어집니다. 그런데 제가 초대받고 가게 된 거죠. 기회가 찾아온 겁니다.

그날 바로 그 자리에서 NTT도코모 CEO가 발표했습니다. 제 앞자리였는데 아주 자신만만하게 이야기했습니다. 2020년 도쿄 올림픽을 5G 올림픽으로 지정하고, 정부에서 공식 명칭도 '5G 도쿄 올림픽'으로 정했다는 내용이었죠. 참석한 보드 멤버들에게 "여러분도 그렇게 알고 협조를 해달라"라는 내용으로 마무리했습니다.

다음 발언이 중국의 통신사 대표였는데, 그때 제가 손을 들었어요. 원래는 중국 발표 후에 제 차례였는데, 제가 긴급 사안이라면서 이야기하게 해달라 했어요. 그렇게 발언권을 얻고 말을 시작했습니다.

"도코모 CEO께는 좀 미안한 이야기인데, 도쿄 올림픽 2년 전에 평창 동계올림픽이 있다. 평창 동계올림픽을 목표로 지금 KT에서는 5G 실현을 준비하고 있다. 그러니 도코모가 지금 우리가 준비하는 평창 동계올림픽을 지원해 주면 우리가 그 노하우를 다 전수해 주겠다"라는 내용이었습니다.

의장이 가만히 이야기를 듣고 보니 괜찮거든요. 우리가 성공하든 실패하든 상관없이 5G는 2020년에는 상용화에 들어갑니다. 그러니 누구도 손해날 일은 없죠. 물론 한국 통신 기업에서 2년을 앞당겨 하겠다는 걸 선뜻 믿지는 않았어요. 왜냐? 표준화를 한다는 게 쉽지가 않습니다. 멤버들 모아서 의견 개진을 시작하고 보통 2~3년은 걸리지요. 그때가 벌써 2015년이잖아요. 2018년까지 표준화하고 규격을 받아 5G 통신 장비를 만들고 휴대폰까지 만든다? 상상이 안 됐던 거죠. NTT도코모 CEO도 전혀 믿지를 않는 눈치였습니다. 그래도 제가 하겠다니까, 우리가 하겠다니까 '어쨌든 알았다. 해봐라' 하는 분위기가 만들어집니다.

그리고 다음 날 제가 바로 기조연설 자리에서 5G 선언을 합니다. 도입 영상이 재밌습니다.

이날의 주제는 '5G, 새로운 미래를 앞당기다 5G and Beyond, Accelerating the Future'였는데요. 먼저 자율 주행이 실현되는 미래를 보여줬어요. 제가 머스크하고 대화할 때도 자율 주행 이야기를 했는데요. 실제로 자율 주행은 지금 여러 회사에서 시험하고 있습니다. 그런데 사고 소식도 종

좋 들리죠? 그게 센서를 차 밖에 달고, 라이다 레이더를 안팎으로 달고 하는 자율 주행이기 때문입니다. 전에 지적했듯이 그건 궁극적인 자율 주행이 아니죠. 모든 자동차가 통신으로 연결되는 커넥티드 V2X가 되어야 합니다. 그게 제가 영상에서 소개한 자율 주행입니다.

이렇게 5G 선언을 하고 정말 한 달을 1년같이 몇 년을 뛰었습니다. KT를 다시 뛰게 해야 한다는 절박함 그리고 한국 통신의 역사를 새로 쓰겠다는 포부를 가지고 시작한 도전이었습니다. 결국 글로벌 통신의 새 장을 펼치게 됐는데요. 다음 과정 궁금하시죠? (웃음)

통신의 역사를 새로 쓰다
· · · · ·

실제로 제가 5G 선언을 했을 때, 거기 있던 수천 명의 청중은 아마 "무슨 소리야?" 했을 겁니다. 2015년 설명을 좀 드리자면, 4G LTE 투자가 진행되던 상황이었습니다. 4G LTE 투자도 끝나지 않았는데 무슨 5G를 이야기하냐 싶었던 거죠. 기업 입장에서도 4G LTE 장비나 디바이스를 팔아야 하는데 무슨 소리야 싶었겠죠. 하지만 사활이 걸린 것은 우리도 마찬가지였어요. 그래서 더 추진력 있게 만나고 설득할 수밖에 없었습니다.

5G는 우리가 하겠다고 해서 혼자 할 수 있는 게 아니죠. 엄청나게 많은 분야에서 많은 사람들이 일해야 합니다. 기술, 마케팅, 영업뿐만 아니라 IT 인프라, 그다음에 실제로 기지국에 들어가는 장비까지 셀 수 없을 정도의 인력들이 붙어야 일이 됩니다. 그중에서 제일 중요한 게 뭐

냐? 바로 '표준화 작업'입니다.

반도체에서도 이야기했듯이, 표준화에는 엄청난 효과가 있습니다. 이 때문에 기업마다 미래를 위한 투자로 표준화 작업에 목을 맵니다. 자신들이 개발한 기술이 표준화가 되도록 말이죠. 보통 같은 기술을 여러 기업들이 동시에 개발하잖아요? 그리고 표준화 단계에선 기업들이 자신의 기술을 공개합니다. 그러고서 누가 가진 게 제일 좋은지 투표해서 그 기술을 표준으로 정합니다. 그러면 나머지 회사들은 다 따라야 됩니다. 그래서 중요하고 정말 힘든 과정인데요. 그 표준화 작업에 6개월에서 1년 정도의 절대적인 시간이 필요합니다. 실제로 하다 보면 2~3년은 족히 걸려요. 그리고 엄밀히 수익을 내는 비즈니스라는 것은, 표준화되고 규격이 만들어지고 나서야 진행된다고 봐야 합니다. 표준화가 만들어지고 규격이 만들어져야 장비를 만들고 휴대폰도 만들기 때문이죠.

표준화 작업을 위해서 에릭슨, 노키아, 퀄컴, 인텔, 삼성전자까지 이렇게 다섯 개 기업을 만났습니다. 그리고 KT가 리더가 되어서 여섯 개 기업으로 표준화 그룹을 형성했습니다.

맨 처음 간 곳이 스웨덴의 에릭슨입니다. 3월에 MWC에서 선언하고 두 달 만인 5월이었습니다. 여러분, 고종 황제가 처음 사용한 전화기가 어느 회사 제품인 줄 아세요? 바로 에릭슨 제품이었습니다. 에릭슨은 그만큼 역사도 오래되고 기술 개발도 빠른 곳입니다. 제가 가서 3D 기기를 착용하고 시연했는데요. 5년, 10년 뒤 기술들을 다 시뮬레이션해서 갖고 있던 것을 확인할 수 있었습니다. 실제 스톡홀름 본사에서 5G 시연을 위해 네트워크를 다 깔고 적극적으로 기술 공개를 해줬습니다.

이후 노키아, 퀄컴을 방문했습니다. 인텔은 CEO가 직접 KT를 방문해서 이야기를 나눴습니다. 삼성도 적극적으로 설득했습니다. 팀을 다 구성하기까지 정말 어려웠습니다. 실제 그렇잖아요? 다 자신들의 이해관계가 있습니다. 손익계산을 다 해보고 괜찮다고 판단이 서야 팀이 꾸려집니다.

그런데 말이죠. 우리의 가장 어려운 파트너가 누구였냐면 바로 여깁니다. NTT도코모! 이곳 CEO를 2015년 MWC에서 봤다 했잖아요. 여긴 2013년에 도쿄 올림픽이 발표되자마자 준비를 시작한 곳입니다. 정부의 주관 부서인 총무성으로부터 전폭적인 지원을 받고 있었어요. 그런데 제가 어떻게 했습니까? '우리가 먼저 할 테니 좀 도와달라'고 한 거잖아요. 글쎄요, 저라면 기분이 좋지 않았을 것 같습니다. 어쩌면 '그래, 잘되나 한번 보자'라며 벼르고 있었을지도 모르죠. 그렇지만 저는 협력을 끌어내야 하니까 설득하러 갔습니다. 일단 팀워크를 만들어보자고 한 거죠.

이렇게 NTT도코모와 관계를 시작해서, 실제 많은 도움을 받고 저희도 평창 동계올림픽 이후에 많은 도움을 줬습니다. 처음에 NTT도코모로서는 손해날 게 없다고 판단한 것 같아요. 자기들보다 2년 앞서 5G 올림픽을 한다 했는데, 성공하든 실패하든 영향은 없잖아요. 성공하든 실패하든 우리가 노하우를 전수해 줄 테니까 공조의 효과는 충분히 있는 거죠. 어쨌든 이렇게 NTT도코모까지 '이너 서클'로 해서 우군을 확보한 상태로 5G 개발사를 본격적으로 시작했습니다.

표준화 회의를 주관했던 사람이 지금 화면에 보이는 실무팀장입니다. 2016년 10월 'KT-삼성전자'가 세계 최초로 5G 퍼스트 콜을 성공하고, 관계사들이 MWC에 모인 모습인데요. 표준화 전에 인증을 받아야 해서 만들어진 자리입니다.

　실무팀장 이야기를 들어보니 상당히 힘들었다고 하더라고요. 여섯 멤버들이 거의 다 유럽하고 미국에 있잖아요. 표준화를 하려면 계속해서 기술 공개를 하고 회의하고 평가하고 해야 하는데, 그게 다 우리나라로 치면 밤에 이뤄지는 거죠. 화상회의를 밤에도 하고 새벽에도 하고 몇 달을 그렇게 살았습니다. 결국은 합의를 끌어냈지만 그 과정이야 이루 말할 수 없이 고생했죠. 그래서 어떻게 됐냐? KT가 주관했던 여섯 개 기업 컨소시엄에서 만든 5G 표준의 80퍼센트가 국제 표준에 반영됐습니다. 여기서 박수가 나와야 되는데 말이죠. (박수)

　다음을 볼까요. 저렇게 1년간 작업하고, 2016년에 퍼스트 콜을 실현한 후에 MWC에서 또 제게 연락이 왔습니다. 2017년 MWC에서 다시 한 번 기조연설을 해달라는 요청이었습니다. 그때 어떤 기사가 났냐면 "외면받던 KT의 5G 전략 인정받았다"였어요. 2017년 기조연설 초청이 그걸 입증한 거죠.

2017년 기조연설에서는 분위기가 완전히 달랐습니다. 2015년 5G 선언 때에는 굉장히 냉소적이었거든요. 말은 못 하지만 표정에 '말도 안 되는 소리'라고 쓰여 있는 수준이었어요. 그런데 2017년에는 수백, 수천 개의 통신 업체들이 자신들의 부스에 5G를 다 준비해 왔을 정도로 분위기가 반전되어 있었습니다.

그때 엔비디아 CEO 젠슨 황도 와서 인사했어요. 지금 굉장히 잘나가죠? 예전에는 지금 같진 않았어요. GPU를 만들어놓고도 모바일 시장이 열리지 않아서 초기엔 굉장히 고생했어요. 그래서 '황의 법칙' 발표할 때도 제일 먼저 와서 고맙다고 인사했죠. 그렇게 모바일 시장이 열리고, 이번에는 5G로 속도까지 올라가니 그로서는 아주 좋은 상황이 된 거죠. 엔비디아는 내비게이션에 들어가는 GPU도 갖고 있잖아요. 본격적인 자율 주행 시대에 돌입하면 더 시장이 좋아질 걸로 보입니다.

시간이 금세 흘러 고대하던 2018년이 됐습니다. 평창 동계올림픽을 앞두고는 직원들을 독려하러 많이 다녔습니다. 표준화와 규격을 위해 외부 활동을 많이 했잖아요. 그런데 그거만으로는 안 되죠. 안에서 직원들이 열과 성을 다해줘야 합니다. '성공 다짐 결의식' 행사도 하고, 현장 방문도 하고, 밤잠 못 자고 성화 봉송도 했습니다. 그렇게 직원들의 공감대를 끌어내고 우리가 뭔가를 하고 있구나 보여주면서 구심점을 만들어줘야 합니다.

여러분, 성화 봉송 모습 좋아 보이죠? 한겨울 평창, 강릉은 기온이 영하 20도에서 30도까지 떨어집니다. 열 번도 더 갔습니다. 거기다 기

지국 설치하는 데 직원들이 얼마나 고생합니까? 현장 가서 이야기도 들어줘야죠. 다음에 마케팅도 해야 하잖아요. "힘들다", "못 한다"는 소리를 어떻게 합니까, 발바닥에 땀나도록 뛰는 겁니다.

그렇게 완성된 게 저 '평화의 비둘기'입니다. 몇 년 지났다고 기억이 잘 안 나시는 듯한데 정말 인상 깊었습니다. 평화의 비둘기는 개막식 때 했던 퍼포먼스입니다. 두 마리 비둘기가 촛불로 점화되죠. 이를 위해서는 수천 개의 촛불이 하나의 신호로 점화가 되고, 온·오프도 자유자재로 되어야 했습니다. 쉽게 생각하면야 '촛불을 든 사람들이 같은 시각에 촛불을 켰다가 끄면 되지'라고 할 수 있지만 현실에서는 그렇지 않습니다. 정확한 시각에 딱 떨어지게 점등이 되고 점화가 돼야 하죠. 마치 로봇이 하는 것처럼 말이죠. 그래서 5G가 필요했습니다. 수천 개의 촛불을 하

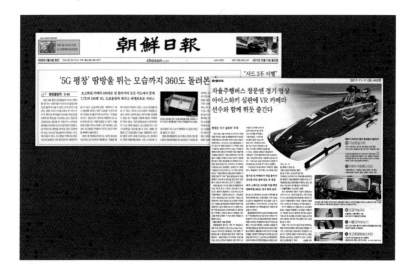

나처럼 작동시키기 위해 초고속, 초저지연, 초연결 이 세 가지 특성이 모두 필요했던 거죠. 종합해 보면 5G 특성이 모두 드러난 퍼포먼스라 하겠습니다. 덕분에 누가 봐도 멋진 개막식이었고, 평창 동계올림픽 내내 5G 기술에 대한 찬사가 쏟아졌습니다.

〈조선일보〉에서는 1면 톱에 5G 기술을 소개했는데요. 5G가 열 새로운 미래, 가상현실, IoT, 인공지능, 초고화질 방송 등도 쭉 설명했습니다. 이렇게 반응이 뜨거우니 저한테 뭐가 왔겠어요? MWC에서 세 번째 연락이 옵니다.

스페인 바르셀로나에서 열린 2019 MWC 기조연설자로 초청이 됐는데, 주제는 '마침내 5G, 차세대 지능형 플랫폼을 실현하다Now a Reality, KT 5G and the Next Intelligent Platform'였습니다. 기조연설을 하면서 "4년 전

도전 (2015년)　　상용화 (2017년)　　플랫폼 실현 (2019년)

드렸던 약속을 실현하게 됐다"라며 제 품에 있던 첫 번째 5G 스마트폰을 꺼내서 보여주기도 했습니다.

그 즈음에 GES 2019가 열린 네덜란드 헤이그에 가서 기조연설자로도 활약했는데요. 미국 폼페이오Mike Pompeo 국무부 장관으로부터 초청장을 받고 갔습니다. 이쯤 되면 세계가 최초로 5G 표준화와 상용화에 성공한 우리 노력을 인정했다고 봐도 되겠죠?

기술 선점이 곧 미래 선점

• • • • •

지금까지 빠르게 5G의 시작과 기술 개발 그리고 상용화에 대해 살펴봤습니다. 이제 5G가 뭔지 이해가 가나요? 그 효과와 가능성에 대해서도 이해가 갑니까? 제가 몇 주에 걸쳐서, 5G의 주요 활용처는 B2C가 아니라 B2B에 있다고 강조했는데요. 간단히 실용 사례를 덧붙이도록 하겠습니다.

여러분, 현대중공업 하면 뭐가 떠오르세요? 그렇죠, 배를 만드는 회사입니다. 그런데 이곳에서 5G가 굉장히 유용합니다. 무슨 역할을 하느냐면요. 배 만드는 곳을 도크라고 하잖아요. 도크에서 만들어지는 배의 전장이 보통 200미터라고 합니다. 그래서 엔지니어들이 작업할 때 여기서 저기까지 기술을 적용하고, 고치고 하는 데 보통 4~5일이 걸립니다. 물리적 거리가 멀다 보니 속속들이 들여다보는 데 시간이 걸리는 거죠. 그런데 카메라와 센서를 연결해 5G로 통신하면 동시다발적으로 문제를 해결할 수 있는 거예요. 또 사고 위험도 줄일 수 있죠. UHD 퀄리티로 화면을 보여주니까 실시간으로 상태를 파악할 수 있어요. 실제 5G를 통해서 생산성을 50퍼센트 올린 사례도 있습니다.

현대중공업은 대기업이니까 이런 기술을 도입할 수 있지 않나 생각도 하실 텐데, 대기업, 중소 기업 할 것 없이 기술 활용도는 매우 높습니다. 요즘 한창 이야기되는 게 스마트 팩토리Smart Factory잖아요. 사무 공간, 식당, 병원 할 것 없이 이런 기술들을 적용할 수 있죠.

게다가 5G의 실현은 이제부터라도 해도 과언이 아닌 것이, 아직 기술이 완성된 게 아니기 때문입니다. 디테일한 설명을 할 수 있는 시간은 없어서 대략적인 것만 이야기하자면 주파수 대역이 아직은 3.5기가헤르츠입니다. 평창 올림픽에 사용했던 주파수 대역이 28기가헤르츠가 되면 5G의 특성을 더 확실히 드러낼 수 있고 활용도도 높아질 것입니다.

저는 5G 전도사처럼 전 세계를 돌아다니면서, 의견도 모으고 가능성도 설파했습니다. 우리가 리드하고 한국이 앞서가는 부분도 많이 강조했습니다. 그러면서 가장 많이 이야기한 것은 '5G는 네트워크가 아니라 플랫폼이다'라는 거예요.

여러분, 플랫폼이 뭡니까? 기차역에 가면 기차를 타고 어디든 원하는 곳으로 갈 수 있습니다. 그런 인프라 같은 거예요. 5G를 이용하면 어떤 첨단 기술도 가능해집니다. 이전에는 네트워크 사업을 '덤프 파이프Dump Pipe'라고 이야기했었죠. 가치가 낮은 연결 수단이라고 봤던 거예요. 실제 모든 수익이 네트워크를 이용하는 사업자에 돌아갔습니다. 그러나 5G를 플랫폼으로 규정하면 다양한 응용 기술을 활용해 새로운 가치를 창출할 수 있습니다.

여러분, 우리는 기술의 시대를 살고 있습니다. 기술의 역할이 뭡니까? 불가능한 것을 가능하게 해주는 거예요. 5G 같은 기술은 가능성을 키우는 기술입니다. 앞에서 설명했듯이 이러한 기술을 우리가 선점하면 많은 이점이 생깁니다. 실질적인 경제적 이윤뿐만 아니라 국가의 위상을 끌어올리고 미래의 가능성을 한층 키울 수 있는 거죠. 나아가 사용자들을 편안하고 행복하게 해주는 기술의 효과까지 누릴 수 있습니다.

기술의 선점이 곧 미래의 선점이다. 제가 누차 이야기했습니다. 혁신은 지금도 진행 중이고요. 그 점에서 제가 소개한 5G 사례가 여러분의 혁신 과정에도 좋은 동기부여가 됐기를 바랍니다.

"여러분에게는 1등을 해본 선배들이 있습니다"

• • • • •

마지막으로 한 말씀만 덧붙이고 오늘 강의를 마치도록 하겠습니다.

저는 정말 한국의 젊은 인재들한테 거는 기대가 큽니다. 왜 그러냐? 이전 시간에 이야기했죠. 한국의 자원은 인재뿐이다, 유연성과 융합 능력이라는 뛰어난 자질을 가지고 있다고 말이죠. 이번 시간에는 이유 한 가지를 더하고 싶습니다.

'여러분의 선배들은 세계 1등을 해본 사람들'입니다. 세계를 재패해본 경험은 누구나 갖고 있는 것이 아니죠. 여기 정말 훌륭한 교수님들도 계시고 요즘 좋은 책이 얼마나 많습니까? 유튜브부터 시작해 배우고자 하면 정보를 얻을 수 있는 방법도 널려 있습니다. 그렇지만 경험만큼 소중한 배움도 없습니다.

세계에는 많은 나라들이 있고 우리보다 앞선 국가들도 많이 있습니다. 그렇지만 여러분, 잘 살펴보세요. 산업화도 그렇고 사회적 안정도 그렇고 이렇게 빠른 시간에 완성한 국가는 많지 않습니다. 기술적으로도 앞선 기술을 완성해서 먼저 세계에 내놓는 국가는 손에 꼽습니다. 우리가 글로벌하게 최첨단 기술을 내놓는 회사들을 잘 아니까 흔하다고 생각하지만 그렇지 않습니다. 우리나라처럼 패스트 폴로어에서 퍼스트 무버로 빠르게 성장한 나라는 흔치 않은 게 아니라 거의 없습니다.

이런 일을 가능하게 하는 여러 요인들이 있죠. 저는 얼리어답터가 많다는 것이 큰 장점이라고 생각합니다. 요즘은 약간 평준화되는 경향이 있지만, 불과 10년 전만 해도 한국은 '테스트 소비자'가 가장 많은 곳이었습니다. 최신 가전, 최신 IT 기기뿐 아니라 최신 의료 기술이 나왔을 때 기업들이 가장 먼저 찾는 곳이 한국이었습니다. 아주 예민하고 까다로운 얼리어답터들이 써보고 후기를 주거든요. 그걸 받아서 상품에 적용해 더 나은 제품을 만들었죠.

그리고 여러 차례 강조했듯이 융합이 가능한 것도 큰 강점이죠. 기초 과학이 발달한 선진국에 비해 우리가 창의적인 면에선 부족한 부분이 있습니다. 우리가 선두는 아니죠. AI 기술이라든지 블록체인, 유전자 기술 같은 분야에서 우리가 선두는 아니잖아요? 그렇지만 그 기술들을 가져다가 제품화하는 것은 우리도 뒤지지 않습니다.

또 좋아하는 일에 몰두하고 매진하는 것도 우리의 장점입니다. 요즘 말로 '영혼을 갈아넣는다'고 하는데, 이건 일을 좋아하지 않으면 불가능한 일입니다. 조직의 인정, 경제적 이득 다 좋죠. 그렇지만 그것만으로는 안 되죠. 제가 반도체를 막 개발할 때 기자가 물었습니다. "사업부장님은 새로운 기술이 개발되어 좋으시겠지만 그걸 맡아 하는 연구진들은 얼마나 힘들겠어요?" 그래서 제가 대답했습니다. "과연 힘들기만 할까요? 어떤 위대한 연구도 즐거움과 만족이 없다면 불가능합니다." 실제 그렇습니다. 새로운 기술이 시장을 새로 만들고, 주도하고, 거기다 고객 감동까지 불러일으켰다고 생각해 보세요. 엄청난 집중력과 노력을 쏟아야겠죠? 그 일의 원천이 무엇이겠습니까? 연구의 즐거움 그리고 자신의 일이 만들어낸 성과에 대한 만족과 자부심입니다. 이런 걸 느낄 수 있어야 합니다.

여러분, 여러분의 선배들은 이런 강점들을 잘 발휘해서 1등을 해본 사람들입니다. 이것에 자부심을 가지고 또 잘 활용하시기 바랍니다. 충분히 느껴보셨을 거예요. 가능성은 '할 수 있다'는 생각에서 열립니다. 그리고 경험을 통해서 완성되는 겁니다. 두려움 없이 나아가시기 바랍니다.

교수   공통 질문 하나만 다룬 다음에 자유롭게 질문하도록 하겠습니다. 여러 조에서 나온 질문입니다. 5G, 6G 이야기가 나오는데 4G하고 비교했을 때 뭐가 달라졌는지 체감하기 어렵다는 거예요.

제가 강의 중에도 이야기했는데 지금 5G는 여러분이 체감하기에 부족한 부분이 있습니다. B2B에서 활용하는 마지막 단계도 주파수 대역이 28기가헤르츠까지 썼을 때 실현될 수 있는 부분이에요. 투자가 계속되어야 하는 부분이 많습니다. 다만 기술은 미리 다 개발해 놓고 응용 사례도 만들어놓았습니다.

그런데 한 가지 말씀드리고 싶은 거는 차이가 '조금' 있다고 생각하시는데 사실 그렇진 않습니다. 소비자들은 쉽게 잊어버려요. UHD 동영상이 끊김 없이 잘 돌아가는 상태를 기본이라고 생각하게 됐어요. 이게 사실은 굉장히 앞선 기술이었는데 말이죠. 한 번 기술 적용이 되어버리면 새롭지도 않고 대단하지도 않은 거죠.

코로나19 이전에는, TV에서 무대에 수백 명 시청자를 모니터에 띄워서 인터뷰하는 걸 하지 못했거든요. 5G가 아니면 상상도 하지 못한 겁니다. 수백, 수천 명을 동시다발로 원격 연결하는 것은 대단한 기술이에요. 한국 사람들이 기술 적용이 빨라서 체감도가 떨어지는 것도 있다고 이해를 해주시면 좋겠습니다.

교수   저도 와닿는 게 코로나19로 2년간 원격 수업을 했어요. 그걸 끊기지 않고 했는데, 처음 했을 때의 놀라움을 잊고 있었던 것 같습니다. 이제부터 자유롭게 질문하고 토론하도록 하겠습니다.

질문하시는 분들이 많은데, 오늘은 여태까지 한 번도 질문을 못

| 모바일 기술의 진화(5G&6G) |

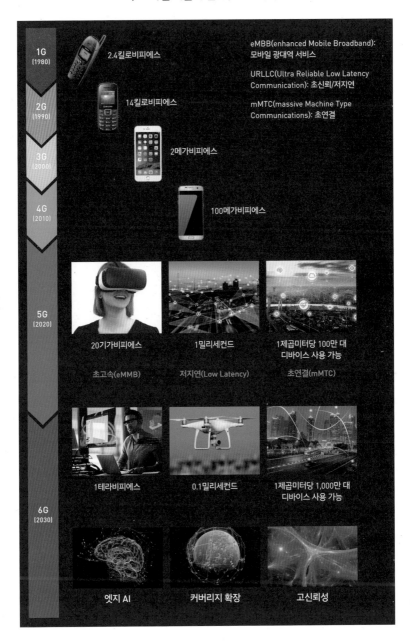

했던 학생들 위주로 질문을 받겠습니다. 우선적으로 손을 들어주세요.

── 회장님께서는 2012년에 이미 평창 동계올림픽이 어떤 모습이 되어야 할지 상상하셨다고 하셨는데, 지금은 6G가 미래 기술이지 않을까 싶습니다. 그 내용이 궁금하고, 상상력의 원동력이 어떤 것인지도 궁금합니다.

요즘 6G 기술의 실현 시기를 2028년, 2030년으로 예상하는 보고가 나오는데, 기술 자체는 아직 분명해 보이진 않습니다. 5G가 실현한 것들을 뛰어넘는 획기적인 것이 가능할까는 의문입니다. 다만 6G가 되면 디지털 트윈Digital Twin이라는 기술이 파괴적 기술이 될 겁니다. 6G가 실현되면 지구 전체를 시뮬레이션하는 게 가능해질 겁니다. 그러나 아직은 상상의 시기라고 생각하고요.
다음으로 상상의 원동력에 대해 물으셨는데, 제가 CEO로 있을 때는 참 절실하게 파고들었습니다. 그게 가장 중요했죠. 강의 중에도 말씀드렸지만, 솔직히 절실함이 없었으면 5G 선언을 못 했습니다. 그리고 평소 상상력을 키우는 습관도 중요합니다. 항상 기술의 변곡점이 뭘까 생각하고 그걸 또 대입하고 시뮬레이션해 봅니다. 그런 게 바탕이지 않을까 싶습니다.

── LTE보다 5G를 빠르게, 2년이나 기간을 앞당겨 완성하셨다고 하셨는데 그 비결이 무엇입니까?

먼저 조언을 드리면 질문할 때는 상대의 눈을 보고 이야기하는 게 필요해요. 긴장되고 어렵고 틀릴까 봐, 불안해서 글을 보고 읽잖아요. 그럼 소통이 안 됩니다. 틀려도 괜찮습니다. 자신감을 가지

서요.

질문에 대한 답을 드리면요. 불가능하다고 하잖아요. 그걸 가능하게 하는 게 제 일이었습니다. 그런데 그게 주먹구구로는 안 돼요. 분명한 과정이 있습니다. 우선 선언했죠. 그다음에 이제 표준화 팀을 구성합니다. 그리고 상용화 과정을 밟아요. 순서대로 조직을 이끄는 겁니다.

평창 동계올림픽은 2018년 2월로 정해져 있었습니다. 제가 5G 선언을 한 게 2015년 1월경이죠? 만 3년 뒤에는 전 세계 50억 명 인류에게 공개해야 됩니다. 이제 시간 싸움이죠. 표준화 과정에서도 시간을 줄이는 묘수가 나왔고, 5G 휴대폰을 만드는 데 동시다발적으로 일을 진행시켰습니다. 단말기가 없으면 상용화 의미가 없죠? 그래서 같이 진행했습니다. 정말 고생 많았어요.

제가 진즉에 '조기에 협력하라'고 강조했죠. 어디서나 마찬가지입니다. 그리고 무모하다고 하는 일에 수많은 사람들이 달려들어서 일할 때는 조직의 결속력도 굉장히 중요합니다. 실제 삼성전자하고 KT 직원 수십 명이 평창에서 살다시피 하면서 준비했습니다.

—— 굉장히 촉박한 기간에 5G 개발이 이뤄졌다고 생각되는데요. 개발을 위한 TFT를 꾸릴 때 선발 기준이 궁금합니다. 어떤 직원이 최고의 직원입니까?

어떻게 보면 저는 운이 정말 좋은 사람입니다. 당시 KT는 적자가 나고 조직이 좀 어수선했어요. 논란도 굉장히 많았습니다. 그래서 처음에는 '잘할 수 있을까?' 걱정도 많았습니다. 실제로 조직을 꾸리고 얼마 안 있어 비전 선포까지 했는데, 그사이 일이 생겨서 대국민 사과까지 했습니다.

그런데 4~5개월간에 KT의 기술과 그동안 개발했던 내용을 살펴보니 '어, 가능하겠는데?' 생각이 드는 거예요. 충분치는 않지만 가능하겠다는 자신감이 생겼습니다. 그래서 TFT를 꾸리는 데 큰 어려움은 없었습니다. 그런 믿음이 없었다면 5G 선언을 못 했죠. 내부의 역량이 없어서는 안 되는 일이니까요. 다음으로 직원 선발 기준을 물으셨는데, 전문성을 갖춘 직원들 그리고 열정을 가진 직원들이 있어서 어렵지 않았습니다. 제가 자랑하려는 게 아니라 KT는 굉장히 높은 기술력을 갖춘 회사입니다. 5G로 할 수 있는 유·무선 와이파이, 위성 등 모든 걸 갖춘 회사입니다. 영업, 마케팅 위주로 돌아가는 회사가 아니에요. KT 정말 좋습니다. 여러분도 한번 써보세요. 갑자기 회사 홍보를 하게 됐네요. (웃음)

—— 지금까지 기술 발전은 많은 경우 환경에 부정적 영향을 끼쳤고 결국에는 지구의 가장 큰 문제인 환경문제까지 야기했다고 생각합니다. 현재는 유엔에서도 지속 가능한 발전을 지향하고, 소비자들도 회사의 행보나 추구하는 바를 파악해서 스마트한 소비를 하려고 노력하고 있습니다. 5G 기술의 발전과 함께 신경 써야 하는 다른 요소가 뭐가 있을지 궁금합니다.

6G 자료를 준비하면서 언급하려 했는데요. 미래 통신 기술의 요건이 뭡니까? 실제로 5G하고 비슷합니다. 통신비가 싸야 되고, 보편적으로 누구나 액세스access(접근)가 가능해야 되고, 상대적으로 디지털 환경에 취약한 사람들도 품을 수 있어야 됩니다. 사용의 편리성, 안전성, 이런 것도 물론 갖춰야죠. 마지막으로 더욱 환경 친화적이어야 합니다. 흔히 ESGEnvironmental, Social and Governance라고 경영 차원에서 철저하게 관리해야 합니다. 5G, 6G만의 이

야기도 아닙니다. 현재 그리고 미래에는 이러한 경영 철학이 더 강화될 거라고 생각합니다.

—— 강의를 통해서 많은 인사이트를 얻을 수 있었습니다. 개인적인 질문이긴 합니다만, 가장 중요하게 생각하시는 가치가 무엇인지 궁금합니다.

중요하게 생각하는 가치는 책에도 아마 썼을 겁니다. "혼자 이룬 것은 하나도 없다." 제가 리더로서 사람들을 설득할 수 있는 방법을 찾기는 했지만, 모두 함께 이룬 것들입니다. 함께했던 동료들은 오히려 저보다 목표가 뚜렷했고 성공에 대한 의지도 강했습니다. 제가 지난번에 '먼저 주라'고 이야기했잖아요. 그렇게 먼저 관계를 만들어가는 것이 굉장히 중요합니다.

그리고 거저 얻을 수 있는 것은 없습니다. 설득도 연습해야 합니다. 제가 미국 지사 참모한테 들은 이야긴데, 잡스가 발표장에 뛰어들어가면서 행사장 앞에 서 있던 사람한테 "당신 애플 직원이야?"라고 물었다고 해요. 그 사람이 맞다고 하니까 자동차 키를 던지고 갔다는 거예요. 자기는 들어가서 연습해야 하니까 주차 좀 해달라고 말이죠. 프레젠테이션 달인인 잡스조차 무지무지한 연습광이었다는 거죠. 기억하십시오. 설득도 연습이 필요합니다!

—— 며칠 전 뉴스를 통해 정부에서 2024년까지 5G 전국 망을 완성하고 2026년에 세계 최초로 6G 시험 준비에 돌입한다는 소식을 접했는데요. 6G만의 새로운 특징이 있는지, 아니면 5G의 특성을 더욱 고도화시키는 것인지 궁금합니다.

아까 설명드렸듯이 지금까진 6G에 들어가는 기술이 5G와 어떻게 다르다고 차별성이 드러난 부분은 사실 없습니다. 2024년까지 5G 전국망을 완성한다는 예상도 재고할 필요가 있고요.

5G가 실현되면서 디지털화가 되고, 멀티미디어가 가능해지고, 고속 통신이 가능해졌죠. 5G가 되면서 IoT의 발전 속도도 엄청나게 빨라졌습니다. 지연 시간이 줄고 연결성이 좋아진 덕분인데요. 6G가 되면 속도가 테라비피에스Tbps까지 올라갈 거라 생각합니다. 그러나 그걸 어떻게 구현할 것인가는 아직도 베일에 싸여 있습니다. 어떻게 안테나를 만들어서 구현할 것인가도 지금은 알 수 없죠.

우리는 5G를 상용화하면서 생긴 이점과 문제점을 잘 알고 있습니다. 그리고 소비자들은 이미 익숙해져 있죠. 28기가헤르츠 주파수 대역을 활용해 B2B 분야가 성장할 것도 예상하고 있습니다. 그다음에 6G가 올 것입니다. 기술이 개발되고 상용화되려면 투자와 인프라가 충분히 지원되어야 하므로 변곡점은 그에 따라 나타날 것으로 보입니다.

한 가지 예로, 6G가 되면 장비가 전부 다 소프트웨어가 될 수도 있습니다. 무슨 말이냐면, 통신하고 IT의 융합이 일어난다는 거예요. 통신 장비를 만드는 게 아니라 IT에 있는 소프트웨어로 다 기능을 하게 해주는 겁니다. 지금은 꿈같은 소리라고 하는데, 상당히 진전되어 있습니다. 이런저런 접근이 가능합니다.

다만, 아직 우리가 5G의 초기 단계에 있는 만큼 5G의 생명은 길 거라고 예상합니다. 대답이 됐나요? 굉장히 표정이 밝은 거 보니 충분한 대답을 들으신 것 같은데요. (웃음)

── 5G 기술을 통해서 재난이나 사고 관리, 응급 진료 같은 것도 가능하리라고 하셨고, 실제 기술 지원도 되는 걸로 알고 있습니다. 경영자로서 사회문제 해결이나 사회 복원에 어느 정도 고려를 하는 것이 맞다고 보십니까?

마침 질문 잘하셨습니다. 다음 강의에 제가 CWTChange the World with Technology를 이야기할 겁니다. 지금 우리가 코로나19 시대를 살고 있잖아요. 하지만 이전에 팬데믹이 코로나19만 있던 게 아니죠. 제가 조류독감이나 사스SARS 때부터 통신 기술을 활용한 예방책에 대해 많은 공부를 하고 사례도 만들었습니다. GEPP라고, Global Epidemic Prevention Platform을 만들어서 전 세계에 확산시키고, 유엔하고 다보스포럼Davos Forum에도 가서 소개했습니다.

지금까지 경영 현장에서는 CSR 전략, 즉 Corporate Social Responsibility를 배웠습니다. 다음에 CSVCreating Shared Value 개념을 하버드대 경영학과 마이클 포터Michael Porter 교수가 제창해서 확산이 됐습니다. 저는 CWT라는 개념을 여러분한테 소개할까 합니다. 기술로서 세상을 유익하게 바꾸자는 내용인데요. 보통 이런 개념들은 10년 단위로 나왔죠. 아마 2000년에 CSR이 나왔고, 2010년에 CSV라는 개념이 도입됐습니다. 저는 2020년 전후로 CWT를 강조하고 있는데요. 이걸 다음 강의에 소개할 겁니다. 기대해 주세요.

교수 질문해도 되는지 모르겠는데, 회장님 의견을 좀 듣고 싶어서요. 기술의 발전으로 많은 스타트업들이 생겨나고 또 없어지는 중인데요. 5G를 베이스로 한 스타트업도 많이 나타나고 있습니다. 우리 학생들에게도 어떤 기회의 장이 열릴지 말씀 부탁드리겠습니다.

좋은 질문을 해주셔서 감사합니다. 지금 5G를 플랫폼으로 해 많은 기업들이 생겨나고 있습니다. 10년에 하나씩 나올 만한 기술이 지금 동시다발적으로 수십 개씩 쏟아지고 있어요. 그리고 제가 첫 시간에 예로 들었는데, 스노우플레이크의 주요 사업은 클라우드입니다. 데이터를 저장하는 곳이지요. 저는 스노우플레이크의 성공이 4차 산업에 들어가는 기술을 먼저 준비했고, 5G라는 플랫폼이 열리니까 그 위에 올라탄 덕분이라고 생각합니다. 본격적인 5G 시대가 열리면 이런 기업들이 더 생겨날 거고 상당히 지속될 겁니다. 제가 KT 사례도 들었습니다. 케이뱅크 있죠. 50명 직원인 회사가 지금 KT그룹 전체 시가총액과 맞먹는 평가를 받습니다. 뭐 때문에? 빅데이터 시대의 블록체인이라는 기술 때문입니다. 그걸 준비해서 승부수를 띄운 거죠. 제가 긍정적인 면만 본다고 지적하실 수도 있는데, 저는 옛날보다는 기회가 훨씬 많고 변동은 적을 거라고 생각합니다.

—— 평소에 제가 공상을 많이 하는 편인데, 이 수업에서 다양한 기술을 알게 되고 다양한 이야기를 듣게 됐습니다. 비현실적인 공상도 실현 가능하다는 생각을 갖게 되어서 감사하다는 말씀을 드립니다. (박수) 제가 궁금한 것은 기술을 통해 사람들의 삶에도 굉장히 많은 변화가 일어날 것이라고 말씀해 주셨는데, 우리 사회의 법이나 제도가 이를 따라갈 수 있을까, 이런 것들의 공백 때문에 문제가 일어날 수 있지 않을까 하는 겁니다. 기업들은 이를 위해 어떤 준비를 해나가야 할까요?

제가 국가 R&D에 있을 때 화이트사이즈 교수가 와서 물었습니

다. 자율 주행에 대해 이야기하면서 "한국이 자동차도 잘하고 IT
도 잘하니까 두 개 결합하면 잘할 것 같냐?" 여러분 생각은 어떠
세요? 그런데 화이트사이즈 교수가 아니라는 거예요. 해당되는
사회적 법, 규제 등 이런 것들이 준비되어 있는지에 따라서 성패
가 갈린다는 거죠.

사실 우리는 잘 모르잖아요. 어떤 형태로 제품이 나타나고 기술
이 나타날지를 알면 다 법과 규제로 정했을 텐데 미리 알 수가 없
지요. 그래서 대부분 법과 규제는 다음에 따라옵니다. 현재로서
는 기술 개발이 우선하죠. 법과 제도는 시행하면서 조정해 나갈
수 있습니다.

알려는 노력 그리고 상상력이 필요한 부분입니다. 정답은 없지만
미래의 다음 스텝을 상상하고 그때 나타날 법과 규제를 예측해서
시뮬레이션하는 것이 최선인 것 같습니다.

교수 오늘도 시간을 꽉 채워서 수업을 했습니다. 미래 기술을 선점하는 건 정말
어려운 일인데요. 5G라는 아주 생동감 넘치는 소재로 강의를 준비해 주신 황 회
장님께 감사드리며, 박수로 강의 마치도록 하겠습니다.

5장

위기의
대응

반갑습니다. 벌써 다섯 번째 시간입니다. 이제 상당히 익숙해진 것 같죠?

여러분이 주신 네 번째 소감문 잘 살펴봤습니다. 매번 강의의 핵심을 잘 짚는다고 생각하는데요. 덧붙여 주신 질문을 보면서 답변을 고민하는 시간도 상당히 즐겁습니다. 오늘도 다는 소개를 못 하고 일부 중복된 질문에 대해 답을 드릴까 합니다.

여덟 개 조에서 코멘트를 주셨는데 그중 서너 개 조에서 "기술 선점 과정에서 조직을 어떻게 설득하고 앞으로 가게 하느냐?"라는 질문을 주셨어요. 여기서 조직이란 내부, 외부 모두를 아우르는 것 같습니다.

우선 내부적으로는 조직을 수평적으로 만드는 게 중요하다고 봅니다. '엣지에서 센터로'라고 말씀드리고 싶어요. 조직원의 목소리를 듣고 변화를 주도할 수 있는 분위기를 만들어야 조직원에게도 들을 수 있는 여유가 생깁니다. 다음으로 외부의 협력을 이끌어내는 데는 '상대의 이익을 먼저 제시하는 것'이 주요하다고 봅니다. 제가 NTT도코모에 이렇게 이야기했잖아요. "우리가 시행착오를 겪으면서 얻은 기술을 기꺼이 전수해 주겠다"라고요.

내가 줄 수 있는 것을 먼저 제시해야 합니다. 그게 기본 원칙입니다.

코멘트 중에 "엔지니어 출신인데 경영학 전공자처럼 강의를 아주 잘해줘 고맙다"라는 글이 있었는데, 칭찬해 주셨으니 저도 여러분께 팁을 하나 드리겠습니다. (웃음)

'설득의 기술'에 대한 것인데요. 저는 공개적인 연설에서 '선언'을 많이 했죠. 이렇게 대중을 설득하는 스피치에서는 매크로스코프의 거시적인 안목과 아주 구체적인 마이크로 데이터를 교차해서 활용하는 것이 유용합니다. 사실 선언은 큰 물줄기의 변화를 이야기하는 것이죠. 멋지지만 자칫 허황되게 비칠 수 있습니다. 이 때문에 중간중간 이를 뒷받침하는 사례를 들어야 합니다. 아주 현실적인 것으로 말이죠. 구체적인 숫자를 청중의 눈높이에 맞게 제시합니다. 그리고 다시 매크로스코프 이야기로 돌아옵니다. 이 과정에서 자연스럽게 설득이 진행됩니다. 마이크로 지점에서 납득되면 매크로적인 이야기에도 쉽게 공감됩니다. 자, 이해하시겠어요? '매크로와 마이크로의 교차.' 설득이 필요한 스피치에서 꼭 활용해 보시기 바랍니다.

나머지 조에서는 내부 동력의 중요성, 특허와 표준화의 가치, 상상력과 호기심의 필요성 등을 언급해 주셨어요. 강의 시간에 했던 내용들을 바탕으로 자신들의 주장을 담아주셨는데, 모두 잘 정리하셨습니다.

다섯 번째 강의 시작하겠습니다.

기회는 언제 찾아오는가?

• • • • •

오늘 강의의 주제는 '위기의 대응'이죠. 위기라는 건 개인에게도 찾아오고, 사회에도 기업에도 찾아옵니다.

게다가 요즘은 '상시 위기'라고 합니다. 코로나19를 겪으면서 여러분도 많이 느끼셨을 겁니다. 언제 어떻게 찾아올지 모르던 위기가 불쑥 코앞에 와 있습니다. 팬데믹만 이야기하는 게 아니죠. 우리가 아는 그리고 모르는 전쟁이 끊이지 않고 일어나고 있습니다. 날이 갈수록 국가 간 무역 전쟁도 심해지죠? 그야말로 총성 없는 전쟁 속에서 많은 기업들이 무너지고 있습니다. 글로벌화와 첨단화가 진행되면서 우리가 컨트롤할 수 없는 위험 요인이 너무나 많아졌습니다. 그래서 그냥 '위기 속에 산다'고 말하곤 하지요.

여러분, 제가 여기서 하나만 묻겠습니다. 위기는 나쁜 겁니까? 아주 당연한 걸 물었나요? 위기를 달가워하는 사람은 없으니 좋다고는 할 수 없겠죠? 그렇지만, 정말 위기는 나쁘기만 한 겁니까?

그 답을 찾기 위해 역사 이야기를 잠깐 해볼까 합니다.

코로나19 팬데믹이 창궐하던 초기, 두려움이 극에 달할 때 많이 회자되던 질환이 있었죠. 바로 1343년 유럽을 강타한 흑사병입니다. 실제 혈관 내 피가 응고되어 검은 괴사가 나타난다 해서 붙여진 이름인데요. 인류 역사상 최악의 전염병으로 꼽힙니다.

흑사병은 중앙아시아에서 실크로드를 통해 유럽으로 퍼져나간 것으로 알려져 있습니다. 이 흑사병으로 최소 약 7,500만~2억 명이 사망합니다. 의학이 발달하지 않아서 흑사병을 고치기 위해 기이한 행동도 많이 했다고 하는데, 원인인 페스트균이 밝혀진 것도 한참 후의 일입니다.

그런데 여러분, 기억나세요? 세계사에서 14세기 흑사병을 다룰 때 꼭 함께 다루는 사건이 있습니다. 바로 '봉건제도의 붕괴'죠. 봉건제도란 왕과 신하들의 주종 관계를 바탕으로 한 제도죠. 왕이 신하들에게 토지를 배분하고 기사를 양성하게 합니다. 신하들은 농민들에게 토지를 나눠주고 지세를 걷어들입니다. 땅을 소유하지 못한 농민들은 엄청난 착취에 시달릴 수밖에 없는 구조죠.

그런데 흑사병 때문에 이 봉건제도가 무너집니다. 흑사병으로 많은 사람들이 일시에 죽게 되자 노동력이 부족해졌고, 도시와 농촌 모두에서 '노동자의 권리 찾기'가 시작됩니다. 일손이 줄게 됐으니 높은 임금을 요구할 수 있게 된 거죠. 영주들은 대농장을 유지하기가 힘들어지고, 자기 땅을 소유하는 농민들도 늘어납니다.

봉건제의 붕괴와 함께 르네상스 시대도 열리는데요. 중세 시대 종교에 몰두했던 사람들이 이제 신도 죽음은 어쩌지 못한다는 것을 깨닫게 되죠. 신에게 모든 것을 의지하는 모습을 멈추면서, 오로지 신만 바라보던 시선이 비로소 인간에게 돌아옵니다. 인본주의로 새로운 문화가 꽃피게 되는 것이죠.

어떻습니까, 여러분? 역사의 수레바퀴에서 위기는 위기로만 끝나지 않았습니다. 항상 새로운 기회를 만들어냈죠. 오늘 강의의 주제인 '위기의 대응'은 다소 무거운 이야기일 수 있지만, 저는 이 부분을 먼저 강조하고 싶었습니다.

많은 경영서와 경영자 들은 위기의 상시성을 이야기합니다. 아시죠? 모두가 기뻐 날뛸 때 위협과 위기가 찾아온다고 겁을 잔뜩 주잖아요? 하지만 여러분, 위기는 나쁘기만 한 겁니까? 제가 아는 바로는 그렇지 않습니다. 우리가 앞이 막막하다고 걱정에 사로잡힐 때 기회도 함께 찾아옵니다. 인류는 그 기회를 통해 성장해 왔습니다. 위기를 맞은 인류가 세상을 바꿔왔다는 걸 잊지 마십시오!

또 하나, 시간을 좀 길게 늘려 바라보세요. 위기는 지나갑니다. 그러나 인류는 살아남습니다. 코로나19라는 팬데믹도 언젠가는 끝날 것입니다. 그날을 빨리 오게 하는 것이 인류의 과제이기도 합니다. 임기응변은 답이 아닙니다. 위기에 대처하고 기회를 활용해서 성장하는 것, 그것이 우리가 할 수 있는 최선입니다.

위기의 뒷모습, 세상을 바꿀 기술의 등장

• • • • •

본격적으로 '위기의 대응'에 대해 이야기해 보겠습니다.

기술이 모든 문제를 해결할 수 있을까요? 아니죠. 다만 저는 상당히 많은 부분에선 해결 방법을 갖고 있다고 생각합니다. 최근의 팬데믹도 마찬가지입니다.

고대부터 최근까지 인류를 위협했던 감염병을 정리해 보았습니다. 장티푸스, 흑사병, 스페인독감 이후에도 여러 감염병이 있습니다. 2000년 이후에는 사스, 메르스, 에볼라도 창궐했네요. 그사이 무슨 일이 벌어졌습니까? 헬스 케어 기술의 개발과 활용이 매우 활발해졌습니다. 그 선두에는 의료 관련 기업들이 아닌 기술 기업들이 포진했습니다. 글로벌 기업 네 곳의 활동 내용을 살펴보죠.

| 감염병의 역사 |

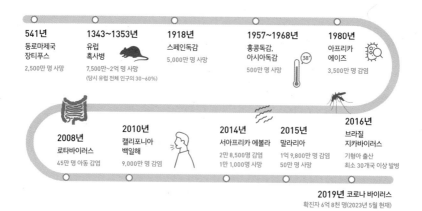

541년
동로마제국
장티푸스
2,500만 명 사망

1343~1353년
유럽
흑사병
7,500만~2억 명 사망
(당시 유럽 전체 인구의 30~60%)

1918년
스페인독감
5,000만 명 사망

1957~1968년
홍콩독감,
아시아독감
500만 명 사망

1980년
아프리카
에이즈
3,500만 명 감염

2008년
로타바이러스
45만 명 아동 감염

2010년
캘리포니아
백일해
9,000만 명 감염

2014년
서아프리카 에볼라
2만 8,500명 감염
1만 1,000명 사망

2015년
말라리아
1억 9,800만 명 감염
50만 명 사망

2016년
브라질
지카바이러스
기형아 출산
최소 30개국 이상 발병

2019년 코로나 바이러스
확진자 6억 8천 명(2023년 5월 현재)

구글은 클라우드 기반의 강력한 빅데이터 분석 능력을 가지고 있습니다. 이 능력을 발휘해 벤처 기업이나 스타트업을 인수, 합병하고 제휴를 시작합니다. 최근 구글은 의료 전문 LLMLarge Language Models(대규모 언어 모델)을 공개하며 헬스 케어 분야의 인공지능 기술을 대거 소개했는데요. 의료 AI를 주축으로 초음파와 엑스레이 사진을 판독하는 AI 기술을 개발하는 협력 사업도 진행하죠.

다음은 애플인데요. 애플은 뭘 제일 잘하죠? 하드웨어, 다시 말해 디바이스 중심의 데이터 플랫폼을 만들고 유지하는 거죠. 아이폰과 애플워치를 활용한 헬스 케어 기능을 강화하고 있습니다. 이 기기들에는 일상생활이나 운동 그리고 수면 중의 바이탈 체크는 물론 복약 지도와 같은 건강관리 기능도 추가됐습니다. 사용자들의 데이터를 모아서 헬스 케어 데이터로 활용할 수도 있겠죠.

IBM은 어떤가요? 의료 AI 왓슨에 대한 설왕설래가 많았습니다.

2013년 질병의 진단과 치료법 제시를 위한 의료 서비스를 시작하겠다 밝히고 1년 뒤 왓슨 헬스 케어 사업부를 신설했습니다. 2016년까지 막대한 의료 데이터와 분석 시스템, 고객 확보를 위해 대규모 투자를 진행했습니다. 우리나라 돈으로 18조 원에 달한다는 보고가 있었는데요. 76세 뇌암 환자의 유전체를 분석하고 치료 계획을 수립하는 데 10분밖에 걸리지 않았다는 연구 결과를 내면서 밝은 미래를 전망하기도 했죠. 다만 2018년부터 사업부가 축소되더니 2022년에는 사업부를 매각하기 이릅니다. 단기적 수익을 내기 어렵다는 평가가 유력한 이유로 보입니다만, 그럼에도 IBM은 헬스 케어 사업에서 철수하는 건 아니라 강조하고 있습니다.

마지막으로 아마존입니다. 아마존은 '아마존 케어'라는 원격 의료 서비스를 운영했는데요. 원래는 직원을 대상으로 한 의료 서비스였는데 일반인 대상으로 확대한 겁니다. 미국은 한국보다 원격 의료에 대한 요구가 높았고 적극적으로 시행도 됐죠. 제도 도입에 대한 문제 제기가 많았다가 코로나19로 어쩔 수 없이 도입된 한국과는 상황이 많이 달랐습니다. 다만 아마존 케어는 서비스가 오래가지 못했습니다. 아마존은 소비자 모집이 예상만큼 잘되지 않자 아마존 케어를 닫고, 가상 헬스 케어 플랫폼에서 치료받는 '아마존 클리닉'을 다시 출시했습니다. 시장에서 살아남을 수 있는 서비스를 만들기까지 지속적인 실험이 계속될 것으로 보입니다. 대략적으로 글로벌 기업 네 곳의 헬스 케어 사업 내용을 살펴봤는데 어떠신가요? 헬스 케어의 발전이 느껴지시나요? 감이 잘 안 오시나요? 시뮬레이션을 해보죠.

이제 시계만 잘 차고 있어도 몸 상태를 확인할 수 있습니다. 심박 이상 정도는 금세 알아차릴 수 있죠. 그리고 몸에 이상이 생겼다 해도 무조건 병원에 갈 필요가 없습니다. 팬데믹으로 얼굴을 맞대고 의사를 봐야 한다는 고정관념이 사라졌죠? 오히려 꺼리는 이들도 많습니다. 원격 의료로 증상을 이야기하고 약을 처방받을 수 있는데 굳이 병원에 갈 필요가 없죠. 약을 가지러 가는 것도 손수 할 필요가 없습니다. 손쉽게 딜리버리 서비스를 이용할 수 있기 때문이죠. 가벼운 질환은 이러한데요, 중한 질병도 디지털 헬스 케어가 확대되면 치료가 훨씬 수월해집니다. 보통 종합병원에서 검사하면 진단까지 빨라야 2주입니다. 검사하고 전문의가 결과를 확인해서 진단하기까지 걸리는 시간인데요. 진단 AI가 도입되면 이 시간이 획기적으로 줄어듭니다. 실제 왓슨이 보여줬잖아요. 10분이면 암을 진단해낼 수 있다고 말이죠. 어쩔 수 없이 수술할 때도 원격 의료가 가능하고 엣지 컴퓨팅을 활용해 수술의 정확도도 높일 수 있습니다. 2019년 버라이즌Verizon은 AR Augmented Reality·VR을 활용한 수술 사례를 발표했는데요. 환자 신체에 영상을 투사해 정확한 위치를 확인하는 새로운 수술 방식을 공개한 바 있습니다.

이것이 여러분이 곧 마주하게 될 미래입니다. 예견된 미래죠. 빅데이터를 활용해 맞춤 처방과 치료를 받는 디지털 헬스 케어가 가능해질 것입니다. 관건은 얼마나 많은 데이터를 얼마나 빠른 시간 안에 쌓느냐는 것이죠. 현재 환자를 검사하고 진단하고 치료하는 전 과정에서 데이터가 만들어집니다. 옛날에는 차트를 수기로 썼지만 지금은 개인 건강 기록이 모두 디지털화됐죠. EMS Emergency Medical Services(응급의료기록), EMR Electronic Medical Record(전자 차트) 등 모든 것이 디지털 데이터입니다. 이 데이터가 어느 정도 쌓이면 가장 효과적인 치료법을 찾는 과정도 훨씬 단축될 것입니다.

정리를 해볼까요? 팬데믹이 시작되는 시점에서 우리는 산업사회의 병폐에 대한 반성을 많이 했습니다. "왜 팬데믹이 시작됐느냐?"라는 질문을 하면서 말이죠. 그리고 팬데믹을 통과하는 사이 우리는 한 가지 사실을 다시 확인했습니다. 인류가 당면한 문제를 해결하는 가장 합리적인 방법이 무엇이냐? 뭡니까?

팬데믹은 5G를 바탕으로 한 원격 의료, 원격 수업, 원격 근로를 매우 빠르게 정착시켰죠. 비대면을 위한 로봇 기술의 도입도 한층 앞당겼습니다. 이렇게 인류는 '기술'을 통해 당면한 문제를 해결해 나가고 있습니다.

CSV, CSR을 넘어선 CWT를 기획하다

• • • • •

앞서 위기에 대응할 수 있는 가장 좋은 전략이 '기술을 활용하는 것'
이라고 설명드렸습니다. 제가 지난 시간에 CWTChange the World with Tech-
nology 개념을 소개할 거라고 운을 띄웠는데요. 이것도 위기 대응의 가장
좋은 방법 중 하나라고 생각합니다. 본격적으로 이야기를 해보죠.

실제 많은 과학자 그리고 경영자 들이 기술로 위기를 극복하고 세상
을 변화시킬 수 있다고 상상합니다. 하지만 경영 현장에서는 결코 쉬운
일이 아니죠. 최소 세 가지 질문에 대한 확실한 답을 가지고 있어야 합
니다. 정리한 걸 함께 보시죠.

첫 번째, '위기를 극복할 기술을 가지고 있는가'입니다. 세상을 변화
시키기 위해서는 확실한 기술이 필요합니다. 대표적으로 5G, 스마트
헬스 케어는 위기를 극복할 수 있는 최신의 기술들입니다.

두 번째, '기업의 사회적 책임을 다할 수 있는가'입니다. 과거 사람들
이 기업에 기대하는 건 크지 않았습니다. 좋은 물건을 내놓는 거죠. 소
비자가 만족할 수준이면 됐습니다. 그런데 요즘은 그렇지 않죠. '지속
가능성'이 중요한 화두입니다. 인류가 지속 가능하도록 자원을 활용하
고 미래를 고려해야 합니다. 사실 지속 가능성 개념은 2000년부터 나오
기 시작해서 많은 기업들이 활용하는 개념인데요. CSR 역시 기업의 사
회적 책임이라는 경영 활동을 이야기합니다.

마지막으로 세 번째는 '사회적 가치와 경제적 가치 모두를 창출할 수
있는가'입니다. 2010년부터 하버드비즈니스스쿨의 마이클 포터 교수
는 사회적 가치와 경제적 가치는 병행되어야 한다고 주장했습니다. 기

업이 일방적으로 지원하는 형태여서는 안 된다는 거죠. 기업이 존재하면서 각각의 가치를 구현할 수 있는 방법을 찾아야 합니다. 사실 경영자 입장에서는 이 부분이 가장 어려운 부분이기도 합니다.

저는 GEPP가 이 세 가지 질문에 대해 제대로 된 답을 했다고 생각하는데요. 오늘 설명을 통해 과연 GEPP가 CWT의 사례가 될 수 있을지 여러분이 판단해 주시기 바랍니다.

여러분, GEPP란 글로벌 감염병 확산 방지 플랫폼입니다. 코로나19 시대를 살고 있으니, 감염병의 위험성에 대해서는 더 설명할 필요가 없겠죠? 2020년 기준으로 한국에 들어오는 외국인은 약 1,500만 명입니다. 한국에서 해외로 나가는 규모는 약 3,000만 명으로 이 둘을 합하면 한국 인구에 맞먹는 정도입니다. 지금은 코로나19 때문에 주춤한데, 평상시라면 유동 인구의 규모는 더 커졌을 겁니다. 말 그대로 글로벌 시대니까 당연한 일이겠죠? 그런데 사람들이 이렇게 많이 자주 움직이면 어떤 일이 생깁니까? 네, 맞습니다! 팬데믹과 같은 감염병에 매우 취약해집니다. 이것이 지금 인류가 당면한 현실입니다. GEPP는 이를 해결할 수 있는 획기적인 솔루션입니다. 그럼 먼저 그 시작을 이야기해야 할 텐데요. 시간을 잠깐 뒤로 돌려보겠습니다.

2014년, 제가 KT에 부임하자마자 한국에는 조류독감이라는 것이 돌았습니다. 당시 대응책이라는 것이 참 미비했습니다. 감염된 가축을 매몰하고 방역을 강화하는 정도였죠. 여러분, 기억나시나요? 일부는 기억하시는 것 같은데…. 생각해 보면 요즘은 조류독감이 언론에 보도되고 그런 일이 없습니다. 안 생기죠? 정말입니다. 조류독감 바이러스가 하루아침에 사라진 걸까요? 백신이 만들어졌나요? 아닙니다. 우리가 확산되지 않도록 했습니다. (박수) 그 이야기를 먼저 드리도록 하겠습니다.

조류독감은 오랫동안 사회문제를 일으켰습니다. 해결하기 위해 조 단위의 비용이 들어갔습니다. 한국에 상당히 오랫동안 있던 문제였죠. 그런데 왜 해결이 안 됐냐? 당시만 해도 조류독감은 조류가 옮긴다고 생각했습니다. 조류에는 농가에서 키우는 가금류만 있는 게 아니죠. 때마다 날아오는 철새들도 있습니다. 조류를 다 관리해서 독감의 전파를 막는다는 것이 불가능하다고 생각했습니다. 어때요, 일리 있죠?

그런데 KT에서는 '정말 그럴까?'라는 의문을 갖게 됐습니다. '모두가 상식이라고 생각하는 그게 맞을까?' 참 과학적이죠? (웃음) 그래서 농림부에서 데이터를 받아서 빅데이터를 분석하기 시작했습니다. 센서가 부착된 사료를 운송하는 트럭과 조류독감의 확산세와 비교해봤습니다. 놀랍게도 정확하게 일치했어요.

그럼 사실은 뭡니까? 조류독감은 조류가 옮기는 게 아니라 사료를 나르는 트럭에 의해 전파됐던 거죠. KT의 보고서를 받은 정부는 집중 방역을 하기 시작했습니다. 농가를 오가는 트럭과 문제가 되는 지역을 집중적으로 방역하기 시작한 거죠. 그러자 어떻게 됐습니까? 조류독감의 확산이 멈췄고 발생 자체도 줄게 됐습니다.

이 사건 이후 저와 KT의 직원들은 머리를 맞대봤습니다. 전염병으로 가장 고통받는 대상은 누굽니까? 바로 사람입니다. 코로나19가 시작되기 전까지 한국은 감염병 청정 국가로 불렸습니다. 그래서 감염병에 의한 피해도 크지 않고 걱정도 많지 않았어요. 하지만 세계로 눈을 돌리면 달라집니다. 선진국이라고 하는 미국만 해도 매해 독감 때문에 수만 명의 사람이 목숨을 잃어요. 아프리카 국가들을 비롯한 저개발국가들은 감염병으로 많은 목숨이 희생됩니다. 이런 곳에 빅데이터를 활용한 감염병 예방 플랫폼을 제공한다면 수많은 목숨을 살릴 수 있는 것이죠. 그런 고민들을 하기 시작할 때 한국에 또 다른 중요한 사건이 벌어졌습니다.

팬데믹을 조기 차단한 GEPP

• • • • •

여러분, 메르스 아세요? '중동호흡기증후군'으로 불린 질환인데요. 2015년 무렵에 국내에서도 발생했습니다. 입국자들에 의한 전파였는데 확산 속도가 매우 빨랐습니다. 결과적으로 38명이 사망하고, 186명이 확진되고, 1만 6,000명 이상이 격리되는 상황이 벌어집니다.

중동에서 발생한 질병이 어떻게 우리나라에 이렇게 막대한 피해를 입히게 됐느냐? 공교롭게도 그 시작은 한 남성이었습니다. 당시 당국에서도 메르스의 위험성은 잘 알고 있었어요. 그래서 발병 국가에서 입국한 시민들을 특별 관리했습니다. 감염 여부를 확인 후 귀가시키고 이상이 있으면 선제적으로 격리시켰습니다. 그런데 이 남성은 그 관리 대상이 되지 못했어요. 왜? 다른 국가를 경유해 한국에 들어왔기 때문입니다. 사우디아라비아에 머물렀지만 바레인을 경유해 입국하다 보니 관리 대상에서 빠져버린 거죠. 이 남성은 확진 판정 전까지 병원 세 곳을 옮겨 다녔고 확산세는 높아져갔습니다.

KT는 조류독감의 사례를 들며 '데이터에 근거한 방역'이 필요하다고 질병관리본부에 전달했습니다. 어느 나라에서 입국했냐가 중요한 게 아니라 감염 국가에 머물렀냐가 중요하잖아요? 그럼 입국자들이 그곳에 있었는지 아닌지를 확인해야죠. 휴대폰 로밍만큼 확실한 데이터는 없었던 겁니다. KT는 정부에 로밍 데이터를 활용하자고 강력하게 요청했습니다. 정부에서 승인해 줬고 통신 3사에서 제공한 로밍 데이터를 근거로 감염병 차단 시스템을 구축했습니다. 이게 바로 GEPP의 프로토 타입이었습니다.

결과적으로 1차 메르스는 발생 69일 만에 종식됐는데요, KT는 12번 환자의 로밍 데이터를 확인해 접촉한 사람들을 격리하도록 하여 메르스 종식을 도왔습니다. 이 환자는 메르스 발생 후 60일쯤 지나서 한국에 들어왔는데요. 사우디아라비아에서 스위스로 갔습니다. 스위스는 이른바 청정 국가죠. 그런데 로밍 데이터를 풀었기 때문에 이 사람이 사우디아라비아에서 출발했다는 걸 알았습니다. 그래서 그가 입국하자마자 그 자리에서 블로킹했죠. 그리고 그가 접촉했던 사람까지 동시다발적으로 블로킹했습니다. 그렇게 1차 메르스를 종식시킬 수 있었습니다.

GEPP의 활약상은 2018년 2차 메르스 사태 때 확실히 나타났습니다. 2차 메르스 사태 때는 환자 한 명이 발생했지만 확산되지 않았고, 38일 만에 종결됐습니다. 이 결과에 그렇게 감동이 안 오시나요? 그럼 좀 자세히 설명을 드리겠습니다.

보통 전염병은 어떻습니까? 1차보다 2차가 강력합니다. 그런데도 2차 메르스 유행 때 사망자는 한 명도 나오지 않았고 피해가 훨씬 적었습니다. 이때 어떻게 대응했냐면, 해외여행자 2,600만 명 중에 480만 명에게 위험을 알리는 메시지를 보냈습니다. 메르스 사태를 알리고 방역에 주의해 달라는 내용이었죠. 이상 증상이 있으면 즉시 당국에 알려달

| GEPP 실행 전후 메르스 확진자 추이 |

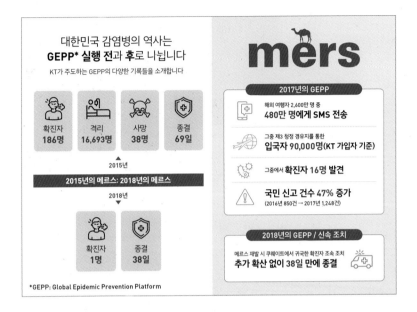

대한민국 감염병의 역사는
GEPP* 실행 전과 후로 나뉩니다
KT가 주도하는 GEPP의 다양한 기록들을 소개합니다

확진자	격리	사망	종결
186명	**16,693명**	**38명**	**69일**

▲
2015년

2015년의 메르스 : 2018년의 메르스

2018년
▼

확진자	종결
1명	**38일**

*GEPP: Global Epidemic Prevention Platform

mers

2017년의 GEPP

해외 여행자 2,600만 명 중
480만 명에게 SMS 전송

그중 제3 청정 경유지를 통한
입국자 90,000명(KT 가입자 기준)

그중에서 **확진자 16명 발견**

국민 신고 건수 47% 증가
(2016년 850건 → 2017년 1,248건)

2018년의 GEPP / 신속 조치

메르스 재발 시 쿠웨이트에서 귀국한 확진자 조속 조치
추가 확산 없이 38일 만에 종결

라고도 했어요. 이후 KT 사용자에 한해 약 9만 명으로 봤는데요. 그중 확진자가 16명이 발견됐습니다. 미리 연락을 받았기 때문에 국민 신고도 47퍼센트로 월등히 늘어났고요. 이런 상황에서 확진자는 딱 한 명, 그리고 아무도 격리되지 않고 사망자도 없이 1차보다 짧은 기간에 종결된 것입니다. 박수가 한번 나올 만하죠? (박수)

GEPP 실행 전과 후입니다. 어떻습니까, 확 차이가 나죠? 이후 저와 KT 직원들이 바빠졌습니다. 그동안 감염병은 확실한 대응책이 없다는 것이 대응책이었어요. 백신 개발을 해서 병원균을 없애는 것만이 방법이었죠. 그런데 메르스를 통해서 의술이 아니라 기술로 감염병 확산을 막을 수 있다는 게 확인됐잖아요? 그래서 GEPP를 우리만 알고, 갖고

있을 게 아니라 전 세계적으로 알리고 생명을 살리는 데 기여해 보자,
그런 생각으로 바쁘게 다녔습니다.

2016년과 2017년에는 UNGC_{UN Global Compact} 그리고 G20 정상회
의에 참석했는데요. UNGC는 2년에 한 번 열리는데 기조연설이 있는
전날에 보통 유엔 총회가 열립니다. 제가 저기서 첫 발표자로 나선 적이
있는데 당시는 반기문 총장님이 유엔 사무총장이었습니다.

2016년에는 제가 기조연설을 하고 KT와 UNGC 간의 MOU도 맺었습니다. 2017년 모임에서 안토니오 구테흐스Antonio Guterres 사무총장이 "GEPP는 디지털 기술이 인류 전체에게 혜택을 주는 사례"라고 아주 극찬해 줬어요. 저개발국에 GEPP를 소개하는 데 많은 도움을 줬습니다. 이후 NGO를 찾아다니고, 전 세계에 영향력이 있는 다보스포럼도 찾아가고, G20의 가장 영향력 있는 곳에 홍보 대사로 가서 기조연설도 했습니다. 제가 가서 다 설명했습니다.

"역사적으로 보면 100년간 100만 명이 죽은 감염병이 많습니다. 에이즈 외에도 아시아독감, 홍콩독감, 스페인독감 모두 100만 명 이상 사망자를 냈죠. 감염병에서 제일 중요한 것은 신속히 대처하고 확산을 막는 것입니다. GEPP는 방문객이 감염 국가에 갔다가 돌아올 때, 이를 어떻게 추적하고 확산을 예측하는지 모니터링하고 시뮬레이션한 것을 스테레오타입으로 보여줍니다. 이때 필요한 것은 트래픽 패턴 그리고 위치 정보, 맨 마지막은 로밍 데이터인데요. 이걸 근거로 안내 메시지를 보내고 격리하면 감염병 확산을 막을 수 있습니다. 그리고 그 효과는 실로 어마어마합니다."

그런데 사실 현실적으로는 어떤 걸림돌이 있습니까? 개인 정보와 연관되어 있기 때문에 민감한 부분도 있죠. 이걸 뚫어야 하는데 우리의 간절함만큼 쉽진 않았어요. 그래도 2017년 G20 정상회의 함부르크 공동 선언문에 GEPP가 포괄적으로 반영되고 정상들이 모인 자리에서 공동 선언문이 채택되면서 분위기가 많이 반전됐습니다. 전 세계에서 수백 개 어젠다가 제시됐는데 그중 일곱 개가 채택이 됐습니다. 그중 하나가 GEPP였던 거죠.

여러분, 저는 요즘 그런 상상을 해봅니다. 코로나19가 이렇게 확산

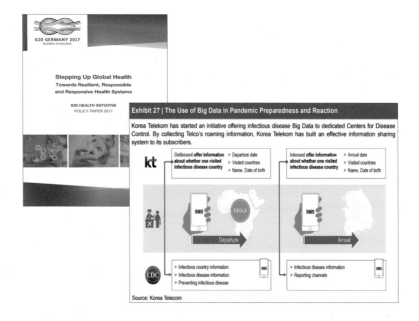

되기 전 초기에 GEPP를 도입했더라면 수많은 생명을 구할 수 있지 않았을까? 아쉬움도 큽니다.

GEPP는 실제 많은 나라에서 효과가 나타나고 있습니다. 케냐는 동아프리카의 주된 허브 공항을 갖고 있죠. 그런데 케냐에서 에볼라가 많이 생깁니다. 또 가나는 서아프리카의 중심의 국가죠. 그리고 아시아를 보면 라오스의 경우 습한 기후 때문에 지카바이러스가 많이 생깁니다. 이 국가들에 GEPP를 전파해 줬고 그 효과가 발표되고 있습니다. 세계가 GEPP를 활용할 수 있도록 꼬박 3년을 뛴 결과인데, 노력의 결과물은 여전히 현재 진행형이라 하겠습니다.

기술로 위기를 극복한 네 가지 사례

·····

어떻습니까, 여러분? GEPP가 CWT의 대표적 사례라 할 만한가요? (박수) 박수로 답해주셔서 감사합니다. 다음으로 외부 요청에 의해 KT 에서 진행했던 CWT 사례를 소개해 볼까 합니다. 단순히 자랑을 하려 는 건 아니고요. 보이지 않는 곳에서 기술로 세상을 바꾼 이들의 이야기 를 좀 전해드릴까 합니다.

첫 번째는 경기남부권역외상센터에 관한 이야기입니다. 아주대학 교에 있죠? 우리나라의 아홉 번째 권역외상센터라고 합니다. 여러분도 아마 기억하실 거예요. 북한 병사가 귀순하다 총 맞고 이송됐던 곳이고, 소말리아에서 해적에게 납치되는 과정에서 총을 맞았던 선장이 이송됐 던 곳이기도 합니다. 아주대 이국종 교수가 활동했던 곳이죠.

여러분, 권역외상센터는 사람 살리는 곳이잖아요. KT가 무슨 도움을 줄 수 있었을까요? KT는 비의료 기업이잖아요. 그런데 생각보다 도움 을 줄 수 있는 일이 많았습니다. 급할 때 환자를 이송하는 게 뭐죠? 헬리 콥터죠. 잘 아시네요. 근데 헬기에서는 통신이 잘되지 않습니다. 급한 환자를 이송하다 보면 연락할 일이 많잖아요. 하다못해 병원에 수술 준 비해 놔라 연락해야 하잖아요. 그런데 그게 안 되어서 엄청 애를 먹었습 니다.

처음에는 권역외상센터에 무전기를 지급했어요. 실제 KT에는 8,000 명이 동시에 통화할 수 있는 좋은 무전기가 있습니다. 그걸 지원했는데 그것도 별로 소용이 없는 거예요. 왜냐? 헬리콥터가 날면 기본적으로 통 신이 잘 안 됩니다. 통신의 거점인 기지국을 보면 기기들이 다 땅을 보고 있습니다. 하늘을 나는 헬리콥터에 통신이 잘될 리가 없죠.

해결 방법을 고민하다가 결국 안테나를 새로 만들었습니다. 하늘을 향하는 안테나를 저희들이 제작해 줬습니다. 그렇게 헬리콥터에서도 무선통신이 가능하도록 실행도 해줬습니다. 이걸 제가 보여드리면 어떤 분들은 "안테나 각도만 꺾은 거 아니냐?"라고 하시는데, 결코 그렇지 않습니다. 안테나 방향을 돌려서 하늘에서도 통신이 되도록 하려면 굉장히 많은 작업이 필요합니다. 보이지 않는 곳에서 엄청 노력했던 거죠. 덕분에 아이디어를 MWC에 발표해서 굉장히 호응을 많이 얻었고요. 이렇게 통신 문제를 해결해주고 저는 이국종 교수한테 김훈 작가가 쓴 《칼의 노래》란 소설을 선물받았습니다. 재밌게 잘 읽었습니다.

다음 사례 보시죠. 여러분 〈히말라야〉 보셨습니까? 제가 참 감명 깊게 본 영화인데, 전부터 산악인 엄홍길 대장을 참 좋아했습니다. 그분 요청으로 안나푸르나에 구조 센터를 세웠는데요. 해발 3,700미터에 구조 센터를 짓고 IT 기기, 드론, 비콘 이런 것들을 세팅하는 작업을 했습니다. 산에서 조난을 당하면 어떻게 됩니까? 사실 히말라야 같은 곳에서는 생존 확률이 높지 않다고 해요. 그런데 죽음도 끝은 아니죠. 가족이나 친구들은 시신이라도 수습하고자 무진 애를 씁니다. 전 과정에서 수색도 하고 연락도 해줄 IT 기기들이 필요한 거죠. 그래서 KT가 전방위적으로 도울 수 있는 일을 해보자고, 우리는 IT 강국이니까 꼭 우리나라 사람들만 위해서가 아니라 안나푸르나에 오는 세계인들이 사용할 수 있도록 지원하자고 해서 그 작업을 하게 됐습니다. 그때 같이했던 분, KT 홍보팀을 이끌었던 윤종진 고문이 참석하셨는데 박수 한번 드리죠. (박수)

세 번째 사례는 '샤르자'라는 아랍에미리트의 토호국에서 벌어진 일입니다. 여러분, 아랍에미리트가 몇 개 국가로 나눠져 있는지 아세요? 일곱 국가인데요. 샤르자가 그중 한 곳입니다. 국가가 굉장히 자원도 많고 잘살아요. 그런데 IT 기술 같은 것은 낙후되어 있습니다. 평창 동계 올림픽이 한창일 때인데, 샤르자의 자밀라Jameela라는 공주가 저를 찾아왔어요. 결혼도 안 하고 중동에서 가장 큰 장애인 단체를 운영하는 천사 같은 분입니다. 샤르자 인도주의센터라는 곳의 책임자로 계시지요. 같이 식사를 하는데 의외로 기술에 대해 관심이 많아서 이런저런 질문도 하고 그랬습니다.

자밀라 공주가 대화 중에 "중동은 기온 때문에 신선한 채소를 먹을 수가 없다. 허브라든지 필요한 채소들이 잘 자라지 않는다. 그렇지만 당신은 많은 기술을 가지고 있지 않냐? 온실을 만들고 환경을 잘 조성해 줘서, 장애인들이 운영할 수 있게 해줄 수 없겠냐?"라고 해요. 고민해 봤는데 힘들지만 아주 불가능한 일은 아닌 것 같아요. 그래서 여러 사람이 매달려서 샤르자에 온실 농장, 고급진 말로 '스마트 팜'을 만들어줬습니다. 거기서 끝이 아닌 게, 장애인들도 이를 잘 관리할 수 있도록 해줘야 하잖아요. 그래서 AR 글래스 같은 걸 쓰고 가상현실을 통해 농장 관리 전반을 가르쳐줬습니다. 여러분, 요즘 자동차 공장이나 제조업에서 AR 글래스 많이 쓰더군요. 교육과 훈련에 매우 요긴하다고 합니다.

마지막으로 파주 대성리 DMZ에서 있었던 일입니다. 여러분, 대성리 들어보셨나요? 북한하고 거리가 700미터밖에 안 되는 최북단 지역입니다. 저 앞에는 북한 주민들이 살고 여기는 남한 주민들이 사는 거죠. 사실 주민이 많진 않고 수십 가구 정도 됩니다. 그렇다 보니 디지털 기기의 혜택을 받기가 매우 어려워요. 밭에 물 주러 갈 때도 군에 신고

하고 가이드를 받고 가야 하니 생활의 편리라는 게 높을 수가 없죠.

그곳에 KT가 가서 IT 환경을 혁신적으로 개선했습니다. 학교에서도 가정에서도 원격으로 수업받고 농사도 지을 수 있게 되었고요. 학교에서 VR 기기 활용하는 건 일도 아니고, 농사를 지을 때도 스마트 팜 기술을 활용해서 굳이 밭에 가지 않아도 비닐도 치우고 물도 주고 할 수 있게 됐습니다. 이게 뉴욕까지 입소문이 났어요. 2019년 연말에 〈뉴욕타임스 New York Times〉에서 대성리의 IT 적용 사례를 전면 기사로 실었습니다.

지나고 보니 많은 일이 있었는데 그 시작은 단순했습니다. CWT, 우리가 가진 기술을 가지고 우리가 도울 수 있는 곳을 돕자는 거죠. 저와 KT 직원 모두에게 보람도 있고 가치도 있던 시간이었습니다.

더 나은 삶을 위한 'Great and Fresh Idea'
• • • • •

제가 오늘 전해드릴 이야기는 대강 다 전달한 것 같네요. 몇 말씀만 더 드리고 강의를 마무리하겠습니다. 전 세계에서 가장 유명한 자선단체가 어딘지 아세요? 빌앤드멀린다게이츠재단 아시죠? 여러분도 아실 정도면 가장 유명한 단체라고 봐야겠죠?

제가 GEPP에 골몰하고 있을 때 빌 게이츠를 만날 기회가 생겼어요. 2018년 다보스포럼에 참석할 때였는데, 게이츠가 감염병 관련 모임의 호스트로 있었고 한 200명 정도의 인사들이 초대된 자리였습니다. 제가 그때 인사하고 세션에 들어가는데 어쩌다가 가장 마지막에 서게 됐습니다. 마지막이니까 주변 눈치 보지 않고 말을 좀 길게 할 수 있잖아요? 그래서 게이츠랑 눈이 마주치자마자 제 소개를 하고 "잠깐 설명할게 있다"라고 말을 이어갔습니다. 시간을 주더라고요. 그래서 GEPP에 대해 적극적으로 설명했습니다.

"백신으로 할 수 있는 한계가 있다. 지금 봐라. 여기 백신 원조를 부탁하려 아침부터 아프리카 장관 수십 명이 와서 앉아 있지 않느냐. IT를 활용하면 감염병을 예방할 수 있다. 더 좋은 방법이니 한번 고민해 보자."

실제 빌앤드멀린다게이츠재단에서는 취약국들에 백신을 보급하기 위해서 수조의 돈을 쏟아붓습니다. 상당한 노력이죠. 하지만 효과는 어떻습니까? 혹자는 태평양에 양동이로 물을 붓는 격이라고 합니다.

어쨌든, 그러고 나서 한 1년 뒤였나요. 빌앤드멀린다게이츠재단에서 KT하고 120억 원 규모의 프로젝트를 같이 하기로 발표했습니다. 그 프로젝트 이름이 '샤인SHINE'인데요. '감염병 대비를 위한 차세대 방역 연구A Next Generation Surveillance Study for Epidemic Preparedness' 프로젝트였죠. 이것도 의미 있는 성과죠?

특히 제가 기억하는 한 가지요. 제가 GEPP를 설명했을 때 게이츠가 제 말을 듣고 "Great and Fresh"라고 답하더라고요. 어떤가요? 여러분이 보기에도 '대단하고 신선한' 아이디어가 맞나요?

저는 앞으로도 우리나라에서 CWT를 실현하는, 대단하고 신선한 아이디어가 많이 나올 거라고 믿습니다. 이 아이디어들이 우리 사회의 많은 문제를 해결해 낼 것이라고 봐요. 왜 그러냐고요? 여러분, MZ세대들이 보기에 우리 사회는 어떻습니까? 어떤 방향으로 흘러가고 있습니까? 우리의 미래는 유토피아입니까, 디스토피아입니까? 대답이 망설여지나요? 요즘 시대에 꿈을 이루는 게 현실적으로 쉽지 않다는 것이 중

론인 걸로 압니다. 특히 젊은 친구들에게 과도한 경쟁은 꿈을 꺾어버리는 악조건으로 작용하죠. 생존하고 번영하자는 인류의 목표는 정말 먼 이야기죠. 이런 상황에서 우리가 기댈 수 있는 건 무얼까요?

'불가능이라는 허들을 없애는 것'이 기술의 역할이라고 말씀드린 적이 있죠? 불가능하다고 여겨지는 일이 많아질수록 기술이 해야 할 일도 많아질 것입니다. 틀림없이 여러분은 위기를 극복하기 위해 대단하고 신선한 아이디어들을 내놓을 겁니다. 위기의 다른 얼굴이 기회라 했죠. 그 기회를 이용하실 분이 이 자리에도 있을 줄 압니다.

마지막으로 당부드리고 싶은 것이 있습니다. 여러분도 잘 아시겠지만, 우리 사회뿐 아니라 전 세계에는 약자들이 많습니다. 그 약자들은 위기에 가장 먼저 그리고 가장 많이 영향을 받습니다. 기업과 같은 조직에서도 위기에 적절히 대응하면 제일 밑에 있는 조직과 조직원부터 그 혜택을 받습니다. 사회도 마찬가지입니다. 이것이 여러분이 CWT를 실현해야 할 이유입니다.

저는 기술자로 시작해 경영자가 된 사람입니다. 연구원의 삶을 시작하고, 많은 사람들이 열광하고 또 많은 사람들을 돕는, 그래서 더 좋은 세상을 만드는 기술을 개발하는 것이 목표였습니다. 그러다 보니 경영자가 되어서도 기술로 세상을 이롭게 하겠다는 생각은 변함이 없었습니다.

여기 앉아 계신 학생들은 아마 저와는 분명히 다를 겁니다. 하고 싶은 공부도, 좋아하는 것도 다르겠죠. 그럼에도 저는 여러분이 저와 같은 고민을 한번쯤 해보시기를 권합니다. '세상을 이롭게 하는 방법'에는 뭐가 있을까요? 자신의 역량, 자신의 자리에서 할 수 있는 일을 생각해 보십시오. 사회에 공헌하고 인류에 헌신하는 원대한 꿈을 꾸시기 바랍니다. 감사합니다.

교수 오늘은 공통 질문 없이 자유롭게 토론을 진행하겠습니다. 이번 시간에도 전반부는 여태까지 한 번도 질문을 못 했던 친구들에게 먼저 발언권을 주겠습니다. 질문 있는 학생은 손을 들어주세요.

── 강연을 들으면서 기업이 사회적 책임을 고민하는 과정이 새롭고 흥미로웠는데요. 사실 현실에서 보면 겉으로는 사회적 책임을 논하면서 오히려 과도한 마케팅이나 홍보로 기업의 이미지를 떨어트리는 경우도 보거든요. 회장님께서 이러한 프로젝트들을 기획하고 진행하실 때 어떤 것들을 고려하셨는지, 기업 이미지에 어떤 영향을 미칠 거라고 기대하셨는지 듣고 싶습니다.

KT는 내수 기업이죠. 글로벌 비즈니스가 없는 기업입니다. 그러니까 안팎에서 내수 기업이 왜 글로벌 이슈들을 해결하려 하느냐는 의문이 생기죠. 기업이 갖고 있는 기술과 인프라 그리고 자원을 어떤 이익이나 목적 없이 활용하는 것이 가능하냐? 어떻게 생각하세요?

저는 사회적 가치와 경제적 가치를 병행하자는 것보다 뛰어난 전략이 있다고 생각합니다. 세상을 변화시키고 다음 인류에 공헌하자는 인식이 다들 깔려 있잖아요. 이걸 부정하는 사람은 없습니다. 그렇기 때문에 다양한 CWT가 가능했다고 생각합니다.

여러 번 이야기했듯이 KT라는 통신 기업은 능력이 있는 기업입니다. 실제 그렇잖아요. 빌앤드멀린다게이츠재단이랑 120억 원 규모의 프로젝트를 공동 진행하잖아요. GEPP를 알리는 과정 뒤에 큰 프로젝트를 위탁받게 됐습니다.

그리고 실익에 대한 많은 우려가 있는데요. 글로벌 기업의 이미지, 직원들의 자부심 같은 거는 돈으로 살 수 있는 게 아니죠. 유엔에 가서, 전 세계 오피니언 리더들을 모아놓고 KT의 기술성을 알리고, 그게 실질적으로 실현되어서 전 세계 인류에 공헌하는 걸 지켜보는 것은 보너스 많이 받아 좋은 것과는 다른 성취감을 줍니다. 그 과정에서 경제적 가치를 높일 수 있는 다양한 사업들도 생기죠. 그러다 보니 자연스럽게 사회에 대한 기여가 더 많아지지 않았나 생각합니다.

—— 기술은 좋은 방향으로 사용하면 위기를 해결할 수 있지만 반대로 나쁜 방향으로 사용하면 심각한 결과를 불러일으키는 양면성을 가진다고 생각합니다. 예를 들어 원자력발전소 문제의 경우는 일반 사람들이 접근할 때, 전문 지식이 없다 보니 논의 자체가 이루어지기 어려운 경우도 있는데요. 기술이 사회적으로 미칠 영향이 크다고 예상될 때 사회가 어떻게 받아들이고 논의해야 하는지에 대해서 회장님의 의견을 듣고 싶습니다.

그런 문제들 때문에 리더들의 판단이 굉장히 중요합니다. 기술을 공개하고 상용화할 때 많은 사람들에게 그 혜택이 갈 수 있느냐에 대해 내부적인 토론이 분명히 있어야 하고요. 만일 기술 문제로 위기를 자초한다면 그것은 미래 예측도 안 해보고 토의도 거치지 않은 리더의 한계이자 문제일 가능성이 매우 높습니다.

제가 어느 소방서 앞을 지나다가 본 문구가 있습니다. "준비에 성공하지 못한 것은 실패를 준비한 것이다." 멋진 말이죠? 어떤 기술이 세상에 나올 때도 비슷합니다. 준비를 많이 해야 해요. 많은 의견을 듣고 검토를 해야 합니다. 임기응변은 최악의 수입니다. 어떤 일이든 제대로 된 평가는 아주 뒤늦게 이루어질 수 있어요. 그게 두려워서 당장의 좋은 안만 내놓아서는 안 됩니다.

—— 예시로 설명해 주신 감염병 사례와 같이 위기가 급속도로 찾아올 때 GEPP를 사용하도록 설득한다는 것이 매우 어려운 과정이었을 것 같습니다. 다보스포럼이나 가나, 라오스, 케냐에서 GEPP의 유용성과 도입 필요성에 대해 소통하셨을 때 어려움은 없으셨는지 궁금합니다.

말씀하신 나라들은 감염병 다발 국가죠. 필요한 플랫폼을 만들 수는 없지만 플랫폼의 필요성에 대해서는 많이 공감했습니다. 걱정하는 정도로 대단한 설득까지 할 필요는 없었던 거죠. 적극적 요구가 있어서 설치도 수월하게 진행됐습니다.

다만 이러한 일들이 가능하도록 그전엔 많은 일들을 해야 했습니다. 제가 3년간 뭘 했다 했죠? 정말 여러 곳을 다녔다고 설명드렸습니다. 다보스포럼도 가고 UNGC도 가고 G20도 찾아갔잖아요. 이런 폭넓은 활동들이 GEPP 확산에 큰 도움이 됐습니다.

흔히 우리가 설득을 한다 할 때 협의 담당자 혹은 개별 국가를 떠올리잖아요. 그것도 물론 중요하지만, 그에 앞서 다양한 루트를 통해 정보를 공개해 그들이 알게 하는 일이 더 중요할 때가 많습니다. 예를 들어 플랫폼이 필요한 나라가 공개된 장소에서 GEPP 정보를 얻고 나서 KT를 만난다면 이야기가 훨씬 매끄럽게 진행되겠죠? 팁을 드리면, 경영자들이 참석하는 다양한 회의나 포럼들이 이런 면에서 의미가 있을 때가 많습니다.

—— 사료 트럭의 이동 데이터를 모아 데이터베이스를 구축함으로써 조류독감을 종결시켰다는 게 굉장히 인상적이었는데요. 이러한 발상을 어떻게 하셨나요?

그 앞단의 이야기까지 해야 되겠네요. 조류독감 이전에 KT에서 심야 버스 노선 점검 사업을 했습니다. 수도권에 심야 버스가 많잖아요. 그런데 어떤 버스는 텅텅 비어서 가는 것 같고 어떤 버스는 콩나물시루처럼 사람을 나르잖아요. 실제 사람들의 이동에 맞게 버스 노선이 잘 짜여 있는지가 궁금했죠. 그래서 심야 버스의 승객 이송 데이터를 빅데이터로 분석한 적이 있어요. 그걸로 합리적인 노선 계획을 짜는 데 도움을 줬습니다. 그걸 한 번 하면서 '그럴 것이다'가 아니라 '실제 그러하다'는 확실한 데이터를 갖고 사안을 해결해야 한다는 걸 깨닫게 되었고 또 효과도 체감했던 거죠.

이 과정에서 중요하게 부각됐던 점이 또 있습니다. 바로 'Charge Free'예요. 빅데이터라는 기술을 활용해서 사안을 해결하다 보니 비용이 크게 들지 않는다는 겁니다. 실제 심야 버스나 조류독감이나 데이터를 모아만 놓으면, 실제로 그걸 해결하는 이는 전문가 한두 명입니다. 그에 비해 결과는 대단하죠? 문제가 해결되잖아요. 사례를 응용해서 문제를 해결할 수 있다면 비용에 대한 걱정 없이 어디든 갖다 쓸 수 있는 거예요. 기술의 장점이 이겁니다. 그 덕에 GEPP까지 일사천리로 진행됐던 겁니다.

—— GEPP처럼 공공 부문에서 사업할 땐 정부와 기업이 공조해야 하는 상황으로 보이는데요. 어느 쪽이 먼저 제안하는 경우가 많은가요? 각자의 역할 비중도 궁금합니다.

기업의 창의성은 정부의 창의성보다 훨씬 높다고 생각합니다. 실제로도 그렇고요. 정부와 진행해 보면 정부 요청보다는 기업이 아이디어를 내서 제안하는 경우가 많습니다. 그게 실현되는 경우도 월등히 많죠. 저로서는 기업의 경영자가 된 게 행운이라는 생각도 듭니다. (웃음)

— 팬데믹이 정치, 사회 전반에 완전한 혼란을 가져왔지만, 한편으로는 여러 혁신의 촉진제가 됐다고 하는데요. 여러 조사에 따르면 앞으로도 이런 상황이 반복될 거라고 합니다. 회장님께서 생각하시기에 이러한 시대 상황 속에서 기술 혁신을 통해 비즈니스의 연속성을 달성하기 위해선 어떤 것들이 필요하다고 생각하시나요?

이건 좀 크고 무거운 주제이긴 합니다. 하지만 지금 지구에서 일어나는 어떤 위기의 문제를 자기의 문제로 인식하는 것, 그 시작이 굉장히 중요하다고 봅니다. 다음은 실행이죠. 기술이 위기의 해결점을 제시할 수 있다고 강조한 건 앞서 이야기했듯이, 기술은 적은 자원으로 큰 효과를 낼 수 있기 때문입니다.

GEPP를 보죠. 들어간 인력과 투자 규모가 어느 정도 될까요? 거의 없습니다. 앞서 이야기했지만 빅데이터를 다루는 기술팀의 한두 명 정도가 주요 재원이었습니다. 제가 홍보하러 다닌 것 정도야 비용으로 칠 수도 있겠죠? (웃음) 그렇지만 그 효과는 크잖아요. '샤인'의 경우처럼 120억 원 규모의 프로젝트, 결코 적은 돈이 아니죠.

기술은 잠재력이 어마어마합니다. 사안에 맞게 응용해서 발전시키면 하나의 기술로 다양한 문제를 해결할 수도 있어요. 앞으로 다양한 혼란과 문제 상황 들이 벌어지리라는 예상은 틀리지 않을 겁니다. 그래서 더욱 이를 해결할 기술들이 절실하겠죠. 이 안에도 그 문제를 해결할 뛰어난 인재가 있을 거라 기대합니다. 그래서 제가 강의를 열심히 하는 것이고요.

——— 질문할 기회를 얻은 김에 여쭙고 싶은 것이 있는데요. 저희가 6주간 정말 좋은 인연을 가지고 가지 않습니까? 혹시 부담스럽지 않고 시간이 되신다면 저희랑 식사 자리를 함께 해주실 수 있을까요?

좋습니다. 식사하죠. 전체가 한꺼번에 밥 먹기 어렵다면 몇 번에 나눠서 먹는 것도 좋습니다. 비싼 거 사달라는 건 아니죠? (웃음) 좋습니다.

——— 국내 의료나 구조 작업뿐만 아니라 인류적 차원에서 다양한 분야에 IT가 접목된 사례를 보여주셨는데, 요청이 오는 경우 외에 KT가 먼저 연락을 취하는 경우나 어떤 니즈를 파악하는 사례는 없나요?

기업에서 요청을 해오는 경우가 많습니다. 저희가 IT 접근이 어려운 지역에 IT 시스템을 확충해 주는 기가스토리 사업을 할 때도 저희가 사업을 시작한다 했지만, 많은 곳으로부터 연락을 받았습니다. 백령도나 임자도 같은 곳이 대표적이죠.

왜 적극적으로 나서서 살피지 않냐 하시면, 내수 기업인 KT로서는 어려움이 좀 있습니다. 글로벌 비즈니스를 하는 게 하나도 없잖아요. 회사의 규모에 맞게 사업을 진행하는 거고, 그래서 GEPP 같은 게 큰 의미가 있다고 생각합니다. 우리가 충분히 잘할 수 있는 영역의 일이잖아요. 먼저 나서서 도움이 되는 일들을 펼친 것으로 큰 의의가 있던 것이죠.

— IT를 활용해 조류독감을 예방한 일과 같이, 유형의 사회적 손실을 줄이는 것이 인상 깊었습니다. 제가 궁금한 것은 무형의 사회적 자본을 증가시킨 사례도 있을까요?

질문 잘 주셨습니다. 제가 다음 시간에 기가지니라는 것을 이야기할까 해요. 오늘 시간은 기술이 당장의 문제를 해결해 준 사례를 들었는데요. 기가지니는 사실 '가능성을 키운', 그래서 말씀하신 무형의 사회적 자본을 증가시킨 사례라고 할 수 있습니다. 저는 이게 대단한 기술의 개발이라기보다는 '융합의 결과물'이라고 보는데요. 어쨌든 기술을 통해서 우리 사회에 새로운 자원 하나가 만들어진 거죠. 오늘도 다음 시간에 대한 밑밥을 깔게 됐네요. 다음 강의 빠지지 마세요. (웃음)

— 사회적 가치를 달성하는 것은 결국 긍정적 이미지 조성을 통해 기업의 이윤을 달성하는 일이라고 생각합니다. 따라서 기업 내 목표를 달성하기 위한 비용과 편익을 측정해야 할 텐데요. 어떤 방식으로 하는지가 궁금합니다.

경영의 구루라 불리는 피터 드러커Peter Drucker도 "측정되지 않는 것은 경영할 수 없다"라고 했죠. 사회적 가치를 실현하는 다양한 경영의 활동들도 측정이 가능하고 측정되는 것으로 알고 있습니다. 그래야 사실 업무로서 그러한 일들이 원활히 진행될 테고요. 실제 현장을 보면 큰 기업들은 많은 비용을 지불합니다. 규모가 작은 기업은 주머니를 털어도 내놓을 게 없는 경우가 많죠. 그래서 제가 강조하는 것이 투자를 최소한으로 하면서 효과를 얻을 수 있는 무언가를 찾는 겁니다. 그게 이 강의 전체를 아우르는 '혁신'이라고 하는 거죠. 절실함만큼 중요한 자원이 없거든요. (웃음)

교수 코로나19가 한창일 때 감염병 예방 플랫폼인 GEPP 이야기를 들을 수 있던 참 의미 있는 시간이었다고 자평해 봅니다. 황 회장님께서 가장 적은 리소스로 최대의 효과를 얻을 수 있는 것이 기술이라고 하신 데 저도 공감하고요. 인류에 공헌할 수 있는 꿈을 키우라는 말씀도 감명 깊었습니다. 어느 때보다 생각할 거리가 많은 수업이었다고 생각합니다. 오늘 수업 여기서 마치겠습니다.

"

모두가 기뻐 날뛸 때 위협이 찾아온다
모두가 걱정에 사로잡혀 있을 때
비로소 혁신의 기회가 보인다

"

HWANG'S LAW

6장

융합의
실현

반갑습니다, 여러분.

오늘은 가벼운 조언으로 시작하겠습니다. 강의 후 우리가 Q&A 시간을 갖는데, 눈을 보고 대화하는 게 중요하다는 이야기를 드리고 싶어요. 대개 남도 의식되고, 또 완벽하게 말하기 위해서 요약본을 보고 이야기하는데요. 꼭 잘 못해서라기보다 실수하는 게 두려워서 그런 거죠. 그런데 누구나 말하다 보면 실수도 하고, 이야기의 방향이 딴 데로 새기도 하고 그렇습니다. 그래도 듣는 사람은 다 알아요. 저만 해도 질문의 내용이 대충 머릿속에 다 그려지거든요. 실수가 크게 방해가 되진 않는다는 거죠. 겁내지 마시고요, 꼭 시도해 보시기 바랍니다.

오늘도 여러분이 적어주신 강의 소감문에 대해 리뷰하고 시작할까 합니다. 정말 강의 하루 전날 제가 받거든요. 그래서 그 시간이 매우 값집니다. 가끔 학생들이 생각하는 것을 제가 미처 파악하지 못했구나 느낄 때도 있고요. 저한테도 많은 공부가 됩니다.

1조는 경영 마인드를 적어주셨어요. 결론 부분에 "비코즈 오브 because of가 아니라 인스파이트 오브in spite of라 생각하고 도전해야겠다"라고 쓰셨어요. 라임이 좋죠? (웃음) 인상적인 워딩 감사합니다. 2조는 지난 위기 대응 시간에 배운 내용을 삶에 한번 대입해 보자는 의견을 주셨어요. 제가 드렸던 세 가지 전략을 기초로 자신들이 궁극적으로 추구하는 가치와 전략을 썼는데, 굉장히 좋은 대비를 해주셨습니다.

CWT에 대해서는 많은 조에서 의견을 줬는데요. 3조에서는 CWT가 CSR이나 CSV를 다 포괄하고, 뛰어넘는 전략이라고 추켜세워 주셨습니다. 재무적 부담 없이 혁신을 이룰 수 있는 CWT에 대한 공감 감사합니다. 5조도 CWT 관점에서, GEPP 성공이 KT가 시장에서 갖고 있는 강점을 이용했기 때문이라 지적하고, 위기는 항상 존재하기 때문에 위기 대응이 우선시돼야 된다고 하셨어요. 마지막에는 각종 제재로 상황을 통제하려는 노력보다도 기업의 핵심 역량을 키우는 일이 도움이 될 것 같다고 하셨는데, 정확한 지적이었습니다.

7조에서는 CWT가 비용은 줄이고 사회적 가치를 추구하기 때문에 선순환 구조를 만들 수 있다고 평했어요. 기업이 가치를 사회에 환원하면 투자자에게 신뢰를 얻을 수 있고, 기업의 이익에도 도움이 된다는 점에서 세 박자가 한 번에 잘 맞아 돌아가는 전략이라고 정리를 해줬습니다. 다음 4조에서는 인사이트에 대한 의견을 주셨는데, 혁신이 재무의 힘이 아니고 발상의 전환에서 온다는 것을 강조해 주셨어요. 발상의 힘으로 이룰 수 있는 혁신이야말로 오래 그리고 깊게 간다는 이야기도 덧붙여 드리고 싶습니다.

6조는 기업이 생존하기 위해 여러 사람을 만나고 여러 기업과 소통해야 하므로 융합이 중요한데, 하나의 전략으로서 '먼저 줘라'

라는 제 이야기가 인상적이었다고 적었어요. 제가 30년 넘는 기업 인생에서 얻은 정말 심플하고 값진 교훈입니다. 이걸 되새겨 주셔서 감사합니다.

마지막 8조는 우리가 위기에 대응할 때 합의를 도출해야 되는데 그 방법이 굉장히 중요하다고 시작했어요. 정확한 지적이죠? 재무적이든 조직적이든 부담이 없다면 그 과정이 좀 수월하겠지만, 대부분의 위기 대응에서는 합의 과정이 매우 중요합니다. 오늘 강의 말미에도 이 부분을 이야기하려 하는데요. 끝까지 경청해 주시길 부탁드립니다.

전체적으로 여러분의 고민이 넓어지고 또 깊어졌다는 느낌이 듭니다. 레포트를 작성하면서 여러분도 한층 성숙해졌으리라 기대합니다. 그럼 6강, '융합의 실현'에 대해 강의 시작하도록 하겠습니다.

4차 산업혁명의 시작과 끝, 융합

• • • • •

'4차 산업혁명'이라는 단어를 인터넷에 쳐보면 "ICT 융합으로 이루어지는 차세대 산업혁명으로 초연결, 초지능, 초융합이 그 대표적인 것이다"라는 설명이 나옵니다. 마지막에 '융합'이 나오죠. 저는 4차 산업혁명을 완성하는 것은 융합이라고 생각합니다. 앞서 여러 번 강조했는데요. 이러한 주장이 어디서 시작됐는가로 오늘 강의를 시작할까 합니다.

여러분, 4차 산업혁명이라는 말 자주 들어보셨죠? 유행한 지가 한 7

년은 넘은 것 같아요, 그죠? 이 말이 어디서 시작됐을까요? 잘 알려진 바로는 2016년 1월, 세계에서 가장 큰 경제 회의인 다보스포럼에서 창립자인 클라우스 슈바프Klaus Schwab 회장이 처음 사용했다고 합니다. 그런데 사실은요, 제가 먼저 사용했습니다.

그게 KT 130주년 행사에서였는데요. 보통 이런 행사에서는 기자회견을 하죠. 무슨 이야기로 포문을 열까 고민했습니다. 중요한 행사기 때문에 보통 몇 달에 걸쳐 준비를 해요. 그때 제가 "KT의 기가 인프라와 ICT 융합으로 4차 산업혁명을 이끌 것이다"라고 선언했습니다. 여기서도 융합이 등장하죠? 그게 2015년 9월이니까 최소한 슈바프 회장보다 두 계절은 빨랐네요. 그죠? (웃음)

그럼 융합이라는 말이 언제부터 제게 키워드로 각인이 됐나? 시간을 좀 더 뒤로 돌려보겠습니다. 제가 2006년에 IEDM에서 기조연설을 했는데요. IEDM은 전 세계에서 3,000명 정도의 전문가가 참석하는, 반도체 최고 학회 중 하나인 행사입니다. 제가 '황의 법칙'을 발표했던 ISSCC와 양대 산맥을 이루는 학회고요. 제가 거기서도 "미래의 사회는 IT Information Technology, BT Bio Technology, NT Nano Technology의 융합으로 새로운 기술을 이끌 것이다"라고 이야기했어요.

당시 저는 이러한 융합 기술의 실현으로 퓨전 반도체인 원낸드, 그리고 제2의 퓨전 반도체인 원디램을 소개했습니다. 일전에도 이야기했죠. 노키아에 필요한 새로운 반도체를 뭐로 할 거냐 고민할 때, 이스라엘의 벤처는 두 개의 칩으로 성능을 내고자 했지만 우리는 하나의 반도체인 원낸드로 그 역할을 하도록 했습니다. 그러면서도 가격은 기존의 3분의 1, 성능은 열 배를 보여줬어요. 이렇게 고객이 떠날 수 없는 확실한 솔루션을 제공함으로써 독보적인 우위를 점할 수 있었습니다.

그로부터 약 10년 뒤인가요? 2016년 1월에 열린 다보스포럼의 주제가 '4차 산업혁명'의 이해였죠. 다보스포럼은 잘 아시죠? 보통 전 세계 경제 수장 2,500명에서 3,000명 정도가 모여서 2,000개 넘는 포럼을 진행하고요. 전·현직 대통령부터 각 국가의 경제 주체들이 대거 모입니다. 다보스는 스위스 동부 끝자락에 있는 스키장인데요, 50년 넘게 행사가 진행되다 보니 굉장히 유명한 행사가 됐습니다.

2016년 슈바프 회장과 인사하고 그 뒤에도 자주 이야기를 할 기회가 생겼습니다. 2017년에는 GEPP를 설명하려고 자리를 마련했는데, 슈바프 회장도 한국에 관심이 많아서 흔쾌히 수락했습니다. 처음에는 한 30분 정도 시간을 비워서 대화하자고 스케줄을 잡았는데 그 미팅이 한 시간 반이나 연장이 됐어요.

그때 슈바프 회장이 저한테 뭘 또 물어봤냐면 "닥터 황, 독일에서 지금 인더스트리 4.0이라고 하는 담론이 한창인데 당신은 어떻게 생각해?" 이러는 겁니다. 슈바프 회장은 스위스 사람으로 잘 알려져 있지만 태생이 독일입니다. 취리히공대에서 기계학 박사를 받고 1971년부터 세계경제포럼(다보스 포럼)을 이끌면서 이른바 '경제 대통령'이 됐죠. 그래서 경제적으로도 많이 앞서 있고 특히 제조업에서 선두를 오래도록 지키는 독일의 미래가 어떨지 궁금했던 거죠. 흔히 제조업 하면 딱 '굴뚝'이 떠오를 만큼, ICT를 중심으로 한 4차 산업혁명과는 거리가 멀게 느껴지잖아요. 그런데 독일에서 '인더스트리 4.0'이 한창 유행하고 있으니 제 의견이 궁금했던 것 같습니다. 제가 그때 이런 답을 했습니다. "4차 산업혁명은 미래 기술 그리고 '융합'이 주도할 것이다."

실제로 그렇습니다. 4차 산업혁명은 제조업을 부흥시키는 과정이 아니죠? 그렇지만 다양한 산업들의 디지털 트랜스포메이션Digital Transformation 형태로 진행되면서 제조업에도 시너지 효과를 내지 않겠습니까? 기술과 산업의 융합이 미래 기술의 근간이 되리라는 것은 저로서는 당연한 이야기였죠. 슈바프 회장도 큰 호응을 해줬습니다.

주제를 4차 산업혁명으로 돌려서요. 4차 산업혁명엔 응용 분야가 많습니다. 클라우드 컴퓨팅, 로봇, 블록체인, 인공지능, 메타버스Metaverse, 자율 주행 그 외에도 유전체 분석까지 어마어마하게 많습니다. 저는 이 4차 산업혁명의 시작과 끝이 융합이라고 생각합니다.

제가 4차 산업혁명의 근간이 뭐라 했었죠? 기억하시네요. 데이터입니다. ICT 발달에 의한 데이터의 폭증이 일어나자, 이를 이용하거나 활용한 기술들이 추진력을 받으면서 앞으로 나간 겁니다. 그런데 데이터의 폭증이 어떻게 이루어졌냐? 원낸드와 같은 융합을 활용한 기술들이 그 기초를 닦았습니다. 그리고 저는 4차 산업혁명의 완성도 융합이 해 낼 거라고 생각하는데요. 독일에서 벌어진 인더스트리 4.0도 그 하나의 사례입니다.

전 세계적으로 그리고 전 산업적으로 ICT가 확실히 녹아들어야 합 니다. 실제 그렇게 되고 있죠? 교육이나 농업같이 기본적으로 사람이 해야 한다고 생각하는 영역까지도 ICT가 커버하잖아요? 거기다 각각 의 기술들이 합쳐지면서 시너지를 내면 지금까지 우리가 상상했던 이상 의 기술들이 나오고 발전할 거고요. 그게 4차 산업혁명의 완성인 거죠.

물리적 융합 vs. 화학적 융합

• • • • •

융합을 이야기할 때 제가 강조하는 것이 또 하나 있습니다. 바로 '화 학적 융합'인데요. 융합이란 '유사하거나 동일한 것이 되는 과정'입니다. 비즈니스에서 참 많이 쓰는 말이죠. 기술, 프로세스, 비즈니스가 서로 결합하면서 동일해지는 시점에서 일어납니다. 보통은 물리적 융합과 화학적 융합으로 나뉘는데요.

운송 수단을 예로 들어볼까요? 옛날에는 말을 타고 다녔죠. 거기다 수레를 연결해 마차를 만들었습니다. 이건 물리적 융합이죠. 마차라는 새로운 운송 수단이 만들어져서 '이동'이라는 목표를 달성하기는 했지 만 사용이 제한적입니다. 그럼 운송 수단에서 화학적 융합은 뭘까요? 20세기를 대표하는 혁신 제품인 자동차입니다. 초기 자동차는 철도에서 시작된 추진 시스템과 마차의 융합이었어요. 여기에 금속공학과 고무 제조 덕분에 더 나은 소재가 결합되죠. 거기다 가전 및 통신까지 결합됩니다. 최근에는 디지털화로 자율 주행 기능이 더해지죠. 이제 자동차는 철강이나 고무라는 소재 하나로는 도저히 상상할 수 없는 것이 됐죠. 이것이 화학적 융합의 결과입니다. 물리적 제약을 뛰어넘는 제품과 서비스가 만들어지죠.

그렇다면 4차 산업혁명 시대의 융합은 어떤 모습이어야겠습니까? 아주 쉬운 질문이죠? 화학적 융합이 필요합니다. 완전히 녹아들어 가서 새로운 탄생을 이루는 것이죠.

제가 노키아 이야기를 할 때, 이스라엘 벤처 기업이 두 개의 칩으로 기능을 구현하는 물리적 융합을 제시했다고 했잖아요. 그렇지만 노키아는 뭘 선택했죠? 한 개의 칩에 모든 기능이 녹아든 우리의 원낸드를 선택했어요. 화학적 융합은 이렇게 어렵지만 실용적이고 혁신적인 것입니다.

가장 최근에는 어떻습니까? 5G를 응용하는 일들이 벌어지죠! 5G라는 통신을 플랫폼으로 해서 다양한 산업이 만들어지고 있습니다. 제가 이 이야기를 다보스포럼에서 한 적이 있는데요. 재밌는 이야기라 좀 말씀드리고 가겠습니다. 다보스포럼에는 세계 100대 CEO들을 위한 회의가 있습니다. 이걸 IBCInternational Business Council라고 하는데요. 미국 중앙은행 총재도 오고, 스위스 중앙은행 총재도 오고, 애플 CEO도 오고 그럽니다. 말 그대로 100명 정도 참석합니다.

2018년에는 제가 100대 CEO 멤버로 피선이 됐다고 통보받았습니다. 그래서 2019년에 다보스포럼이 열리기 하루 전날 IBC에 참석했는데요. 그때 주제가 '세계화 4.0: 4차 산업혁명 시대의 세계화 구조 형성'

이었단 말이죠. 이게 무슨 소리냐? 4차 산업의 결과물들을 어떻게 글로벌 아키텍처를 형성해 전달할 것인지 논의를 하자는 거죠. 쉽게 이야기하면 4차 산업의 결과물을 소외 계층까지 어떻게 다 전달할 것인가가 어젠다였습니다.

이야기가 시작되고 30분도 되지 않아 "4차 산업혁명의 혜택을 골고루 전달할 수 있는 베이스가 되는 기술이 5G다"라고 이야기가 진행됐습니다. 그때 의장이 누구냐면 BoA, 그러니까 뱅크오브아메리카의 회장 브라이언 모이니한Brian Moynihan이었단 말이죠. 그런데 그분이 "5G는 미국과 중국의 패권 싸움이지 않습니까?"라며 툭 화두를 던진 거예요.

당시 미국이 화웨이를 막 제재하기 시작하면서 뉴스가 상당히 많이 나오던 때였어요. 그래서 5G를 주제로 그런 이야기까지 나왔던 것인데 제가 당시는 신입 회원이었기 때문에 어떤 발언을 하기가 쉽진 않았습니다. 자리도 세일즈포스닷컴SALESFORCE.COM CEO인 마크 베니오프Marc Benioff 바로 뒤였어요. 이분이 덩치가 커서 제가 손을 들어도 잘 보이지가 않아요. 그래서 자리를 비껴가면서 손을 열심히 들었습니다.

그렇게 발언권을 얻고 제가 이야기했어요. "5G가 어떤 기술인지 제가 설명드리겠습니다." 그러면서 5G 기술 표준의 상당 부분이 한국발이라고, 일단 우리의 전문성을 어필을 한 다음에 평창 동계올림픽에서 전 세계 20억 명에게 완벽하게 기술 시연을 마쳤다는 이야기까지 하면서 관심도를 높였습니다. 그러자 IBC 참석자들이 이제 들을 준비가 된 거예요. 그때 제가 본론으로 들어가서 화두를 다시 '세계화 4.0'으로 돌려놓았습니다.

"세계화 4.0이라는 게 어떻게 진행되겠습니까? 그 와중에 우리가 우려하는 게 무엇입니까? 경제적으로 다양한 사람들에게 혜택이 돌아갈 수 있도록 하고, 소외 계층에게 그 혜택을 전달해 주느냐 아닙니까? 그래서 우리가 하루 종일 그 이야기를 하는 거잖아요 맞죠? 그런데 5G라는 기술은 속도, 용량뿐 아니라 초연결성을 갖기 때문에 수십, 수백만 명을 한꺼번에 동시다발적으로 연결시킬 수 있는 특성이 있습니다. 4차 산업혁명으로 만들어질 혜택을 싸고 공정하고 빠르고 쉽게 전달할 수 있는, 현존하는 유일한 기술입니다. 우리가 이 5G를 이해하고 적극적으로 활용하는 것으로 우리가 우려하는 많은 문제를 해결할 수 있습니다."

이렇게 이야기를 마쳤습니다. 그랬더니 바로 앞자리에 앉았던 베니오프가 뒤로 돌아 엄지를 척 들어 올렸습니다. 우리나라에는 세일즈포스닷컴이 글로벌 기업이란 인식이 별로 없지만 대단한 회사입니다. 클라우드로 고객 관리 솔루션을 제공하는데, 보통 CRMCustomer Relationship Management이라고 하죠. 마이크로소프트나 오라클Oracle을 제치고 항상 1등 하는 회사예요. 베니오프도 실제 다보스포럼에서 굉장한 영향력이 있는 사람이고요. 여하튼 그 뒤로 GSMAGlobal System for Mobile communications Association(세계통신협회) 의장이 나서서 "100퍼센트, 닥터 황 이야기가 맞다. 우리가 준비를 해야 된다"라고 제청해 줘서 박수도 받고 그랬습니다. 그때 '미스터 5G'라는 닉네임도 생겼고요. 재밌죠? (웃음)

그 이후로 일어난 일이 중요했습니다. 다보스포럼에 미팅이 2,000개 넘게 열린다고 그랬죠? 본회의가 열리는 곳 외에도 회의장이 여럿 있는데, 인근 호텔이나 커피숍에서도 계속 회의가 열립니다. 그런데 거기서 메인 홀은 콘그래스홀이에요. 다보스포럼의 메인 어젠다, 보통 한 3~5개 정도를 다루는데 거기에 5G 섹션이 열렸습니다. 실제로 다보스포럼의 메인 어젠다로 설정되어서, 5G의 중요성을 전 세계에 알리는 중요한 계기가 됐죠. 5G가 화학적 융합의 대표 사례가 될 거라 이야기하려 했는데, 에피소드가 좀 길었네요.

예를 들어서 일반 제조업 공장을 스마트 공장으로 탈바꿈시키기 위해서는 프로세스의 자동화, 원격 모니터링, 수명 주기 관리 등이 필요합니다. 신기술과 참신한 애플리케이션 지원이 필요한 것입니다. 여기에 뭐가 필요할까요? 이 모든 것은 첨단 통신이 있어야 합니다. 초저지연성과 고신뢰성이 담보된 통신이죠. 바로 5G입니다.

5G가 상용화되면 IoT 센서, AI 비전 카메라, 자율 로봇 같은 기술과 제어 시스템이 사용 가능해지죠. 흔히 이야기하는 산업 자동화 설비 운영이 매우 쉬워집니다. 효율성과 생산성이 증대됩니다. 그런데 이러한 융합의 장점과 강점은 제조업에서만 일어나는 게 아닙니다. ICT를 만났을 때 화학적 융합이 가능한 산업은 무궁무진해져요. 대표적인 것으로 에너지를 들 수 있습니다. 그 이야기를 좀 더 해보겠습니다.

에너지산업이 IT를 만났을 때

• • • • •

다음 사례로 K-MEG을 소개하려 하는데요. K-MEG은 세계 최초의 에너지 플랫폼입니다. '한국에서 개발한 마이크로 에너지 그리드Micro Energy Grid'라는 뜻으로 K-MEG이라는 이름을 갖게 되었어요.

여러분, 스마트 에너지 그리드Smart Energy Grid 아세요? 소비자가 얼마나 전력을 소비하느냐를 전력망을 통해 계산한 다음에 그걸 전부 모아서 생산자에게 줘서 발전 시설에 얼마를 투자해야 하는지 확인하는 시스템인데요. 전력망을 스마트하게 관리한다 해서 '스마트 에너지 그리드'라고 합니다.

그런데 저희가 만든 K-MEG은 통신망을 이용합니다. 그리고 IoT 기술을 이용합니다. 이 때문에 에너지, 즉 전기뿐 아니라 가스, 열 모든 것의 에너지 사용을 데이터화하고 정보를 축적해서 필요한 곳에 쓸 수 있도록 합니다. 빅데이터를 활용해 소비를 최적화시키는 에너지 진단뿐만 아니라 예측과 제어까지 다 가능합니다. 제가 하버드에 갔을 때 K-MEG를 소개한 적이 있는데요. 잠깐 보고 가겠습니다.

최근 KT는 한국의 한 종합병원의 에너지 비용을 73퍼센트나 절감시켰습니다. 어떻게 한 걸까요? 답은 세계에서 가장 먼저 상용화된 종합 에너지 솔루션인 KT-MEG입니다. 이것은 바깥 날씨, 실내 온도와 전력 소비량 등의 정보를 수집해 에너지 생산과 소비, 거래 관련 최적의 타이밍과 규모를 제안합니다. 이를 통해 통신사의 에너지산업 진출이 더욱 더 활성화될 것입니다. 만약 KT-MEG이 한국의 모든 전력에 사용된다면 엄청난 비용을 줄일 수 있을 것입니다.

어떠세요? 좀 놀랍지 않나요? K-MEG은 제가 국가 R&D에서 그 아이디어를 처음 발굴했는데요. KT로 갔을 때 그대로 실현했습니다. 빅데이터를 보강하고 AI 엔진을 만들었습니다. 그 결과가 바로 'e-브레인'입니다. e-브레인이 하는 게 뭐냐? 앞서 설명한 에너지의 진단, 예측, 제어가 다 가능합니다. 맨 처음엔 에너지 소비 패턴을 파악해요. 여러분

집에서 전기나 가스를 쓰잖아요. 저녁에 몇 시까지 공부하고 몇 시에 소등하고, 제각각이죠? 그걸 e-브레인이 감지합니다. 누가 전기를 얼마나 쓰고, 어떤 시간대에 많이 쓴다는 걸 다 알려주죠. 그리고 전기료를 줄일 수 있는 방법도 알려줍니다. 왜냐하면 일반 소비자가 쓸 때는 전기가 다 똑같아 보여도 발전 시간, 발전량에 따라서 전기료의 차이가 큽니다. 예를 들어 공업용 심야 전기는 매우 싸죠. e-브레인이 에너지 사용 습관을 모니터링하기 때문에 전기를 싸게 사용할 수 있는 방법까지 알려줄 수 있는 거죠. 그리고 여기서 파생 상품도 생깁니다. 개인이나 사기업도 전기를 파는 일이 가능해져요. 개인이나 기업이 솔라셀이라는 태양전지를 갖고 있다면 필요한 전기를 적시에 생산해 쓰고, 나머진 파는 것입니다. 누구한테요? 한국전력이든 지역의 에너지 센터든 적당한 대상을 찾아 판매할 수 있죠.

다음 볼까요? 건물의 경우 e-브레인을 활용해서 직접적으로 전기료를 절감할 수 있습니다. 여러분, 건물 단위에서는 에너지를 어떻게 소비하는지 아세요? 한국전력에서 할당합니다. "넌 이 정도 쓸 거야" 하고 100이면 100 딱 맞게 할당하는 거죠. 그런데 100이 필요한지 50이 필요한지 누가 점검할 수 있습니까? 누군가 쳐다보고 있어야 하잖아요? e-브레인이 그 일을 합니다. 데이터가 있기 때문이죠. 그래서 실제 소비량을 봤더니 60이에요. 그럼 e-브레인이 건물주한테 "100으로 세팅되어 있지만, 60밖에 안 씁니다"라고 알려줍니다. 그럼 건물주는 한국전력에 "100이 아니라 60만 달라"라고 할 수 있죠. 40퍼센트 에너지가 세이브되고 비용도 줄어듭니다.

e-브레인의 또 다른 역할은 에너지를 생산하고 소비할 때 사용하는

장비들의 파라미터를 최적화시키는 것입니다. 발전소에서 전기가 생산되어서 가정이나 사무실 그리고 공장까지 이동할 때 흔히 '누전'이라고 하는 새나가는 전기가 상당합니다. 그래서 파라미터를 정확히 세팅해 그 양을 줄이려고 하는데요. e-브레인이 그 역할을 해주면 아무런 조치를 취하지 않아도 15퍼센트 정도 에너지가 절약됩니다. 장비를 바꾸거나 하지 않아도 말이죠. 실제로 우면동에 있는 KT융합기술원에서 이 작업을 해봤습니다. 디지털 트윈이란 기술을 이용하고, 딥러닝을 통해 e-브레인을 가동시켜 봤습니다. 그랬더니 딱, 에너지 장비의 개조 없이 15퍼센트 정도 에너지를 절약할 수 있었습니다. 앞서 영상에서 본 사례는 목포의 중앙병원인데요. 이 기능 저 기능 다 활용해 봤더니 75퍼센트 정도 에너지를 절감하는 효과가 나타났습니다. 물론 병원의 경우는 설비를 개조하는 부가 작업이 필요하긴 했지만요. 평시로 이 정도 에너지를 절약해 준다면 고효율의 투자라고 하겠습니다.

이쯤에서 여러분은 궁금할 거예요. 이렇게 효과가 좋은데 왜 K-MEG을 너도나도 사용하지 않냐 말이죠? 일단 시스템적 보강이 조금 필요하고요. 가장 큰 이유는 다양한 에너지 사용 데이터를 활용할 수 있는 토대가 마련되지 않아서죠. 아시는 것처럼 현재 우리나라의 전력 공급은 한국전력이 독점으로 하고 있어요. 데이터도 한국전력이 대부분 갖고 있습니다. 데이터 활용이 확대되고 에너지의 수요와 공급이 좀 더 유연하게 협의될 수 있다면 e-브레인을 활용한 K-MEG이 더 많은 성과를 내리라 기대합니다. 이뿐만 아니라 에너지산업 자체의 혁신도 가능하겠죠? IT와 에너지산업의 융합에서 나오는 힘이 에너지 혁신을 만들었습니다.

크랙을 뛰어넘은 기가지니 개발 스토리

•••••

화학적 융합을 위해 전제되어야 하는 세 가지 필요조건이 있습니다. 첫째로 기술에 대한 이해가 심화되어야 하고요. 둘째로는 새로운 상상력을 발휘해야 합니다. 그리고 셋째로는 기술 파급의 크랙을 뛰어넘어야 합니다. 기가지니의 개발 스토리를 통해 차례로 설명해 보겠습니다.

인공지능 지니가 램프 속에서 나왔습니다. 여러분, 《아라비안나이트》 아시죠? 램프 속 지니가 나와서 세 가지 소원을 들어주지요. 인공지능 TV 기가지니는 더 많은 소원을 들어줍니다. 그게 어떻게 만들어졌냐 이야기해 보겠습니다.

기가지니는 KT 역사상 가장 대표적인 융합과 혁신의 사례입니다. 지금 6년째 압도적인 마켓셰어를 차지하고 있어요. 기가지니의 기능을 잘 사용하는 다양한 산업의 서드 파티들도 많습니다. 기가지니야말로 화학적 융합을 이루며 성공한 사례입니다.

첫 번째 화학적 융합의 필요조건을 볼까요. 기술에 대한 이해가 얼마만큼 됐는가? 제가 오기 전에 KT는 통신을 주로 했던 곳입니다. 130년간 통신을 해왔기 때문에 데이터를 다루는 상당한 인프라와 기술이 있었습니다. 그래서 음성인식 기술이라고 하는 것도 굉장히 잘 개발되어 있는데, 쓸 사람들이나 그걸 비즈니스해야 할 사람들은 크게 관심을 두지 않았습니다. 저는 어디서든 연구소 가는 걸 참 좋아하는데, 미래의 먹을거리가 될 만한 기술들이 얼마나 개발되어 있나 수시로 가서 체크했습니다. 정말 대단한 기술이 많아요. 잠재 역량 상태였던 거죠.

두 번째 필요조건을 볼까요. 새로운 상상력이 발휘됐나? 2017년 이

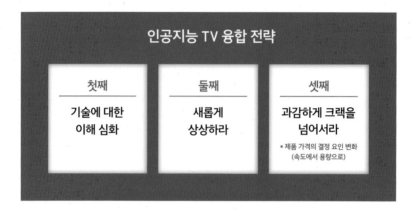

후부터 주 52시간 근무제가 시작돼서 저는 주말엔 연구소를 못 갔습니다. 그전까진 주말에 연구소 가는 게 낙이었어요. 연구소 직원들도 낙이었는진 잘 모르겠습니다. (웃음) 자꾸 회장이 와서 이것저것 물어보고 회의도 참석하면 좋을 수만은 없었겠죠? 그런데 나중에는 "왜 안 오십니까?" 이렇게 연락오고 그랬습니다. 토요일은 보통 운동 약속을 많이 잡잖아요? 그런데 하루는 휴대폰에 문자가 와 있어요. "회장님, 왜 안 오세요?" 융합기술원에서 보낸 문자였습니다. 본인들의 연구 테마를 적극적으로 홍보하고자 하는, 궁극적으로 사업화로 만들어보자는 생각도 있었던 것 같습니다. 그래서 절 기다렸던 거죠.

여러분, 2016년에 뭐가 유명했어요? 알파고 아시죠? 알파고와 이세돌 기사가 대국을 붙었어요. 알파고가 4승 1패로 이겼죠. 인간이 인공지능한테 졌습니다. 덕분에 인공지능에 대한 관심이 엄청 높아졌는데, 전에는 사실 그렇지 않았죠? 여러분, 지난 시간에 이야기했는데 "AI

가 뭐죠?"라고 하면 에어비언 인플루엔자AI, Avian Influenza, 조류독감을 떠올렸다고 했잖아요. 그때만 하더라도 AI는 조류독감이었습니다. 그런데 이제 막 AI, 인공지능이 사람들 사이에서 엄청 '핫'해진 거예요.

그러던 차에 회의를 하는데 인공지능 음성인식 기술 이야기가 나왔습니다. 상당히 잘 개발되어 있었던 거죠. 그때 제가 이걸 가지고 뭔가 해봐야 되겠다는 생각을 했습니다. 당시 이미 아마존닷컴에서 에코와 알렉사라는 인공지능 스피커가 다 나와 있었어요. 그런데 국내에는 경쟁사가 없었죠. 그래서 제가 직원들한테 이야기했습니다. "한번 해보자", "인공지능 스피커 그 이상의, 세상에 없는 물건을 한번 만들어보자"고요. 직원들이 처음엔 어땠겠어요? 어렵다는 걸 제가 설득했습니다. KT엔 IPTV 영상 기술이 있고 지니뮤직도 있습니다. 음성과 영상 인식 기술이 상당히 높아요. 그걸 다 연결해서 인공지능 스피커를 만들면 뭔가 되지 않겠는가? 그래서 그날부로 CEO 프로젝트가 시작됐습니다.

제 상상력에 참 많은 사람들이 모였습니다. 마케팅 부서도 오고, 구매 부서도 오고 온갖 부서가 일을 시작했습니다. 초기에는 관련 부서에서만 관심을 표명했고 점차 많은 부서에서 점진적으로, 자발적으로 시작을 하게 됐지요. 다음 시간에 기가지니 이야기를 살짝 더 할 텐데요. 개발 기간이 9개월밖에 안 됐는데 내놓자마자 마켓셰어에서 압도적인 1위를 차지했습니다.

여기서 저는 화학적 융합의 힘을 다시 한번 경험했는데요. 제가 여러 팀들이 모인 자리에서 강조했어요. 하나에 하나를 더하는 물리적 융합만으로는 안 된다. 음성인식 기술, 영상 기술, 자연어 처리, 미디어 큐레이션 등 20년간 축적된 기술들이 완전히 녹아들어서 새로운 창조물이 만들어지는 화학적 융합을 해야 한다. 사실 수많은 기술을 엮어 화학적 융합을 이루기는 쉽지 않죠. 저도 굉장히 어려운 주문인 줄은 알았는데, 결국은 해냈습니다.

마지막 필요조건은 과감하게 크랙을 뛰어넘어야 한다는 겁니다. 여러분, '구글 글래스' 기억하세요? '3D 스캐너'는 어떠세요? 한동안 유행했다가 일상화되지 못하고 사라졌습니다. 왜 그랬을까요? 제가 그래프를 하나 준비했는데요. 함께 보시죠.

에버렛 로저스Everett Rogers가 제시한 '혁신의 확산' 곡선을 봅시다. 새로운 기술이 대중화되기 전에 캐즘chasm이라는 크랙에 빠지는 것을 알수 있습니다. 캐즘이란 지질학 용어로 '지면의 갈라진 틈', 즉 깊은 수렁을 말합니다. 신제품이나 기술이 출시되고 어느 정도 수요가 생기는 것같다가 어느 순간 뚝 끊기는 것이죠. 그야말로 수렁에 빠진 것처럼 수요가 사라지는 현상을 말합니다. 사업으로 보자면 잘되는 것처럼 보이다

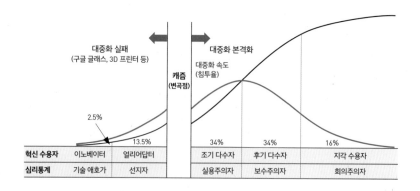

| 기술의 확산 곡선 |

개혁의 확산 (에버릿 로저스)

가 더 이상 발전을 못 하고 정체되거나 쇠퇴하는 상태입니다.

혁신을 새로운 기술이라 바꿔볼까요? 그래프를 보면 일반 대중 혹은 일반 소비자의 이노베이터가 2.5퍼센트, 얼리어답터가 13.5퍼센트입니다. 그다음에는 대중화의 길로 들어서려는 그 앞에 캐즘이 존재합니다. 캐즘을 못 넘으면 그대로 사장되는 거죠. 초기 시장에서만 존재하고 주류 시장으로 진입하지 못하고 말이죠. 그런데 여기서 궁금증이 하나 생기죠. 왜 캐즘이 생기는 것일까?

여러분, 연세대학교 앞에 예쁜 카페가 생겼다고 가정해 볼까요? 처음에는 어떻습니까? 흔히 개업'발'이라는 게 작용하죠. 먼저 온전히 호기심 때문에 방문하는 고객들이 있어요. 이들이 이노베이터죠. 다음은 새로운 메뉴나 가격, 서비스를 경험해 보고 싶어서 가게를 찾는 이들이 있어요. 이들이 얼리어답터입니다. 그다음은 어떻게 될까요? 보통의 소비자는 어떻습니까? "새로 생긴 가게에서 커피 마셔봤는데 정말 맛있더라." 이런 평가를 들은 후에야 '그래? 나도 한번 가볼까?' 하는 마음이 생깁니다. "내가 가봤는데 거기 좀 별로던데." 이런 이야기를 들으면 절대로 가지 않죠. 딱 이 지점에서 캐즘이 발생합니다. 이를 뛰어넘기 위해서는 이노베이터와 얼리어답터에게 확실한 합격점을 받고 입소문을 타야 합니다. 그죠?

기가지니 이야기로 돌아와서요. 새로운 인공지능 스피커에 대한 소비자의 반응은 어땠을까요? "나도 한번 써봐야지!" 하는 소비자가 많았을까요? "글쎄, 그게 꼭 필요해?" 하는 소비자가 더 많았을까요? 실제 기가지니 역시 캐즘을 뛰어넘기 위해 상당한 노력을 했는데요. 그런 노력들 중 몇 가지를 꼽아봤습니다.

첫 번째는 높은 음성 인식률, 완전성에 대한 적극적 홍보였습니다. 여러분, 기가지니 써보셨나요? 공부한다고 많이 못 쓰신 것 같은데, 처음에 대화를 시작하잖습니까? 시간이 지나면 여러분의 음성을 다 인식합니다. 그래서 "누구 씨"라고 부릅니다. 그리고 대화가 점차 길어집니다. 딥마인드로 계속 상대와의 대화 내용과 토픽, 환경을 이해하기 때문인데요. 시간이 지나면서 더 사용이 편리해집니다. 2017년 기가지니가 나오자마자 언론에서 이 점을 강조해 호평해 줬습니다.

우리가 기가지니를 출시하고 나름 자부심을 느꼈던 것이, 물론 많은 산을 넘어서 좋은 제품을 만든 것도 있지만 정말 적은 인력으로 이 일을 해냈기 때문입니다. 게다가 기가지니의 활약상은 해외로까지 뻗어나가는 분위기인데요. 기존 기가지니 단말기에서 알렉사 AI를 이용할 수 있는 서비스가 탄생했기 때문이죠. 전 세계적으로 AI 스피커의 선두 주자는 아마존이죠? 지금 KT는 알렉사와 협력해서 한영 듀얼 AI 스피커를 출시해서 해외 진출을 위한 발판을 마련하는 중입니다. 그럼 언젠가는 외국 가정에서도 기가지니를 활용하는 날이 오지 않겠어요? 최근 유행하는 K-콘텐츠를 활용해 한국어를 배우는 외국인들에게 유용한 제품이 되리라 기대합니다.

두 번째는 고사양의 스피커를 사용하는 것이었는데요. 기가지니를 출시할 때만 해도 인공지능 스피커로 사람들이 가장 많이 하는 것이 음악을 듣고 대화하는 것이었습니다. 그러니까 스피커가 좋아야 되겠죠? 그런데 인공지능 스피커는 사실 비싼 제품은 아닙니다. 좋은 스피커를 쓰겠다는 생각을 할 수 없는 거죠. 그런데 KT는 하만카돈Harman Kardon 부품을 썼습니다. 잘 알려졌다시피 하만카돈은 1953년에 만들어진 미국의 스피커 전문 브랜드로 메르세데스벤츠나 BMW 등 고급 자동차에 채용된 오디오 브랜드입니다.

물론 여기에도 우여곡절이 있습니다. 제가 조기에 협력하라고 강조했죠? 초기부터 다양한 스피커 업체와 접촉했어요. 그래서 하만카돈으로 결정했는데, 얼마 뒤에 하만카돈이 삼성전자로 9조 원에 팔렸습니다. 다행히 우리는 그전에 계약했잖아요. 그래서 상당히 유리한 조건으로, 그것도 상당 기간 하만카돈에서 스피커를 공급받을 수 있었습니다.

세 번째는 록인효과Lock-in Effect를 들 수 있습니다. 보통 통신은 IPTV랑 연결해서 많이 쓰죠? 전화와 인터넷, 거기다 IPTV가 한 세트로 움직이다 보니 기가지니가 성장할 때 큰 도움이 됐습니다. 세계에서 오디오와 비디오를 묶은 셋톱박스는 기가지니가 최초입니다. 거기에 라우터에 스크린까지 결합했죠. 그러니까 독보적으로 시장을 개척하는 겁니다. 이런 과정 끝에 2022년 10월 기준, 기가지니 사용자가 350만 명을 넘어섰습니다.

최근 인공지능 스피커의 활약상은 가정을 넘어서는데요. 지금까지 이야기한 것은 B2C에서의 응용입니다. 제가 보기엔 B2B의 파이에 비해 상당히 작습니다. B2B에서는 어떤 활약상이 있었는지 말씀드릴게요. 2017년에 기가지니는 세상에 나오자마자 부산 영도에 새로 지은 아파트 단지에 들어갔습니다. IoT, 가전하고 단지 내 시설을 제어할 수 있는 기능을 집어넣은 겁니다. 난방 제어, 승강기 호출, 차량 입차 인식까지 쭉 필요한 기능을 다 넣었고 그걸 기가지니가 대화식으로 풀어낼 수 있도록 했습니다. 어땠겠습니까? 주민들 호응이 굉장히 좋았겠죠?

요즘은 AI 콘텍트 센터에서 금융, 물류, 유통 등 전 산업에서도 활용되고 있다고 기사가 나오는데요. AI 상담사는 전화 목소리만 들어도 누군지 파악해서 이름을 띄웁니다. 그리고 음성으로 요금제를 안내하고 사용자에 대한 패턴 분석 내용을 설명해 줍니다. 곳곳에 인공지능 기술들이 들어가 있죠. 서빙 로봇이나 방역 로봇도 보셨나요? 병원이나 식당, 물류 센터에서 활약하는 로봇들의 음성인식 기술이 다 기가지니에서 온 겁니다.

그 시작이 '있는 기술들을 융합해서 새로운 제품을 만들자'는 하나의 아이디어였다는 걸 다시 한번 강조해 말씀드립니다. 5G와 인공지능 스피커의 융합이 새로운 산업을 만들고 있습니다.

전체는 부분의 합보다 크다

• • • • •

오늘은 다양한 사례로 융합의 중요성, 필요성을 어필했는데요. 여러분, "전체는 부분의 합보다 크다"라는 말 아세요? 십수 세기 전에 아리스토텔레스Aristotle가 한 말입니다. 융합을 표현하는 가장 정확한 말이 아닐까 싶은데요. 마지막으로 부분의 합보다 큰 전체를 만드는 방법에 대한 팁을 드리고자 합니다.

현장에서는 일의 진행 방식에 대해 톱다운Top-down이냐, 보텀업Bottom-up이냐를 놓고 말이 많습니다. 저는 '엣지에서 센터로'라고 이야기하면서 보텀업 방식을 실현하고자 했는데요. 조직 내에서는 톱다운 방식의 업무가 월등히 많습니다. 적재적소에 두 가지 방법을 잘 사용해야 융합이 가능한 조직이 되겠죠?

기가지니는 엄밀히 말하면 톱다운 방식의 프로젝트였습니다. 제가 2016년 3월 15일에 KT융합기술원을 방문하고 "정말 세상에 없는 물건을 한번 만들어보자" 했을 때 사실 다른 부서에서는 별 관심이 없었습니다. 반발도 없지 않았겠죠? 개발만 하더라도 "지금 내가 갖고 있는 기술을 사용하는 게 더 현실적이야"라면서 뒤로 빠질 수 있잖아요? 그런데 톱다운 방식이다 보니 기획, 개발, 마케팅, 영업, 구매, 품질, 테스트 모든 기능이 한자리에 모일 수 있었습니다. 초기 구성원들 마음이야 좋지 않죠. 현장에 가보면 입이 나온 직원들도 보입니다. 그렇지만 그렇게라도 프로젝트를 진행시켜서 일이 되기 시작하면 어떻습니까? 달라집니다. 융합의 힘이 나타납니다. 보통 한 제품 만들어서 성공하는 데 빨라야 2년, 길면 5년입니다. 하다가 중간에 문제가 생기면 다시 돌아가야 하거든요. 그렇게 시간을 잡아먹습니다. 그런데 기가지니는 앞단에서 그런 시행착오를 최소화했습니다. 그래서 9개월 만에 완성품이 나올 수 있었던 겁니다.

다음으로 보텀업 사례를 볼게요. 저는 본사에 있는 임원들이 현장의 이야기를 들을 때 그대로 앉아서 의사 결정을 하라고 제한 사항을 다 풀어줬습니다. 현장의 혁신에는 톱다운이 한계가 있습니다. 위에서 지시하면 임원들은 중무장하고, 간부들은 가볍게 무장하고, 현장 직원들로 가면 무기가 왜 필요한지도 모르는 경우가 많아요. 그래서 CEO는 초기 바퀴만 굴리고 나머진 스스로 굴러가게 해야 합니다. 임원이 현장에 앉아서 가이드를 주고 협업 과정에서 어려운 문제를 풀어주면 현장에서도 융합과 함께 혁신이 이루어집니다. 소통이라는 말이 필요 없을 정도로 한 팀이 되면 "섞어서 뭘 만들어봐라"라고 하지 않아도 결과물들을 만들어냅니다. 어때요? 적재적소의 의미가 무엇인지 알겠습니까?

4차 산업혁명으로 이미 많은 기술들이 세상에 선을 보이고 있습니다. 그 기술들이 융합됐을 때 생활에 침투해서 엄청난 시너지 효과를 낼 거라는 기대도 큽니다. 이러한 일들을 해나가기 위해서는 탄탄하지만 벽 없는 조직이 필요합니다. 여러분이 경영자가 되기에 앞서, 조직이나 관계에서 자신이 융합에 적합한 인재인지 스스로를 점검하는 시간을 많이 가져보시길 부탁드립니다.

교수 질문들을 받아봤는데, 주제가 다양하게 흩어져 있어서 공통 질문은 드리지 않고 개인이 관심 있는 질문을 하는 시간을 갖도록 하겠습니다. 다만 처음에는 좀 핵심적인 걸로 시작하면 좋겠습니다.

—— KT 에너지 솔루션이 굉장히 흥미로웠는데요. 사회에 전례 없는 혁신을 가져오게 되리라는 기대도 큽니다. 이런 기술들이 상용화되려면 규제가 풀려야겠지만 사회적 분위기나 법적 분위기도 굉장히 중요하다는 생각이 듭니다. 이에 대해 어떻게 생각하시나요?

정말 송곳 같은 질문을 하셨는데요. K-MEG만 해도 대부분의 데이터를 한국전력이 풀어야 제대로 된 기능을 할 수 있습니다. 한국전력이 독자적으로 결정할 수 없다면 정부가 나서서 적극적으로 풀어야 가능하지요. 국가 안보 등 보안이 꼭 필요한 부분을 빼고 공개하면서 소비자들한테 어마어마한 혜택을 돌릴 수 있습니다. 지금부터는 이익과 혜택을 위해서 어떤 규제를 어느 정도로 풀 거냐를 놓고 많은 논의가 필요하기도 합니다. 아직은 숙제인데요. 고민의 포인트를 짚어주셔서 참 감사합니다.

—— 오늘 소개하신 기가지니는 그동안 배웠던 원낸드나 5G랑 조금 차이가 있다고 생각합니다. 전과 같은 경우라면 분명히 고객 만족으로 이어질 거라는 확신을 쉽게 가지셨을 것 같은데요. 기가지니도 개발 단계에서 고객 만족을 달성할 수 있을 거라는 확신이 드셨는지, 아니면 다른 계기가 있었는지 궁금합니다.

B2B하고 B2C의 차이인데요. B2B는 소비자들이 잘 모르잖아요. 우리만 갖고 있는 기술이잖아요. 그러니까 우리만 확신하면 되는 거죠. 절대적으로 가격이 싸다, 성능이 열 배다, 이러면 확신이 듭니다. 그러니까 스티브 잡스도 우리 쪽에 공급을 부탁했던 거죠. 더 나은 대안이 없으니까요.

그런데 B2C는 이야기하신 것처럼 차별화했음에도 '과연 성공할 수 있을까?', '고객들이 정말 찾아줄까?' 걱정을 많이 합니다. 기가지니가 성공한 요인 중에 하나가 끝없이 모델을 바꾸고 고객의 니즈를 앞서서 분석하는 작업을 했기 때문이라고 생각합니다. 그게 B2C죠. 이 때문에 실제로 B2C가 더 어렵다고 생각하는 경영자들이 많이 있습니다. 정확히 보신 거예요.

—— 4차 산업혁명이 얼리어답터 단계에 와 있다고 생각하는데요. 판단하시기에 4차 산업혁명의 기술들이 캐즘에 빠질 수도 있을까요?

4차 산업혁명의 기술이라 해서 다 성공할 수도 없겠죠. 잘 보신 거예요. 실패를 한다면 사업 규모가 커지면서 더 큰 실패로 이어질 수 있다고도 생각합니다. 위기가 클수록 기회는 커지고, 기회가 커질수록 위기는 더 커지는 거죠.

관건은 '차별화'입니다. 대중화, 실용성, 기술의 완전성 등 어느 분야에서든 차별성이 드러나야 합니다. 왜냐하면 지금은 데이터를 대부분 동시다발적으로 공개하잖아요. 옛날에는 그렇지 않았습니다. 데이터도 정보도 독점할 수 있었죠. 그게 강력한 배리어를 만들었습니다. 그런데 지금은 그렇지 않죠. 자기가 비즈니스 모델을 만들었더라도 마음만 먹으면 누구나 그 비즈니스를 따라 할 수 있는 환경이 된 거예요. 그렇죠? 따라서 지금까지 이야기했던 도전 정신 그리고 파괴적 혁신에서 나왔던 여러 가지 요소들 또는 고객 마인드를 읽는 능력들이 더 성숙해져야 합니다. 구체적으로 다 설명드리기는 어렵지만, 이런 부분은 제너럴 트렌드로 보입니다.

—— AI 스피커 외에 삼성전자의 빅스비나 애플의 시리 같은 인공지능 비서도 기가지니의 경쟁자가 될 수 있을 것 같은데요. 기가지니의 숨은 경쟁력이 궁금합니다.

삼성전자는 아마존처럼 글로벌 거대 기업이니까 인력도 많고 가전 사업도 해서 특화된 기술을 많이 갖고 있을 겁니다. 그렇지만 KT는 남다른 차별점을 갖죠. 그런데 여러분, 놀라지 마십시오. KT의 음성 인식률은 타의 추종을 불허합니다. 이제껏 아무도 못 깨뜨렸습니다. 아마존, 구글도 마찬가지죠. 물론 다른 기업들도 여러 가지 차별화 분야가 있고 뛰어난 기술이나 응용 분야가 있을 겁니다. 근데 인공지능 스피커에서 가장 중요한 요소는 음성 인식률이거든요. 제일 중요한 지점이라고 생각합니다.

교수　어떻게 그만큼 압도적인 인식률을 가질 수 있습니까?

KT가 과거에 한국통신이었잖아요. 분명한 1등이었죠. 삼성은 워낙 빨리 성장했고 지금은 대단한 회사지만 전통적인 통신 강자는 아니었습니다. KT는 오래전부터 AT&T를 모델로 통신과 관련된 음성 데이터 확보를 벤치마킹하고 연구도 많이 했습니다. 그걸 갖고 있었는데 활용을 못 했던 것이죠. 기가지니로 서 말이었던 구슬을 꿰게 된 것입니다.

—— 다보스포럼에서 4차 산업혁명의 핵심은 경제적 혜택을 받지 못하는 소외 계층에게 평등함을 가져다주는 것이라 말씀하셨는데, 기업의 입장에서 사업성을 따지다 보면 소외 계층을 생각하지 못할 수밖에 없다는 생각도 합니다. 이런 문제를 어떻게 해결해야 할까요?

제가 강조했던 것은, 적어도 우리가 지금 살고 있는 이 시대에 5G라고 하는 기술은 속도, 용량뿐 아니라 연결성에서 평등성을 강조한 기술이라는 사실입니다. 중소 기업이든지 벤처 기업이든지 또는 1인 사업가든지 개인이든지 동시다발적으로 공유할 수 있습니다. 기술 자체로 상하좌우 구분이 없는 것이죠.

기술이 사회적으로 어떤 영향을 끼칠까를 고려할 때에도 5G를 활용한 GEPP나 K-MEG은 굉장히 좋은 아이디어이고 실현 가능한 아이디어입니다. 이미 다양한 사례에서 높은 활용도에 대한 검증도 마쳤죠.

개별적으로 '기가지니가 과연 어떤 영향을 미칠 수 있을까?' 고민해 보자면 다양성의 확보를 이야기할 수 있습니다. 편리하고 재밌고 다양한 경험을 제공할 수 있잖아요. 광고도 보셨겠지만 혼자 사는 어르신에게 말벗이 되는 것은 단순히 월에 얼마를 내고 얼마치를 이용한다는 개념으로 환산하기 어려운 가치가 있죠. 문화생활이나 일상생활에서도 굉장히 큰 영향을 미칠 수 있다고 생각합니다.

교수 계속 나오는 질문인데, 여기서 여러분이 생각해 봐야 하는 게 '기업이 사회에 기여한다'는 것이 과연 어떤 것인가입니다. 최근에는 많은 사람들이 ESG를 단순한 직접 기여로 생각하는데 그게 다가 아니죠. GEPP 같은 건 직접 기여하는 거지만, 과거의 기업은 인류의 삶을 편리하고 풍요롭게 만드는 기술이나 상품을 개발하는 형태로 기여했죠. 이것도 굉장히 중요하다고 봅니다. 예를 들면 애플 같은 경우에는 얼마 전까지 미국에서 그리고 전 세계에서 가장 돈을 많이 벌어들였지만 기부는 1원도 안 했어요. 그 이유가 뭐냐면, 자기들이 만드는 물건 자체가 인류의 삶을 바꾸고 있다는 자부심이 있었기 때문이죠. 그러니까 그 문제에 대해서는 우리가 좀 더 다양한 관점에서 보는 게 필요할 것 같다는 생각입니다.

저는 ESG가 무조건 기존의 CSR 같은 사회적 기부가 아니라, 회사 제품의 효용성을 극대화하고 소비자 가치를 증대하게 하는 것이라고 생각합니다. 기가지니가 대단지 아파트에 들어갔어요. 만약 아파트에 화재가 나면 기가지니가 전 세대에 이 사실을 알립니다. 그리고 각 세대별 대피 방법을 화면에 띄워주죠. 이런 종류의 혜택이 있습니다. 비상 상황에서 생명과 안전을 지켜주는 거죠. 이런 것도 우리가 기대할 수 있는 기술의 혜택이 아닐까 생각합니다. 그리고 지난 시간에 기업의 역량이 많느냐, 정부의 역량이 많느냐 이야기하셨는데 실제로 보면 기업이 할 수 있는 게 많습니다. 많은 분들이 기업의 목적이 이윤 추구라는 것만 생각해서 '혁신도

돈 벌어야 하니 하는 거 아니냐?' 하시는데 기업들도 의외로 돈도 덜 들이고 사회에도 도움이 되는 일들을 많이 하고 있습니다.

교수 실험 결과를 보면, 기업 활동이 미국 전체를 움직이는 경제적 가치에서 3분의 1이 좀 넘어요. 한 40퍼센트가 사실 기업 활동과 관련되어 있습니다. 그렇기 때문에 기업은 이윤 창출을 목표로 하지만 단지 그것만을 목표로 한다고 평가하기는 어렵습니다. 이윤 추구 과정에서도 인류의 삶을 바꾸는 데 기여하기도 하고요. 물론 이런 생각에 반대해서 정부가 과도한 이윤 추구를 방지해야 한다고 규제를 강조하는 목소리도 있는데요. 여러분이 좀 더 거시적인 안목으로 봐줬으면 좋겠습니다.

—— 개인적인 고민입니다만, 저는 경영학과 전공자로 5G나 인공지능 같은 핵심 기술에 대한 지식이 부족합니다. 미래 사회의 인재가 되기 위해서 어떤 것을 살펴야 하는지 의견을 듣고 싶습니다.

기반 기술이나 응용 기술이 많이 있잖아요. 그리고 산업화사회에 사는 개인이다 보니 관련 부분에 지식을 좀 쌓아야 하지 않을까 걱정될 텐데요. 기술을 놓고 보자면 우리나라는 IT가 강하다 보니, 5G라든지 반도체라든지 기반 기술 쪽이 강한 편이죠. 반면 미국은 구글이나 메타나 대부분 다 플랫폼 회사잖아요. 다양한 응용 기술들이 나오고 있습니다. 그런데 시각을 좀 달리해서 두 개의 기술들을 화학적으로 융합한다면 정말 글로벌 강자가 될 수도 있어요. 그렇기 때문에 두 기술을 '함께' 볼 수 있어야 합니다. 경영학도라고 해서 이를 이해하지 못할 이유는 없어요. 충분한 의지만 있으면 트렌드를 알고 따라갈 수 있다고 생각합니다. 그럴 경우 더 멀리 더 크게 볼 수 있는 인재, 리더, 경영자가 될 수 있지 않을까요?

—— 개인적으로는 AI 스피커에 대한 거부감이 좀 있는데요. 제 일상이 데이터화되어서 어딘가에 쓰인다는 게 꺼려지기 때문입니다. 제가 시대에 뒤쳐진 것일까요?

GEPP가 예상보다 빨리 확산되지 못한 게 사실 개인 정보 보호 때문입니다. 로밍 데이터를 풀어야 되는데 개인들은 싫어하죠. 한 가지 예로 어디 관광지에 갔는데 구글이 갑자기 "여기 식당 맛이 어땠어요?"라고 물어보면 어때요? 전까지 편리하게 사용했다고 해도 '가만 있자, 나를 감시하네?' 이런 생각으로 눈살이 찌푸려지고 그러잖아요.

이제 개인 정보를 보호하는 측면과 이를 풀어주는 양극단의 조치가 같이 가야 될 거라고 생각합니다. 적어도 GEPP를 했을 때는 데이터를 공유했습니다. 생명이 달린 일이니까 사회적 합의가 이루어지는 거죠. 그런데 개인 정보에 대한 이용이 심해지면 반독점법을 통해서든 다른 법적 근거를 통해서든 제재를 가하죠. 그럼 어쩔 수 없이 기술은 퇴보할 수밖에 없습니다. 기업으로서는 데이터를 공유해서 많은 의미 있는 데이터가 쌓이는 게 좋죠. 밸런스 게임 같은 상황이 벌어지지만 논의를 해가며 같이 가는 게 맞다고 생각합니다. 결정해야겠죠.

—— AI를 도입하면서 KT 상담사들도 상당히 효율적으로 일 처리를 한다 하셨는데, 완전히 대체되는 일도 가능할까요?

어떠세요? AI를 도입하면 일자리가 줄어든다고 보세요? 저는 일

자리가 줄어들지 않을 거라고 생각합니다. 당장은 AI로 상담을 하니 줄어들 수 있죠. 실제로도 많이 줄었습니다. 그럼 나머진 뭘 할까요? 마케팅도 하고 영업도 합니다. 교육과 훈련을 통해 새로운 일에 참여할 수도 있지요. 앞으로 일자리는 고급화되고 넓어질 겁니다. AI로 인해 소프트웨어 개발 인력들이 많이 필요하죠. 응용 분야도 많습니다. 이런 데 필요 인력이 늘어나면서 새로운 일자리도 많아질 거라고 생각합니다.

—— KT가 적은 인력으로 빠른 시간에 많은 성과를 내셨다고 하셨는데요. 반도체 분야에 몸담으실 때에도 이런 일들이 많았다고 하셨습니다. 구성원들에게 동기부여를 하는 회장님만의 노하우가 있으신가요?

아마존과 엔진을 공유한 사례를 말씀드렸죠? 아마도 타격 지점이 좀 다른 것이 성공의 이유라고 생각합니다. 아마존은 AI의 기초 기술부터 다른 다양한 기술까지 다 커버하는 인력이 상당히 많은 걸로 알고 있습니다. 그런데 KT는 어떻게 그들과 싸워 이겼냐? 엄밀히 말해서 온전히 싸워서 모든 부분에서 이긴 건 아니죠. 우리가 이긴 건 단기전에서 음성 인식률을 높인 것입니다. 기가지니가 캐즘을 극복할 수 있었던 첫 번째 이유로 높은 음성 인식률을 이야기했잖아요. 이것이 대중화로 갈 수 있었던 가장 큰 이유였죠. 그 부분에서는 소수 인력으로 빠른 시간 내에 시장에서 승리한 거라고 평가하면 되겠습니다.

여기서 정말 궁금한 건, 조직에 있는, 움직일 필요가 있는 부분을 어떻게 목표를 갖고 뛰게 했느냐? 그거겠죠. 그건 제가 다음 강의 시간에 말씀을 드리려고 하는데요. 마지막 수업이 경영자의 자세에 대한 강의죠. 조직원들의 가슴을 뛰게 하는 법을 소개해 드리겠습니다.

교수 오늘 강의도 시간이 훌쩍 지나갔습니다. 경청해 주셔서 감사합니다. 정말 마지막 강의가 코앞입니다. 그간 많이 배운 것 같은데 아쉬움도 큽니다. 그렇지만 끝날 때까지 끝난 게 아니죠. 리포트 작성도 잘 부탁드립니다. 강의 마치겠습니다.

> **"**
>
> ## 전체는 부분의 합보다 크다
>
> _아리스토텔레스
>
> **"**

수많은 기술이 융합됐을 때
비로소 시너지는 발생한다
탄탄하지만 벽이 없는 조직이야말로
시너지를 일으키기 위한 필수조건이다

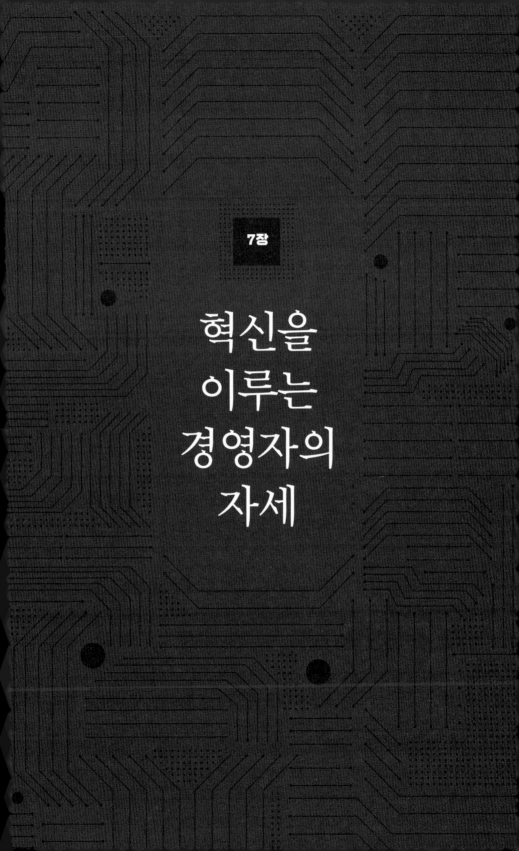

7장

혁신을 이루는 경영자의 자세

오늘은 마지막 강의 시간입니다. 일곱 번째 강의 힘차게 시작하겠습니다. 이번에도 학생들이 소감문을 많이 써주셨는데, 6강 서머리부터 글로벌 기업의 사례, 개인적인 생각 그리고 각오까지 적어주셨습니다. A4 용지로 한 200페이지 정도 되는 글을 보면서 제가 많이 놀라고 감탄까지 했습니다.

눈에 띄는 것들을 좀 짚어드리면 4차 산업혁명에 대한 조사와 성공 사례가 많이 있었고요. 반도체, 5G뿐만 아니라 다양한 최신 기술에 대한 설명도 덧붙여 주셨습니다. 최근에는 데이터가 활용되는 기술들이 많기 때문에 적절한 법제화가 필요하다는 지적도 눈에 들어왔습니다. 매번 강의 시간이 부족하다는 느낌을 많이 받았는데요. 마지막 강의가 되다 보니 마음이 급해집니다.

7강 시작하겠습니다.

혁신의 가장 큰 위협은?

• • • • •

피터 드러커는 "변화의 가장 큰 위협은 바로 어제의 이론"이라고 이야기했는데요. '변화' 대신 '혁신'을 집어넣으면 어떨까요? 혁신의 가장 큰 위협은 바로 어제의 이론입니다. 왜 그런가요? 어제까지 맞았다 하더라도 오늘은 새로워져야 된다는 것이 혁신입니다. 이왕이면 파괴적 혁신을 만들자고 목소리를 높였는데요. 사실 그 원동력은 두 개의 수레 바퀴라고 할 수 있습니다.

첫 번째 바퀴는 기술의 발전입니다. 이 부분 역시 제가 굉장히 강조한 부분이죠. 인류의 발전은 곧 기술의 발전이라고 할 수 있는데요. 새로운 기술 하나가 산업에 미치는 영향은 어마어마하죠. 플래시메모리, CTF, 모바일D램, SSD로 이어지는 메모리반도체의 발전이 산업 전반의 혁신과 번영을 이끌었습니다. 5G도 마찬가지죠. 단순히 통신 속도가 빨라지는 기술이 아니라 했죠? 4차 산업혁명을 이끄는 플랫폼 기술입니다. 폭발적인 데이터 증가를 이끌 기술이죠. 이러한 새로운 기술들의 파워는 실로 어마어마합니다. 그래서 많은 과학자, 기업 그리고 정부까지도 기술의 발전에 사활을 겁니다.

두 번째 바퀴는 조직의 발전입니다. 하버드에 강의를 갔을 때 이에 대해 경영대학원의 셰인 그린스타인Shane Greenstein 교수가 이야기했지요. "보통의 글로벌 기업도 톱다운 방식이 많다. 그런데 엣지에서부터 센터로 혁신하는 회사가 있다." 그러면서 KT를 소개했습니다.

아주 엄밀히 말하면 조직이 발전할 수 있다면 톱다운이 됐든 보텀업이 됐든 상관이 없을지도 모릅니다. 그러나 산업화가 지속되면서 톱다운 방식의 혁신에는 한계가 있다는 이야기가 나옵니다. 왜 그러냐? 사람이 달라졌잖아요. 'MZ세대'라는 말이 등장하면서 '어른은 꼰대다'라는 말도 등장했잖아요. 이 사람들에게 톱다운 방식의 혁신을 요구할 수 없다는 거죠. 자발적으로 참여하는 보텀업 방식이 아니면 혁신이 어렵다는 의미입니다. 그래서 기업이 바뀌고 경영이 바뀌어야 한다는 이야기가 나오는 거죠. 정리하자면, 혁신을 하려면 기술의 발전과 함께 조직의 발전이 필요합니다. 그리고 이 발전을 가로막는 가장 큰 위협은 바로 '어제의 이론'입니다.

여러분, 어제의 이론이 뭡니까? 집요하게 물어보면 참 어렵죠? 그런데 말입니다. '그냥 그럴 것이다'라는 건 소용이 없어요. 아주 명확히, 명쾌히 실체를 알아야 합니다. 과학 기술에서 어제의 이론은 지동설을 용인하지 않는 천동설입니다. 조직 문화에서 어제의 이론은 '기득권을 가진 집단의 거부 또는 방해'입니다. 어려운가요?

과학 기술에서 어제의 이론은 비교적 쉬운 부분이 있어요. 과학이니까 반증이 제시되면 기존 이론은 뒤집어집니다. 틀린 것을 옳다고 계속 주장할 수는 없어요. 그렇죠? 그에 비해 조직 문화는 참 어렵습니다. 실제 기업을 운영할 때도 조직 문화를 바꾸는 것이 제일 힘듭니다. 왜? 변화를 거부하는 이들이 대다수이기 때문이죠. 전부라 하면 여러분이 너무 절망하실까 봐 제가 '대다수'라 했습니다. 이유는 가지각색이죠. '할 수 있다'는 이유가 한 가지면 '할 수 없다'는 변명은 아흔아홉 가지입니다. 자신만 안 하는 게 아니라 하겠다는 사람의 발목까지도 잡아요. 그렇기 때문에 더욱 절실하게 '변화'와 '혁신'이 필요합니다. 그래서 마지막 강의인 오늘 강의는 조직 문화의 혁신에 대해 말씀드리고자 합니다.

'기득권을 가진 집단의 거부 또는 방해를 어떻게 극복할 수 있을까?' 사실 이러한 질문은 앞의 여섯 강의에서도 종종 나왔어요. 저도 경영 철학에 대해서 많이 이야기해 드렸습니다. 그럼에도 부족한 부분이 많이 있다고 생각했고, 따로 정리하는 게 의미 있겠다고 생각해서 오늘 강의를 준비하게 됐습니다.

소통: 마음을 모아주는 한솥밥의 위력

· · · · ·

현장에 있을 때 저는 '마음을 여는 경영'이라는 말을 자주 했습니다. 표현이 좀 올드한가요? 그래도 저는 '라떼 이즈 홀스(나 때는 말이야)'라는 말은 잘 안 했습니다. (웃음) 제가 마음을 여는 경영에서 가장 강조한 것이 '소통'입니다.

삼성전자 주식의 10퍼센트를 쥐고 있던 캐피털인터내셔널의 피셔 회장을 만난 이야기는 여러 번 드렸죠? "버티컬 조직의 레더(사다리)를 허용하지 않는다"라는 말로 "유 패스"란 말을 들었다 했잖아요. 제가 플랫(수평)한 조직을 선호한 가장 큰 이유도 소통이 수월하기 때문입니다.

플랫 조직이 버티컬 조직과 다른 지점이 드러나는 대표적인 사례가 회의와 보고입니다. 여러분, 대기업에 들어가면 '보고가 업무의 절반'이라고 할 정도로 회의가 많습니다. 그런데 저는 되도록 실무자한테 보고하게 했어요. 가능하면 임원들한테 보고하지 못하게 했습니다. 그럼 어떤 일이 벌어지냐? '살'이 안 붙습니다. 사장이 임원에게 보고받으면 어떻게 됩니까? 임원은 과장이나 부장에게 보고받죠. 과장이나 부장은 밑의 대리에게 초안을 받습니다. 그런 식으로 사다리를 타고 보고가 올라오면 자꾸 '살'이 붙어요. 작은 눈덩이가 눈사람처럼 커지기도 합니다. 사장이 그걸 알아채서 "실체가 뭐냐?"라고 묻기가 어려워져요. 이런 연유로 저는 중요한 사안일수록 실무자가 보고하고, 그 자리에서 여러 의견을 듣도록 했습니다. 누구든 편하게 이야기할 수 있도록 하자는 거죠.

사실 소통이 잘되게 조직을 변화시키는 일을 경영자 혼자서 할 수는 없습니다. 그렇지만 분명히 많은 일을 할 수는 있죠. 제가 KT에 갔을 때 '1등 워크숍'이라는 걸 만들었습니다. 6년간 5,300개 주제를 다루었고 8만 4,000명이 참가했습니다. 5~7명이 1박 2일에 걸쳐 토론하거든요. 끝장 토론이라고도 하는데, 전 직원들이 한두 번은 해봤다고 할 정도로 적극적으로 참여했습니다. 제가 이 워크숍을 만든 이유가, B2B하고 B2C는 다른 거예요. B2C에 와보니 직원들이 매일 고객을 현장에서 만나며 불만이라든지 요구 사항을 끊임없이 듣는 거죠. 그런데 이를 수정하려 해도 제도의 제한이 많아서 상당히 어려운 겁니다. 그래서 어떻게 해야 하나 생각해 보니 속에 있는 말들을 털어놓고 해결책을 찾을 때까지 밤샘 토론을 해야 했던 겁니다. 현장 직원과 본사에서 담당하는 직원, 의사 결정하는 임원이 한자리에 모여서 해결해야 하는 거죠.

그럼 여기서 궁금증이 생기죠. 전에는 무얼 했기에 끝장 토론까지 해야 할 만큼 문제가 산적한 상황이 됐나? 연세대학교가 1885년에 개교했네요. 그렇죠? 세브란스병원의 시초, 한국 최초의 현대식 병원인 광혜원을 시작으로 보면 그럴 겁니다. 제가 이걸 왜 기억하냐면 KT가 연세대학교와 역사가 비슷하기 때문입니다.

그런데 이런 오랜 역사의 KT가 제가 취임하기 전인 2013년에 130여

년 만에 첫 적자가 났어요. 여러 말들이 있었죠. 임원부터 일반 사원까지 사기가 바닥을 치고 분위기도 좋지 않았습니다. 거기다 사건, 사고가 끊이지 않아서 제가 KT로 와서 제일 먼저 한 일이 기자들을 모아놓고 대국민 사과를 한 겁니다. 언론에서 '황의 법칙'이 아니라 '황의 마법'이 필요하다는 말이 들려올 정도였어요. 그러니 소통이 잘될 리가 없었죠.

그래서 조직을 바꾸기 위해 애를 많이 썼습니다. 실질적으로 문제를 해결하도록 조직을 개편하고 시스템을 보강하는 작업을 하면서 한편으로 '마음을 여는 경영'을 하자 마음먹었습니다. 직원들한테 밥을 사기 시작한 게 첫 번째 행동이었어요. 제가 어느 학생한테 그랬죠. "밥 좀 사세요!" 지금 밥 많이 샀나요? (웃음)

우리나라에는 '한솥밥의 정서'가 있습니다. 옛날에는 가족을 같이 사

| KT 광화문 빌딩 25층에서 |

는 사람이 아니라, 한 솥에서 나온 밥을 같이 먹는 사람으로 생각하기도 했어요.

보여드리는 사진 속은 KT 광화문 사옥 25층인데요. 제가 저기서 직원들과 밥을 먹기 시작했습니다. 저기 전망이 참 좋습니다. 옛날엔 청와대 주변에 높은 건물을 못 짓게 했거든요. 그래서 KT 건물 앞이 다 뚫려 있어요. 저기서 직원들과 한솥밥을 먹으면서 이야기를 많이 했습니다.

처음에는 어땠을까요? 여러분은 어떨 것 같아요? 직원들도 참 서먹하고 어려울 것 같아요. 그죠? 그래서 제가 잘 보이려 넥타이도 밝은색으로 매고, 개인적인 이야기도 하고 그랬습니다. 회장실도 데려가서 보여주고 그러면서 직원들한테 어려운 부분, 힘든 부분 이야기를 많이 들었어요. 그랬더니 어떻게 됩니까? 직원들 사이에서 소문이 좋게 나는 거예요. '가봤더니 뷰도 좋고 밥도 맛있더라, 꼰대처럼 이래라저래라 할 줄 알았는데 이야기도 잘 들어주더라.' 그래서 직원들도 조금씩 제게 마음을 열게 됐습니다.

임기 마칠 즈음 통계를 내보니까 제가 6년간 420회, 5,500명과 밥을 먹었더라고요. 현장 직원들이 한 2,000~3,000명 정도, 나머진 본사 직원들하고 먹었어요. 제가 현장을 많이 다녔잖아요. 그래서 식사 자리에 있는 분들을 모두 고려하면 8,000~9,000명 정도하고 밥을 먹은 것 같아요. 그러면서 한솥밥의 위력을 많이 느꼈습니다.

여러분, 우린 잘 알잖아요. 누군가한테 마음을 연다는 건 대단한 일입니다. 마음을 열면 들을 준비가 되고, 행동할 준비가 돼요. "조직에 충성심을 가져라" 이런 말 안 해도 됩니다. 조직 혁신에서도 소통이 가장 중요한 부분이라 첫 번째로 말씀을 드렸습니다.

비전: 조직의 불안을 해소하는 가장 확실한 방법

• • • • •

소통 다음에 중요한 게 뭘까요? 비전입니다. 이건 소통이랑 톱니바퀴처럼 맞물리는 부분도 있어요. 경영자가 조직원들과 소통할 때 가벼운 이야기만 할 수 없잖아요. 직원들이 움직일 수 있도록 뭘 전달해야 합니까? 목표를 줘야죠. 비전을 세우고 전달해야 합니다.

제가 직원들이랑 한솥밥을 먹으면서 아날로그 소통을 할 때 같이 한 게 있습니다. 바로 디지털 소통인데요. 아날로그는 한정적이잖아요. 직원들과 만날 수 있는 기회를 더 만들고 싶어도 그럴 수 없죠. 그래서 이메일을 이용했습니다. 6년간 24회에 걸쳐 계절별로 전 직원에게 이메일을 보냈습니다. 거기에 우리 조직의 비전을 실어 보냈죠.

KT에 가서 저는 "글로벌 1등 KT를 만들자!" 했습니다. 그런데 이야기를 듣던 임직원들이 저한테 이야기합니다. "아니 회장님, KT는 국내 기업이고 내수 기업입니다. 글로벌 사업은 하지도 않고 심지어 국내에서도 2등인데 왜 글로벌을 붙입니까?" 그래서 제가 이메일에 썼습니다.

"KT 비전이 글로벌 1등이라고 하니 갸우뚱하는 사람이 많았습니다. 우리 임직원 중에서도 현실적 목표가 아닌 단순한 구호라 생각하는 사람들이 있습니다. 하지만 글로벌 1등이라는 비전은 실제로 실현할 수 있다는 자신감을 갖고 제시한 비전입니다. IT 업계 경영자와 국가 CTO로서 얻은 경험을 가지고 사내·외 전문가들과 우리 사회 또는 ICT 미래의 모습에 대해 치열하게 토론했습니다. 이 과정에서 KT의 역량이라면 미래의 변화를 기회로 바꿀 수 있다는 확신을 갖게 됐고, 이런 믿음에서 나온 목표가 글로벌 1등 KT입니다."

이런 식으로 아주 구체적으로 설명했습니다. 그런 다음에 회사가 나아가야 할 방향 그리고 사업 전략 수립의 배경과 발전 방향, 거기다 우리가 알아야 할 트렌드까지 또 써서 보냈어요. 그 양을 보니까 A4 종이로 21장이나 되어서 2주에 일곱 장씩 나눠서 세 번 보냈습니다.

그랬더니 직원들이 볼멘소리를 하는 거죠. "회장님, 너무 길어서 읽기 힘들어요." 그럴 수 있겠죠? 그런데 어떻습니까? 여러분, 최소한 저 정도 답 메일을 보낼 정도면 읽기는 했다는 거 아니겠어요? 21장을 다 읽었으니 볼멘소리도 할 수 있던 거잖아요. 그다음에는 직원들 반응이 더 좋아졌습니다. "구체적인 사업의 방향성이 있어서 좋았다", "벽 없는 조직에 대한 생각을 읽고, 내 업무의 연결 고리가 다 이어져 있다는 걸 알았다", "구체적인 사례로 들으니 진정성이 느껴지고 이해가 쉬웠다"라고 긍정적인 반응들이 오니까 저는 어땠겠어요? '아! 되는구나.' 그렇잖아요. 경영자도 똑같습니다. 직원들은 상사한테 칭찬받으면 좋잖아요. 경영자도 직원들한테 칭찬받으면 좋아요. 직원들의 코멘트가 저를 춤추게 하고 '이제는 혁신의 길로 가도 되겠다'는 확신을 갖게 한 거죠.

그리고 제가 제일 먼저 시작한 게 KT의 캐시카우인 인터넷 사업의 부활이었습니다. 매출이 떨어지고 적자까지 가던 사업을 열 배 빠른 기가 인터넷을 만들어 회생시켰습니다. 처음에는 "이게 왜 필요하냐?" 했던 임원들도 첫해에 200만 가입자가 생기니까 태도가 달라졌어요.

흔히 '인생의 비전을 가져라'라고 하잖아요. 비전은 개인에게도 조직에게도 꼭 필요하다고 하죠. 그런데요. 비전의 효용과 가치란 힘들고 어려울 때 두 배의 빛을 발합니다. 제가 그걸 경험을 통해서 배웠는데요. 제가 삼성전자에서 메모리 사업부장이 되고 다음 해에 IT 역사상 50년 만에 최악의 불황이 찾아왔다 했죠? 반도체에서 내본 적 없는 적자가 나고 그랬습니다. KT에서도 줄곧 1등 기업이 첫 적자를 낸 그다음 해에 경영을 맡게 되어서 참 어려운 시기를 보내야 했습니다. 이런 힘든 경험을 통해 깨달은 것이 비전의 중요성입니다.

경영이나 사업에 전략, 기술, 투자, 고객, 거기에 마케팅, 영업까지 많은 조직이 있잖아요? 재무, 회계 등 중요한 부문이 굉장히 많습니다. 그런데 위기가 오면 어떤 조직이든 흩어집니다. 외부의 환경이 나쁘면 불안이 증폭되죠. 그럼 전체 조직이 어떻게 됩니까? 손안에 든 모래알이 빠져나가듯 뭉치질 않아요. 폭풍을 만난 배처럼 좌초하기 딱 좋은 상황이 되죠. 이때 경영자가 뺄 수 있는 최고의 카드가 비전입니다. 비전을 제시해서 조직원이 공감대를 형성하고 열정을 잃지 않고 계속 불을 지펴나가도록 해야죠.

제가 삼성전자에 있을 때는 '경영현황설명회'라는 걸 했습니다. 불황이 시작되든 적자가 나든 빼놓지 않고 했습니다. 2001년에 시작해서 제가 반도체를 담당하는 8년간은 빼놓지 않고 했는데요. 처음에는 한 달에 한 번씩 200명 정도 참석하는 회의로 진행하다가 반도체 총괄사장이 되고부터는 분기에 한 번씩 했습니다.

사진 보니까 참 사람 많죠? 먼저 제가 회사 상황에 대해 설명합니다. 그리고 다니면서 만났던 사람들, 뭐 애플의 잡스나 루빈스타인한테 들은 이야기, CTO들이 갖는 미래 기술에 대한 생각, 이런 것들도 전달하고요. 한 30분 정도는 우리가 가야 할 길에 대해 이야기합니다. 마지막으로 우수 직원 포상도 했는데요. 별거 아닌 것 같지만 이런 행사들이 직원들에게 '우리가 뭔가 하고 있구나', '조금만 앞으로 가면 결실을 보

겠구나' 이런 마음을 들게 했던 거죠.

제가 지난번에 이런 말씀드렸죠. "'황의 법칙'을 달성하기 위해서 연구원들이 얼마나 스트레스를 많이 받겠습니까?"라는 질문을 받고 "스스로 좋아서 하지 않으면 절대로 일어날 수 없는 일"이라고 답했다고요. 사실 그렇습니다. 직원들 개개인의 마음에 비전이 없으면 그 힘든 일을 어떻게 감당했겠습니까?

비전은 정말 힘이 셉니다. 개인에게도 조직에서도 마찬가지입니다. 이를 확인하기 위해 적합한 비전을 세울 줄 알아야겠죠. 자신의 삶에서부터 실천해 보시기 바랍니다.

위임: 겁 없는 도전을 가능하게 하라

•••••

세 번째 키워드는 '위임'입니다. 저는 CEO에게 위임은 매우 중요한 경영 철학이라 생각하는데요. 사실 삼성 이건희 회장께 배운 최고의 경영 철학이기도 합니다. 제가 아니라 우리나라 최고의 경영자라고 불리던 분이 강조한 것이니 좀 더 신뢰가 가죠? (웃음) 위임이 뭐냐? 저는 '도전의 기회를 제공하고 지원하는 것'이라고 생각하는데요. 여러분이 경영자가 된다면 반드시 기억하고 실천하라고 말씀드리고 싶습니다.

여러분, 자쿠로 미팅 기억나시죠? 플래시메모리에서 마켓셰어 3.7퍼센트밖에 안 되는 삼성이 1등을 하겠다고, 낸드플래시 1등 하는 도시바가 제안한 조인트벤처 합작을 거절하잖아요.

다음은 어땠습니까? 자쿠로 미팅에서 상황에 대한 설명을 들은 이 회장께서 묻습니다. "자신 있나?" 제가 열심히 하겠다고 하자 이 회장께선 어떻게 합니까? 위임해 줍니다. 겁 없는 도전이 가능하도록 한 거죠. 그 위임이 뭡니까? 당시 12인치 생산 라인 하나 짓는 데 수조 원이 들어갔어요. 그런데 실패하잖아요? 회사가 휘청거리는 겁니다. 그런데도 도전할 수 있게 하는 거예요.

회사에 이 회장만 있는 게 아니죠. 여러 사장단이 있고 전자 관계사 임원들도 많습니다. 회장이 전폭적으로 지원하겠다고 해도 반대가 많으면 쉽지 않습니다. 그런데 이 회장께서 사장단회의에 저를 부르셨어요. 그때 제가 발표 자료도 만들지 않고 크리스텐슨 교수의 얇은 페이퍼만 들고 가서 이야기를 했었죠. "인텔은 미래가 없고 우리한테 미래가 있다." 당시만 해도 인텔은 세계 1등 기업이었죠. 이 회장께서도 20년 넘게 시스템LSI를 성장시킬 방법을 찾으라 할 때였습니다. 그런데 우리에게 미래가 있다는 제 말을 믿고, 전폭적인 지원이 시작됩니다.

위임, 영어로는 임파워먼트라고 하죠. 그때 사실 이 회장께서 직접 "전사 관계사들은 다 지원해 줘라." 이렇게 말씀 안 하셨어요. 그런데 분명히 그런 목적이 있었을 거라고 저는 생각합니다. 임파워먼트가 무엇인지 그동안 몸으로 보여주셨고, 그래서 다들 알았던 거죠. 사업부장에게 발표 기회를 주고 수긍해 주셨으니까요.

그 뒤로 제가 어떻게 했습니까? 정말 죽기 살기로 뛰었습니다. 도전할 기회가 생겼으니 한번 죽기 살기로 해봐야죠. 사람이 그렇잖아요. '나를 이 정도까지 신뢰한다고?' 경영자가 먼저 믿음을 주는 게 이렇게 중요합니다. 조직의 어느 자리에서든 더 큰 성장을 하려면 위임할 수 있어야 합니다. 위임을 받으면 어떻게 됩니까? 더 큰 목표가 생기는 거죠. 그 과정에서 사람이 자랍니다. 성장할 수 있는 기회는 밑에 있는 사람에게만 생기는 게 아닙니다. 위에 있는 사람도 마찬가지로 생겨요. 자기가 맡은 업무를 떼주고 나면 시간이 남잖아요? 그 시간에 자기도 더 큰 목표를 가지고 나가는 거예요.

사장이 할 수 있는 전략을 부사장이 짠다고 가정해 봅시다. 그러면 어떻게 됩니까? 밑단에서도 자기의 직책보다 한 단계 위의 일을 하게 됩니다. 제일 말단 직원도 팀장 정도의 역할을 해줘야 합니다. 어렵지만 창의적인 일들에 매달립니다. 그럼 '내가 왜 힘들게 공부해서 지금 허드렛일이나 하지?' 이런 고민 안 해도 됩니다. 'MZ세대의 높은 이직률' 같은 거 고민 안 해도 되는 거죠.

이거 한 번 읽어볼게요. 얼마 전에 KT 네트워크 부문의 한 간부 사원이 그간 해오던 기지국 결정 업무를 현장에 넘겨주고 나서 쓴 글입니다. "시간이 나니까 안정적인 투자와 리스크를 고민하게 됐고, 관련 부서와 협력하게 됐습니다." 더 큰 걸 생각하게 된 거죠. 실무가 아니라 네트워크를 설치해서 얼마나 안전하게 될까, 리스크는 없을까를 고민하기 시작한 겁니다. 그러니 업무를 좀 더 쉽게 할 수 있도록 관련 부서와 협력하고 소통하는 일까지 실행하게 된 겁니다. 이렇듯 현장에서도 위임의 효과가 매우 잘 나타납니다.

협력: 조기에 할수록 가능성도 커진다
· · · · ·

자연스럽게 협력 이야기로 넘어가 보겠습니다. 세간에서 '나와바리縄張り'란 말을 쓰죠. 일본말로 밧줄을 친다는 의미입니다. 조직에서 부서를 나눠놓는 것도 일종의 나와바리죠. 이 나와바리라는 것을 왜 굳이 나눌까요? 그 일을 할 때 전문적이고 효율적으로 하기 위해서입니다. 부서끼리 앉아서 일감 나눠먹으라고 만드는 게 아니죠. 칸막이 높게 세워놓고 너희끼리만 소통하라고 하는 건 더더욱 아닙니다. 그런데 이 경계 때문에 일을 못 하는 조직이 상당히 많습니다. 이제는 이 밧줄을 좀 걷어내야 합니다. 같은 리소스인데 전체가 한 팀처럼 움직이는 조직과 개별적으로 움직이는 조직은 하늘과 땅 차이죠. 경계를 허물고 협력할 수 있어야 합니다.

저는 위임과 소통의 효과 중 하나가 '협력'이라 생각하는데요. 앞에서 이야기한 것처럼 위임을 하면 대부분 자신에게 시간이 조금 생깁니다. 하던 일이 줄면 시간이 생길 수밖에 없잖아요. 이때 자연스럽게 소통할 기회가 생깁니다. 협력이 가능해지는 거죠.

제가 앞서서 소통에 대해 이야기할 때 끝장 토론을 언급했잖아요. 이런 걸 만든 게 토의 문화를 만들기 위해서였습니다. 자유롭게 이야기할 수 있도록 하는 거죠. 중요한 건, 한 번 하고 끝날 것 같으면 절대로 할 필요가 없는 일이라는 겁니다. 연속적이고 지속적으로 해야 합니다. 그래야 토의 문화가 협력으로 이어지고 조직이 바뀝니다.

KT가 막 바뀌기 시작하면서 음성인식 셋톱박스인 기가지니가 세상에 나왔습니다. 제가 지난 시간에도 이야기했죠. 아주 조기에 협력해서 높은 완성도의 제품을 아주 짧은 시간에 만들 수 있었다고요. 보통 기업에서 제품을 개발할 때 '기술 개발→마케팅 검증→테스트 기술 완성→디자인 보완→부품 구매'처럼 다양한 스텝을 거칩니다. 그래서 기간도 오래 걸리고 실패도 많이 합니다. 중간에 피드백을 받으면 다음 스텝으로 나아가지 못하고 자꾸 앞단으로 회귀하는 거예요.

기가지니는 기획 단계부터 디자인, 기술, 부품, 구매뿐 아니라 마케팅, 영업, 네트워크, 인프라 다 모였습니다. 네트워크, 인프라, 구매 쪽 팀은 불만이 생기죠. "나중에 다 되어서 운영할 때 참석하면 되는데, 기획 단계부터 네트워크 담당이 왜 참석하느냐?", "다 결정되면 내가 부품 소싱할 테니까 그때 이야기해요"라고 이야기합니다. 그래서 제가 설득을 많이 했습니다. "마지막까지 협력하라"고 당부도 했습니다.

제가 앞서 조기 협력 체계를 만드는 일의 중요성에 대해 강조했는데, 사실 처음에만 하면 아무 소용이 없습니다. 그럼 언제까지 해야 되느냐? 상품이 완전히 고객에게 전달되고 좋은 평판이 나올 때까지 협력

해야 합니다. 그리고 지금 어떻게 됐습니까? 구글이나 아마존이 넘보지 못할 정도로 월등히 높은 마켓셰어를 유지하고 있습니다.

요즘은 '애자일agile' 조직이란 이야기를 많이 합니다. 날렵하고 민첩한 조직이 필요하다는 거죠. 저는 애자일도 협력의 다른 말이라 생각합니다. 여러분이 스타트업을 하지 않는 한 경영자가 되기까진 아마 상당한 시간이 걸릴 겁니다. 그 과정에서 협력가의 모습을 배우시길 바랍니다. 타인이 협력하는 사람으로 바뀌기를 바란다면 내가 먼저 협력할 줄 알아야 한다는 사실도 기억하면 좋겠습니다.

질문: 물을 수 있는 용기만 있다면

• • • • •

다음 키워드는 '질문'입니다. 우리 강의 시간에는 그렇지 않은데요. '질문하기'는 우리에게는 좀 취약한 문화입니다. 그래서 더욱 강조하고 싶은데요. '왜 질문이 중요하냐?' 제가 참 여러 번 느꼈습니다.

지금 우리나라가 최고 강자로 꼽히는 낸드플래시를 처음 만든 도시바의 마스오카를 만난 이야기를 했죠? 이분이 IEDM이라고 하는 반도체 양대 콘퍼런스에서 1985년에 발표했습니다. 워싱턴 힐튼호텔에서 행사가 열렸는데 마침 제가 참석했고요. 저는 플래시메모리에 대해 아주 관심이 많았고 공부도 좀 해갔습니다. 그래서 제가 마스오카 박사의 발표를 듣고 질문했어요.

"박사님, 지금은 '마이크론'micron(1미터의 100만분의 1) 시대인데 10년, 20년 뒤에 본격적으로 나노nano(1미터의 10억분의 1) 시대가 오면 트랜지스터가 저렇게 작아져서 전자가 엄청난 에너지를 받을 텐데요. 그러면 핫 일렉트론 현상 때문에 반도체 성능은 굉장히 좋아질 겁니다. 그걸 디자인에 고려하셨나요? 또 게이트가 서브 마이크론이 되면 붙어서 들어가는데 간섭이 있지 않을까요?"

들어도 무슨 말인지 모르시겠죠? 전자는 부피가 줄면 받는 에너지가 커집니다. 당시 부피를 줄이는 기술이 개발되고 있으니 전자가 받는 에너지는 커지겠죠? 그걸 고려했냐는 거예요. 그리고 부피가 줄면 간섭 현상이 많아질 텐데 그건 어쩔 거냐 묻는 거죠.

마스오카 박사가 제 질문을 듣고 곰곰이 생각한 후에 대답했고, 콘퍼런스 후에도 저와 개인적으로 이야기를 나눴습니다. 사실 완벽한 답은 아니었어요. 그래서 그때부터 저도 제 질문의 답을 찾으려 노력했고, 20년 뒤에 CTF라는 혁신적인 기술을 세상에 내놓을 수 있게 됐습니다. 그동안 계속 제가 제기했던 문제들을 해결하려고 애썼던 결과죠.

어떻습니까, 여러분? 질문이 참 가치 있죠? 다른 사례도 있습니다.

| 노키아 9000 커뮤니케이터 |

여러분, 스마트폰의 원조는 어디입니까? 애플이라고요? 아닙니다. 이게 진짜 스마트폰의 원조입니다.

노키아에서 내놓은 '9000 커뮤니케이터'인데요. 1996년 3월 CeBIT 국제박람회에서 선보인 최초의 스마트폰입니다. 필통처럼 생겼죠. 저 밑바닥에 있는 것이 전부 배터리입니다. 자판도 탑재해야 하고 CPU에 엄청나게 로드가 걸리니 저렇게 만들어졌습니다. 당연히 시장에서 패배했죠.

제가 엔지니어에게 물어봤습니다. "작게 만들 수 있는 방법이 없냐?" 그러니까 엔지니어가 CPU가 전원을 너무 많이 필요로 한대요. 그래서 저는 운영 체계를 모바일로 줄이고, CPU가 하는 거는 D램하고 같이 돌아가게 해야겠다 생각했고요. 돌아와서 전력이 조금만 필요한 저전력 D램을 고안합니다. 공식적으로는 '모바일D램'이라 이름을 붙였고요. 이걸 노키아 출장을 마치고 돌아오는 비행기 안에서 생각해 냈습니다.

제가 자쿠로 미팅 때 질문을 받았다 했잖아요. "D램이 없어진다는데?" 그때 "모바일D램을 지금 기획하고 있습니다"라고 대답할 수 있었던 게 사실은 노키아에서 만든 최초의 스마트폰을 보고 얻은 아이디어 덕분이었던 거죠. 수십 년이 지난 지금, D램 매출하고 모바일D램의 매출은 거의 동일합니다. 모바일D램의 수요가 엄청난 거죠. 이 역시 하나의 질문으로 시작된 혁신 덕분입니다.

제가 조금 더 덧붙이고 싶은 것은, 좋은 질문이란 사실 그냥 머릿속에 떠오르는 궁금증 그런 게 아닙니다. 준비된 그리고 겸손한 사람이 좋은 질문을 할 수 있습니다. 주제에 대해서 깊은 관심이 있어야 하고 용기도 필요합니다. 그래서 성공의 첫 관문이 되기도 하는 겁니다.

제가 《빅 컨버세이션》이라는 책을 썼어요. '대담한 대담'이라 직역되는데, 저한테 영감을 주거나 의미 있는 만남이 됐던 인물들을 여럿 소개했습니다. 잡스, 슈바프 회장뿐만 아니라 휴렛팩커드의 여성 CEO 칼리 피오리나Carly Fiorina, 인텔의 CEO 그로브와의 만남도 자세히 적었습니다. 그런데 이 인연의 상당수가 '질문'에서 시작됐습니다. 제가 가서 물어본 거예요. 그들과의 접점을 찾고 관계를 이어갈 수 있는 것들을 먼저 물었습니다. 그럼 그 사람들도 제게 관심을 갖고 제 관심 분야에 대해서 물어요. 그렇게 네트워크가 만들어집니다.

강의를 통해 여러분도 묻는 연습을 한다고 생각합니다. 지금까지 강의 시간 절반 정도가 묻고 답하는 시간이었죠? 앞으로도 잘 준비하고 고민해서 좋은 질문을 만드는 사람이 되십시오. 눈을 마주 보면서 이야기할 수 있는 용기를 가지세요. 글로벌 시대에 꼭 필요한 덕목입니다.

포용: 혁신가에게 불이익은 주지 않는다
· · · · ·

마지막 키워드는 '포용'입니다. 포용은 조직에서 위로 올라갈수록 매우 중요한 가치입니다. 제가 KT에서 토의 문화를 만들면서 1등 워크숍도 했잖아요. 그때 조직을 더 자율적이고 체계적으로 바꾸고자 했습니다. B2C다 보니 현장에서 일어나는 일들을 CEO가 다 컨트롤할 수는 없는 거예요. 그래서 소통도 하고, 비전도 심고, 위임도 하고, 협력도 강조하고 할 수 있는 건 다했죠. 그리고 마지막에 제가 강조한 것이 포용입니다.

그동안 업무가 대부분 톱다운이었잖아요. 현장으로부터 변화가 절실한데 톱다운으로는 한계가 너무 많습니다. 혁신이 일어나려면 리스크를 마다하지 않는 노력이 필요한데 그걸 이래라저래라 하는 말로 가르칠 수 없는 거니까요.

저는 1등 워크숍을 기획하면서 현장에서 일어나는 모든 문제점을 다 들춰내라 했습니다. 그리고 강조한 것이 '절대로 불이익을 주지 않는다'였어요. 회사의 사규에는 꼭 그렇게 명시가 되어 있지 않지만 제가 선언했습니다. 실패를 공개하더라도 책임 추궁 같은 불이익은 절대로 가지 않도록 하겠다고요. 그리고 또 강조한 게 있어요. "토론할 때는 계급장을 떼라"라고요. 너는 대리고, 나는 부장이고 이런 거 하지 말라는 거죠. 그래서 진행도 선임자가 할 게 아니라 따로 진행 요원을 둬서 하라 했습니다. 실제 차장급 정도 30명을 뽑아서 교육도 시켰습니다. 객관적이고 합리적으로 토론해야 제대로 되지 않겠어요?

이런 식으로 먼저 선언하고 준비를 마친 후 본사 직원들을 워크숍에 보냈습니다. 첫날 현장에 있던 사람들과 본사 담당자가 끝장 토론을 한 후에, 다음 날엔 임원이 참석하도록 했어요. CEO에게 위임을 받은 임원이 끝장 토론에서 나온 문제와 해결점을 듣고 그 자리에서 해결안을 승인해 주라는 거예요. 그럼 어떻게 됩니까? 변화와 혁신이 시작됩니다. 8만 4,000명이 6년간 1등 워크숍을 하면서 직원들의 마인드가 바뀌고 결과물이 눈에 보이게 된 것이죠.

KT에서 우리나라 대기업에 1등 워크숍에 대해 많이 전수해 줬습니다. 이게 가능했던 것이, 1등 워크숍이 외부 컨설팅보다 훨씬 나았기 때문이에요. 여러분, 컨설팅을 받는 데 수십억 원이 들어갑니다. 대기업에서는 더하죠. 그런데 실익이 그다지 없습니다. 컨설팅을 받으려면 우선 자기 정보를 다 내놔야 해요. 그런데 그 결과지를 받아보면 별거 없습니다. 그래서 제가 현업에 있을 때 화도 많이 냈습니다. 돈을 그렇게 들이고도 이 정도밖에 안 나오냐고 호통도 많이 쳤어요. 직원들이 스스로 문제점을 지적하고 해결 방안을 내는 과정도 중요하고, 이를 수용하는 문화도 중요합니다. 여기서 진짜배기 혁신이 시작됩니다.

그럼 경영자는 무엇을 하느냐? 우산을 들고 서 있어야 합니다. 불변의 성공 법칙 하나가 있습니다. 성공도 습관이라는 거예요. 작은 성공을 경험해 본 사람이 큰 성공도 준비할 수 있습니다. 여러분도 그렇잖아요. 레포트를 내서 칭찬을 한 번 들으면 '다음에는 더 잘해봐야지' 이런 생각하게 되잖아요. 조직에서도 마찬가지예요. 하나, 두 개를 해본 사람이 다섯 개, 열 개도 하는 거지 한 개도 이룬 게 없는 사람이 어느 날 열 개를 만들 수는 없는 겁니다.

그런데 여러분, 작은 성공이라도 이루려면 뭘 해야 합니까? 네, 도전해야 합니다. 그리고 도전에는 뭐가 따라붙죠? 위험, 리스크가 따라붙습니다. 그래서 도전하고 싶지 않죠. 그런데 만일 실패해도 괜찮다면 어떻겠어요? 내가 이번에 도전할 건데 실패해도 괜찮대, 그럼 좀 낫죠? 조직에서 그 분위기를 만들어주는 게 경영자의 일입니다.

CEO가 임원들을 평가할 때도 중요합니다. 그가 실패를 얼마나 용인해 줬는가, 직원들이 비를 맞을 때 얼마나 열심히 우산을 받쳐줬는가? 긍정적인 자세로 칭찬하고 격려하면서 실패도 용인해 준 관리자인가? 사실 쉽지 않죠. 그래서 적극적으로 바뀌어야 합니다. 포용하지 않으면 혁신도 없다. 아셨죠?

CEO만이 할 수 있는 일

· · · · ·

제가 준비한 여섯 개의 키워드인 소통, 비전, 위임, 협력, 질문, 포용에 대한 설명을 다 마쳤습니다. 여섯 개의 이 키워드는 "CEO 역할이 뭐냐?"는 질문에 대한 제 답이기도 합니다. 마지막으로 CEO만이 할 수 있는 일에 대해 알려드리고자 합니다.

강의 시작할 때 혁신의 두 바퀴가 뭐라 했죠? '기술'과 '조직'의 발전입니다. 제가 조직에서 모임도 많이 만들고 교육도 많이 하면서 기술 개발을 했습니다. 그리고 조직은 플랫하게 바꾸고 혁신 마인드를 갖도록 했어요. 그때마다 '이건 나만이 할 수 있다'고 느낀 것이 있는데요. 시작과 끝에 많이 포진되어 있습니다.

'황의 법칙'을 만든 기초가 됐던 플래시연구회, 그다음에 삼성모바일솔루션포럼, 메디치연구회가 있었습니다. 이들 덕분에 B2B에서 '황의 법칙'으로 PC시장에서 모바일 시장을 앞당겨 열고 확대했죠. 그리고 B2C 사업인 KT에 와서는 광화문포럼, 융합기술원의 주말간담회, 기술데이라는 걸 만들었습니다. 지금 KT의 근간을 이루는 모든 디지털 컴퍼니의 요소들이 여기서 시작됐습니다. 그런데 이 조직들이 어느 정도 굴러가게 되면 저는 위임을 많이 했습니다. 많은 이들이 참여하고 활동하도록 돕는 선에서 제 할 일을 했던 거죠. 그럼에도 '협업'은 끝까지 이어지도록 직접 챙겼습니다. 사실 많은 조직이나 포럼이 경영자가 관심이 없다 싶으면 흐지부지되고 맙니다. 다 빠져나가요. 끝까지 경영자가 관심을 갖고 챙겨야 합니다. 그리고 6년간 현장을 정말 열심히 다녔습니다. 영업 현장, 네트워크 현장, 고객 센터, 통신 인프라 가리지 않고 다녔습니다.

기업이 순항하는 경우는 드물죠. 혁신 중이거나 위기에 처했거나 둘 중 하납니다. 늘 깨어 있기 위해서 경영자가 움직여야 합니다. 보고만 받아도 된다고 생각하는 경영자도 있습니다만 경영자가 현장을 모르면 빠르게 대처할 수 없습니다. 직접 봐야 합니다. 직원들하고 밥을 먹으면 금방 표정이나 말하는 것에서 알 수 있습니다.

이제 강의를 다 마쳤으니 마치는 박수를 쳐야 되는데, (박수) 아니 교수님은 잠시만 앉아 계십시오. 제가 약간만 더하겠습니다. 그동안 여러분이 제게 '소감문'을 주셔서 제가 감동도 받고 새로운 깨우침을 얻기도 했는데요. 마지막인 오늘은 제가 여러분께 '소감문'을 드리면서 강의를 마칠까 합니다.

제가 실제로 강의 준비를 4개월 했어요. 꼬박 4개월간 최근 기술에 대한 업데이트를 위해서 기술 관련 임원들에게 '개인 교습'도 받았습니다. 블록체인, 사이버 금융, 로봇, 메타버스 등 정말 고3처럼 공부했습니다. 그러다 '이 귀한 시간에 내가 무엇을 전달해야 할까?'를 고민하고, 나만이 할 수 있는 강의를 하자는 결론을 내면서 공부한 것들은 제외시켰습니다. 그래도 얼마간은 일곱 개의 강의 속에 조금씩 녹아들었다고 생각은 합니다.

본격적인 강의는 2개월 했는데요. 그러니까 총 6개월간 엔지니어로 '황의 법칙'을 선언하고 혁신 기술을 개발하고 새로운 시장을 만들 때의 열정과 힘이 다시 느껴질 정도로 열심히 했습니다. 그런 기회를 주신 데 감사드리고요.

여러분도 내색을 안 하시지만 아마 다른 강사와 저를 비교하셨겠죠? (웃음) 저도 여러분을 보면서 하버드나 취리히공대 학생들을 떠올려 보았는데요. 여러분이 준 질문이나 레포트를 보면 절대로 뒤지지 않는다는 인상을 받았습니다. (박수)

여러분이 앞서는 면도 많고요. 단순히 듣기 좋으라고 이야기한 게 아닙니다. 제가 직접 듣고 읽은 것을 바탕으로 한 것이니 자부심을 가져도 좋겠습니다. 그러한 자질을 갈고닦게 해주신 분이 교수님이시지요? (박수) 마지막으로 당부를 좀 드리자면, 여러분이 사회에 나갈 때 도전과 혁신 그리고 리스크 테이킹을 마음에 꼭 담아가기 바랍니다.

여기 있는 학생 대부분이 20대죠? 제가 지금은 머리가 희고 주름도 있어서 믿지 못하실 수도 있겠지만 저도 20대였던 때가 있었습니다. (웃음) 제가 보여드렸잖아요. 대학 입학하자마자 찍었던 흑백사진. 그때는 머리카락이 정말 새까맸는데 머릿속은 하얬어요. 이것저것 생각할 게 많고 삶은 복잡해 보이고 미래는 불안하고 그랬습니다. 여러분하고 똑같은가요?

여러분, 복잡한 가정이 많은 문제일수록 가장 단순한 추론이 정답일 확률이 높습니다. 가능성이 무궁무진하기 때문에 인생의 경로를 선택하는 게 너무 어렵죠. 저는 '두려워하지 말자, 도전해 보자.' 이렇게 단순하게 생각하고 여기까지 왔습니다. 수많은 도전과 실패를 거듭하면서 그래도 많은 걸 이뤘다고 자부하는 면도 있습니다.

리스크 테이킹, 생각만큼 어렵지 않습니다. 여러분도 도전하고 성취하는 삶을 사시길 바랍니다. 마지막 7강까지 경청해 주셔서 감사합니다.

교수 강의 시간이 다 되어 토론은 진행을 못 하게 됐습니다. 마지막 강의까지 알찬 수업 준비해 주신 황 회장님께 감사와 아쉬움을 담은 박수를 드리겠습니다. (박수) 학생들 각자에게 일곱 번의 강의가 의미 있는 시간이 됐으리라 생각하고요. 다시 한번 감사의 말씀 전합니다. 고맙습니다.

이솔

"회장님만의 리더십 비결이 있나요?"

"밥 많이 쏘는 사람이 되세요. 일단 주변 사람들에게 밥을 자주 사는 것부터 시작하는 겁니다."

유쾌한 대답을 듣고 강의실은 잠시 웃음으로 가득했지만 이어지는 말씀에 모두 다시 조용히 경청하기 시작했다.

"혁신한다는 것은 세상에 유의미한 변화를 가져온다는 것, 그리고 그 변화를 주도할 리더는 인재를 모으고 이끌고 설득하는 매력을 지녀야 합니다."

회장님의 조언은 식사 대접이라는 사소한 행위부터 시작해 귀중한 인연을 아끼고 인간관계를 소중히 여기라는 것이었다.

이렇게 강의뿐 아니라 인생 이야기도 들을 수 있던 회장님의 강의는 내게 너무나 귀하고 특별한 경험이었다. 또한 삶의 지혜를 곁들인 가르침은 내게 '나도 혁신하는 리더가 될 수 있다'는 자신감까지 불어넣어 줬다.

회장님의 강의는 한마디로 5G 시대의 글로벌 리더를 꿈꾸는 우리가 가슴에 새겨야 할, 앞으로 나아갈 삶의 방향을 가르쳐주는 나침반 같은 수업이었다. 그 감동과 영감을 21세기 모든 인재들과 함께 느끼고 싶다.

유채연

이전의 나는 '현실'을 받아들일 때 비로소 '어른'이 된다는 생각을 해왔다. 성숙해진다는 건 '이상이 불가능한 이유'를 깨닫고 '현실에서 바람직한 것'을 추구하게 되는 것이라 여겼다. 이걸 알아가는 것이 철이 들어가는 것이라고 말이다.

황 회장님의 강연은 이러한 내 생각을 근본부터 흔드는 신기한 경험이었다. 회장님은 당장 할 수 있는 것보다 더 높은 것을 바라보게 하셨고, 수많은 실제 경험들을 통해 '정말 할 수 있다'는 것을 보여주셨다. 그리고 반드시 비전을 세우고 나아가야 한다고 강조하셨다. 생존을 위해 피해서는 안 되는 것이 혁신이라는 따끔한 일침도 남기셨다.

한편으로 충격적이고, 한편으로 감동적인 강의를 통해 나는 '현실적'이라는 핑계로 안주해선 안 된다는 것을 깨달았다. 한계를 가늠하지 말고 꿈을 이룰 모든 방향으로 나아가자는 결심도 하게 됐다. 고여 있던 시간을 다시 흐르게 한 멋진 강의에 감사드린다.

서하연 고백하자면 나는 강의를 듣기 전 꽤나 불량한 선입견을 갖고 있었다. 대한민국의 기술 혁신을 이룬 주인공의 성공은 탄탄대로를 걸어온 이의 당연한 결과라는 것이었다. 하지만 강의를 들으면서 나의 선입견은 판판히 깨질 수밖에 없었다. 수많은 실패와 위험을 감수한 끝에 찾아온 성공이 남들보다 조금 더 크고 빛났을 뿐이었다.

우리는 잃을 것이 시간밖에 없는데도 뒤쳐질까 늘 불안해 하며 생존에 급급해한다. 이 때문에 질문이 많았고 때로는 도발적이기도 했다. 강연장 밖에서도 계속된 질문 공세에 회장님은 위엄 있는 경영자가 아니라 위기를 겪어낸 선배로서 솔직한 답변을 아끼지 않으셨다. 농담과 진지함의 경계를 넘나드는 이야기에 우리 모두가 매료되었다.

강연이 책으로 나온다는 소식이 매우 반갑다. 회장님의 조언은 꼭 필요하다. 그리고 값지다. 길을 잃을까 걱정이 많은 이들에게 "과감하게 리스크를 짊어지라"라며 꾹꾹 눌러 담은 성공의 지혜와 인생의 지혜를 나눠주셨다. 자신만의 길을 찾는 이들에게 행운과 같은 시간이 되리라 자신한다.

김규나 혁신의 첫 단추인 '도전'을 시작하라는 회장님의 조언, "리스크를 테이킹하고 미래로 나아가라"라는 회장님의 말씀이 생생히 들리는 듯하다.

경영학도로서 4년 동안 가장 많이 들었던 단어는 단연코 '혁신'이었다. 그러나 그 뜻은 늘 모호했고 손에 잡히지도 않았다. 대충 '도전'과 같은 뜻이겠거니 넘기기 일쑤였다. 이 때문에 혁신의 뜻을 깨우쳐주고 혁신에 대한 열정을 갖게 해준 황 회장님의 강의는 내게 큰 의미가 있었다.

"안주하는 1등은 늘 추월당했습니다"라며 스스로 일군 혁신 사례를 소개해 주셨고, 경영자로서 어떤 마인드로 어떻게 행동해야 하는지 알려주셨다. 7주간의 강의를 마칠 즈음에는 '회장님이라면 이 상황들을 어떻게 헤쳐나가셨을까?'라며 문제를 직면하는 자신을 발견하고 놀라기도 했다.

세상을 바라보는 자신의 시각을 점검하는 기회 그리고 자신의 시각을 바꾸는 경험이 필요한 친구들에게 회장님의 책은 좋은 계기가 되리라 생각한다.

코로나19 이후 첫 대면 강의이자 대학생활의 마지막 수업에서 황창규 회장님의 강의를 듣게 됐다. 처음에는 강의계획서에서 '7회 연속 강의'를 확인하고, '전문 경영인이 쏟아낼 이야기가 그렇게나 많을까?' 의아하기도 했다. 재능 기부 형태로 진행된 강의를 7주나 듣고 나서는 모든 것이 후배들에 대한 깊은 애정 때문이라는 것을 알게 됐다.

"혁신은 리스크 테이킹이다."

첫 번째 강의부터 온 마음이 쏠렸다. 과거의 정답이 미래의 최선이 될 수 없는 환경에서 리더로서 어떤 활동을 했는지 소개해 주셨고, 그러한 선택이 어떻게 가능했는지를 묻는 다양한 질문에 성심성의껏 대답을 해주셨다. 나머지 여섯 번의 강의에서도 개인의 삶과 조직에서의 역할을 성공적으로 감당하기 위해 어떤 가치관을 가져야 하는지 다양한 이야기를 해주셨다.

강의를 마칠 즈음에는, 혁신은 과거의 흐름과 불연속적 지점에서 일어나지만 그러한 혁신에 다다르기 위해서는 연속적인 고민과 노력이 필요하다는 것을 깨달았다. 반도체와 5G로 한국 산업사의 격동기를 이끌었던 회장님의 이야기 속에서 우리가 나아갈 방향을 찾을 수 있는 알찬 시간이었다.

HWANG'S
LAW

황의 법칙

초판 1쇄 발행일 2023년 6월 20일
초판 4쇄 발행일 2023년 7월 20일

지은이 황창규
발행인 윤호권
사업총괄 정유한

편집 강현호, 신수엽 **디자인** 김효정 **마케팅** 명인수
발행처 ㈜시공사 **주소** 서울시 성동구 상원1길 22, 6-8층(우편번호 04779)
대표전화 02-3486-6877 **팩스(주문)** 02-585-1755
홈페이지 www.sigongsa.com / www.sigongjunior.com

ISBN 979-11-6925-919-4 03320

*시공사는 시공간을 넘는 무한한 콘텐츠 세상을 만듭니다.
*시공사는 더 나은 내일을 함께 만들 여러분의 소중한 의견을 기다립니다.
*잘못 만들어진 책은 구입하신 곳에서 바꾸어 드립니다.

WEPUB 원스톱 출판 투고 플랫폼 '위펍' _wepub.kr
위펍은 다양한 콘텐츠 발굴과 확장의 기회를 높여주는
시공사의 출판IP 투고·매칭 플랫폼입니다.